SINOLOGY AND NEW
ECONOMICS

国学与新经济学

——《大学》启示录

李国旺◎著

山西出版集团
山西人民出版社

序　言

陈雨露
北京外国语大学校长

　　古为今用，洋为中用，是中国现代化过程中的两大命题。古为今用，是谓将中国传统文化中的精华进行萃取、提炼、重组、创造，与现代社会经济、生活进行无缝对接，从而为现代化服务，为中国人的幸福生活服务，为中国文化走向世界树立核心标杆。洋为中用，是谓中国现代化过程中，吸收、消化、利用外来的思想、制度、体制、机制、文化等，纳入中国原有的价值体系，逐步成为中国文化经济生活的有效成分，从而生发出新的功能，进而形成新的中华文化，为现代中国的腾飞提供最基本的价值中轴线。

　　清末以来，中国的仁人志士，为了民族的生存、国家的复兴进行全方位的探索，他们基本是围绕"古为今用，洋为中用"两大主线展开多元探索。当代中国，在共产党的领导下，已经完成了国家和民族的独立任务，正处于民族和文化复兴的过程中。如何利用中华文化历史资源，如何将现代化中国的崛起之根深植于古老的文化土壤之中，这是当代中国之"士"的历史使命。这个使命的完成，才能满足中国和平崛起与和谐世界的需要，才能让全世界理解、明白、分享中华文化价值。

　　标准化、科学化和可复制，是现代化过程中的基本"标准"，中华文化要成为世界价值体系的度量标准体系的成分，也需要进行科学化、简单化、标准化和可操作化的过程。李国旺先生利用现代资本市场估值的研究方法，特别是其发明的"力量模型"研究方法，对中国古典哲学特别是儒家学说进行分解、比较、筛选，寻找出其核心价值的成分，从而发现儒家文化价值具有可比性、标准化和可操作性。为了寻找典型、有利于进行价值"解剖"，李国旺先生特地选择了儒学中最"简单"的《大学》"八方力量"进行分析。为了让现代读者理解和掌握《大学》的精神，作者将《大学》比拟成上市公司。作者指出，曾子借用《礼记》之壳，《大学》巧妙上市，并在董仲舒的努力下成功地从江湖进入庙堂。作者向大家揭示了一个基本的规律，即《大学》的人本精神、人道精神及友好自然、和谐社会的精神，在不同的历史环境下，都是以开放的心态，吸纳、消化、重构当时科技水平下先进的文化和思想。孔孟的周游列国和跨国营销、董仲舒的吸纳百家的精神、诸葛亮以实用为目的而容纳多学派的开放心态、程朱和阳明先生对佛道合理内核的吸收，都体现了儒家的开放心态与包容的胸怀。在朱熹的努力下，《大学》成为下层学子进入主流社会的基本教材，改变了《大学》在其出生初期仅为王公贵族服务的历史格局，从而大大推进了中华文化的文明进程。在现代环境下，中国古典哲学思想不仅需要马克思主义进行武装，还需要吸纳当代西方最新的人本主义研究成果，需要吸收现代科技成果进行重构，因为只有敞开胸怀吸纳当代文明的最新成果，儒家文化才能在与现代化的碰撞、交锋、对接过程中，取人所长、补己之短，进而形成包容、宽容、大气的新气象和新思维，成为中华文化走向世界和世界文明进入中国的双车道的桥梁。

文明的桥梁，需要文明的载体，文明最基本的载体是人，特别是实践文明的个体。李国旺先生是知行合一者，在研究中国古典文化的过程中，密切结合当代资本市场的实践，特别是他观察研究中国金融中心上海滩一批金融市场弄潮儿的生活、工作和资本市场的投资操作过程，对相关人员进行全方位的研究考察和展现，将其中的"读书"生活、投资实践，以类似"故事"形式，向大家"报告"，这些"报告"是中国古典文化在现代中国传承和发展的典型案例。

当然，《大学》本是儒家为摆脱江湖地位，特地向当时的王公贵族子弟提供的"人生发展规划书"，是培养"君子"治国平天下的基本原则、基本道理、基本方法。据说，现代美国一些大学培养学生的目标，就是为了治国平天下者，中国的"大学"未来会否如此发展，还得经过实践检验。但是，"大学"追求真理、服务民众、完善人生，古今中外，可能是基本的宗旨。儒家因为掌握了人生最基本的道理，才能在千年的历史实践和百家交锋中脱颖而出、长盛不衰。李国旺先生作为资本市场的研究者，在业余时间关心中国古典文化的现代化，特别是吸收古典文化中的合理内核为投资者服务，无意中开辟了国学研究的新阵地，形成了国学研究新的"市场空间"，为国学研究"古为今用"进行了新的探索与"定位"。

基于上述理由，特地向有志于研究中国古典文化与现代资本市场实践者推荐本书。

是为序。

国学经典的新读法

刘　涛

中央国家机关工委宣传部部长

在当代，国学是否还具有推动社会发展、促进个人进步的价值？这种价值是通过什么形式表达出来的？这是一个颇为有趣也颇为现实的问题。国学作为一种传统文化，所产生的影响取决于人们对它的认识、解读、体认以及消化、运用的程度。近年来，在哲学、文学艺术领域中和在社会公众中不断掀起的"国学热"表明，国学尤其是儒学虽历经几千年，却依然有着极强的生命力。近些年"孔子学院"在许多国家的建立，正说明了儒学崇高的国际文化地位和广泛的全球吸引力。这并非偶然的现象，古人言："半部《论语》治天下。"国学尤其儒学是中华数千年文明的结晶，它的开放、包容、和谐、进取、自新的品格决定了它具备历久弥新的生命力。

"四书五经"乃儒学之精粹，《大学》列为"四书"之首，其在儒家经典中地位显贵。其实，通览"四书五经"不难看出，《大学》汇聚了儒家的核心思想。今天，我们学习研究"四书五经"从《大学》入手可起到提纲挈领之效，掌登堂入室之钥。李国旺先生积多年学习研究之成果，著《国学与新经济学：〈大学〉启示录》，对国学的时代价值及其表现形式做出了回答。作为一个经济学家、一个资本市场的研究者，能够利用资本市场中"公司估值"的方法，对中华传统文化儒家经典《大学》进行重新解读、审视、估值，并拓展到经济学领域，既为国学挖掘出新的应用价值，又为经济学赋予历史人文精神，这是难能可贵的。书中充满逻辑性的论述和活泼流利的语言，可见李国旺先生严谨的治学态度、坚实的经济学功底、深厚的国学功力。

在一般人看来，国学经典深奥无边，不过是古代文人士大夫和当代国学研究者的专利而已，而非常人所能领悟。但李国旺先生却恰恰选择《大学》为考察对象，审视、分析、阐释中国传统文化发生、发展过程中的优秀基因，通过对《大学》精义的研究，结合国学在现代中国资本市场中的传播、实践、发扬的过程，以实践经验向读者提供了一个个鲜活的"格物致知，正心诚意，修身齐家，治国平天下"的"众生相"和人生自我实现的"路线图"。李国旺先生对《大学》外在结构中"三纲"、"八目"进行解构、重组，并借助现代物理学研究的新方法，挖掘出了《大学》中的"暗结构"，即《大学》内涵的精神。

为了让普通读者能够更好地理解《大学》之精义，李国旺先生以其娴熟的文字把控能力，把这部2500多年前的著作放在现代语境中做层层深入的全面解读，为我们提供了一个研究的崭新视角。在常人眼里"深奥无边、曲高和寡"的国学经典，在李国旺先生笔下，获得了日常化、生活化、具体化的阐释。通过这种睿智的解读，李国旺先生拓展了儒学思想、精神的受众边界和实践领域，使儒学在国际文化交流中具备了通用的"语言"。

日益深刻的经济全球化进程对世界各国主体文化的影响是深远的、多元的，随之而来的文化全球化不可避免。在这一大背景下，李国旺先生的这个研究成果不仅为我们提供了一个重新审视中华传统文化的机会，也为国学在当代社会经济实践中提供了更为广泛的应用价值。

有幸提前阅读其未印稿，同感而作。

是为序。

2010 年 7 月于北京

这是一个一叉横过二十年的时代，这是一
个理性与非理性并存的时代，这是一个浮躁的
年代，这是一个思考的年代。

李国旺先生既"从善", 做善者, 修两者
相较各有利之的感悟, 欲率先践履整理
出来与大家分享。见仁见智, 在圈外是
感悟, 在读者是思考, 在学是探索, 在
行是实践。

圈旺兄喜作序, 我果虽欣喜, 但一向
鼓励读书著籍, 修味他人经验以此
务实与实成, 一向鼓励做有意义的事, 又
鼓励两者结合, 认为这是克服生存,
理性发展之必须, 所以写下这几行字。

                              张天权

这是一个一天快过二十年的时代，这是一个理性与非理性并存的时代，这是一个浮躁的年代，这是一个思考的年代。

　　李国旺先生读《大学》，做资本（研究），将两者相联系，有了自己的感悟，饮茶击键，整理出来与大家分享，见仁见智，在国旺是感悟，在读者是思考，在学是探索，在行是实践。

　　国旺嘱予作序，我未见成书，但一向鼓励读各类书籍，体味他人浓缩了的思考与实践，一向鼓励做有益于社会的事，更鼓励两者结合，认为这是克服浮躁，理性发展之必须，所以写下这么几个字。

中国人民大学党委书记　程天权

目　录

导　读

　　《大学》是 2500 多年前，儒家代表人物曾子，为战国时期各诸侯国王公贵族子弟提供的人生规划与政治训练的"路线图"。当时，有资格按《大学》的成功路线图进行学习与受培训的对象，是王室子弟、贵族及士大夫。如果用现代语境进行解读，《大学》的宗旨是将上层阶级的子弟培养成理想的内圣外王者，以提高执政能力。过了 1500 年左右，《大学》才在朱熹的努力下，成为下层百姓子弟提升社会地位的敲门砖。

　　从内容上看，《大学》可以看成是中国第一部上层阶级子弟的系统性成功学专著，儒家系统地提出了人生定位、人生修养、人生规划、人生幸福方案与路径，并在修身的基础上，提出了治理国家、和谐世界的理论方法和操作方案，第一次全面探索了人类共同"行为"的基本模型及行为偏差的纠正方案。由于《大学》揭示了人类共同的行为规律，其中的一些理念，不仅可以运用于当今的资本市场，还因为其从人性的基本面出发，阐述了人群的非理性行为及其纠正方案，因此通过引申与重构，具有文化比较、行为经济和政策行为学的现实意义。

　　作为"四书五经"中文字较少的经典，《大学》的最大亮点是全面地总结并提出了儒家"内圣外王"之道的思想以及实现这一思想的实践和修持方法，因此，我们定义《大学》不仅是战国时代儒家为王公贵族子弟定制的政治训练教科书，其因此也成为中国正统的成功学和励志学经典。根据《大学》体现的思想，此书可能完成于战国中前期至西汉初期两三百年间，经过汉董仲舒、唐韩愈，特别是宋朱熹、明王守仁的阐述、宣传、发扬，在与释道思想的竞争博弈中，《大学》思想不断得到丰富和发展，在中国文化思想史特别是儒家精神人格训练上产生了重大的影响。

　　朱熹认为，《大学》"盖孔子之言，而曾子述之"，因此是儒家正宗货色，体现了儒家政治理想与实现这一理想的人格、精神全面训练的方法。

林语堂认为，"大学"是王公贵族子弟受教育的场所，《大学》就是给王公贵族子弟学习的"思想政治教材"。林老先生的这个说法，肯定是受到了西方政治学院的启发。《大学》产生时，礼仪形式与思想教育在奴隶主贵族和新兴地主阶层生活中十分重要，《大学》可能是儒家名人曾子专门为贵族子弟定制的"人生发展规划书"。

南怀瑾在《大学微言》中认为，《大学》思想来源于《易经》中乾卦《文言》，因为《大学》作为王公贵族子弟即未来统治者的学问，理想的境界是与天地（空间）合德，与日月（时间）合明，与四时（周期）合序，与鬼神（即万物不同的性质状态，古代人们称之为阴阳，我们可以理解为物质世界和精神世界或者明物质与暗物质）合吉凶。将这些词汇用现代的话来讲就是，《大学》告诫我们，要成功，就得学会"不与天斗，不与地斗，不与人斗"，要尽量做到天人合一、环境友好、社会和谐，过"低碳"生活，实现政治文明。南怀瑾老先生认为，通过《大学》之道"三纲七证与八目"的训练，达到上述"四合"（古代圣贤提出的人生修持四项基本原则）要求，可以治国平天下，不仅与天下众生同呼吸共命运，还可以与天地日月共争辉。为此，南老认为，流传并教条化了600多年的朱熹对《大学》的编排与注解有误，他重新依照古本对《大学》进行了解说。

我们认为，从对《大学》之道的解构与重构看，朱熹的认识可能是正确的。《大学》集中体现了古代儒家为王公贵族绘制的从学进而从政的"人生规划发展路线图"，由此展示了对生命、学问、道德、能力等的"系统考核"要求，虽然这些系统的考核指标是定性的而不是定量的。在自然与社会交错运动中，如何掌握《大学》之道，成为人生大事。

中国人喜欢通过类比来认识学习对象，起到举一反三的作用。为了学习方便，我们可以将《大学》比拟成2500多年前创设的公司，先考察其产生时的历史时空（起点比较），如比照当时中国、印度、希腊同期哲人思想特点，显现《大学》系统提出的"内圣外王"①、面向现实的"实践

---

① "人的本质并不是单个人所固有的抽象物，在其现实性上，它是一切社会关系的总和。"马克思：《关于费尔巴哈的提纲》，见《马克思恩格斯选集》第一卷，人民出版社，1995。

哲学"的高明之处。① 然后结合儒、道、佛历史发展有关言论（历史比较），引申到当代经济、政治力量结构分析，最后论述资本市场从业者的身体、心理、精神等问题，以"力量模型"的形式对其解构后再重构，从而解密《大学》理论模型中暗含的力量关系，从而解释天、地、人之间，作为肉体之人、情感之人、精神之人、社会之人、文明之人的客观定位与主观能动的关系。这样，结合当代人的学习、生活、工作的需要，我们努力在《大学》思想中萃取合理内核，与现代生活进行古今思想接轨。

通过分析，我们得出结论，比照于社会政治和经济生活中"四方博弈力量"的关系，《大学》在其演变的不同历史时代，由于国家力量（王权）、机构力量（官僚力量）、居民力量（考生、散户）和国际力量（主要是佛教）此起彼伏的影响，其市盈率（即受重视程度）也起伏不定。

汉代时为了君主集权的需要，通过董仲舒的努力，《大学》思想正式"上市"，其行情的第一浪启动，就如 21 世纪的创业板，市盈率高到唯我独尊的程度。过高的市盈率，必然带来《大学》价值的泡沫化，因此，三国两晋时期，我们可以看作《大学》泡沫破裂时期，其中崛起的诸葛亮先生，本质上是一个法家，只是用儒家忠君爱国外衣做了漂亮的包装。

在南北朝时期，由于外族的入侵和佛教的传入，《大学》所代表的中原儒家思想基本上被 ST 或者干脆被摘牌。唐代时为了国家统一的需要，韩愈先生登高一呼，《大学》思想与科举制度一起重新为知识界所重视，遏制了佛教对儒学的影响，但由于道教的竞争关系，仍然无法恢复汉朝时的荣光，因此虽然是儒家思想发展史中的第三浪，但仍然无法与汉代董仲舒时的风光相伯仲。五代十国是儒家思想第四浪大回调，宋代第五浪行情出现高潮，儒家学说形成以理学为代表的新高峰，同时理学也将宋代的经济文化推向中国历史的顶峰。元代儒学出现 A 浪下跌，明代心学是 B 浪反弹，清代 C 浪下跌，实学没有成为统治者意志，儒学异化成了统治者禁锢思想的工具，直到清末至"文革"仍然是《大学》大回调的熊市时期，虽然其间出现了新儒学运动，由于未能与社会主题有效结合，大多是昙花一

---

① 《大学》三纲领为旨归、八条目为进路的从主体终生不辍的德性修养，到由近及远地成就其社会政治事功，是儒家一以贯之的实践哲学传统，马克思在《关于费尔巴哈的提纲》中提出的"哲学家们只是用不同的方式解释世界，而问题在于改变世界"的思想与之相近。

现，未能成为社会价值主流。综观中国儒学发展史，我们可以得出结论，国家强盛未必带动儒学繁荣，但儒学繁荣，必然推动经济文化发展。

进入 21 世纪，《大学》才出现复苏，有可能重现第一浪行情。《大学》思想的当代复兴，需要融合和比对当代西方文明，运用马克思主义思想，科学分析儒学有关人类共性的合理内核，形成当代新儒学运动。因此，只有站在历史的时空坐标上，我们才能通过"估值比较"，挖掘《大学》内在的文化价值，让受到"新文化"运动冲击和"文化大革命"摧残与误会的《大学》的价值得以回归或实现。

我们认为，以《大学》为代表的中国古典哲学思想是人类思想宝库中的"茅台"，充分体现了人类文化第一次成熟期的精华，醇香无比，但没有好好进行现代意义的营销策划。我们要抛弃"酒香不怕巷子深"的酸儒观念，需要对儒家思想进行"新教运动"。作者本着对中华文化的崇敬心态，本着继承与重构中华新文化，厚着脸面进行抛砖引玉，但愿中华民族文明复兴过程中，炎黄子孙共同重燃儒学之火，为和谐中国与和谐世界出力。

为方便论述，本书借用南怀瑾老先生的"三纲"、"七阶"、"八目"进行分析，在此对南老表示衷心感谢。笔者才疏学浅，曲解、歪解、漏解之处肯定不少。由于笔者职业为资本市场的研究者，因此对于《大学》及其代表的国学的学习与研究，往往是从国学对国民性格的影响、国民性格对资本市场估值与定价的影响这样一个视角进行的。因此，相对于正统的国学研究，有点实用主义甚至"旁门左道"的味道。笔者在此恭候大家指正，虚心接受批评。

2009 年 12 月 19 日，笔者于海南三亚亚龙湾金棕榈酒店在唐荣汉先生主持下第一次向"227 读书会"诸师兄讲解《大学》之道，幸有读书会诸师兄指正，后因陆新之先生的赞赏，"逼"笔者补充、润色，才开始了本书写作。

中国人民大学党委书记程天权教授，在本书写作过程中，特别题词鼓励；北京外国语大学陈雨露校长在百忙中审阅本书并作序；中央国家机关工委宣传部刘涛部长热情鼓励并对未印稿进行仔细审读，提出了宝贵意见，对本书国学的"新读法"表示肯定，写下了热情洋溢的感言。对于前辈和领导的关怀、爱护与帮助，国旺在此真诚感谢！

是为此书的缘起，特别致谢诸位领导、朋友和所有有缘者。

第一部　百家争鸣　独树一帜

公元前 6—公元前 5 世纪，随着铁器的运用，生产力出现大发展，剩余产出开始出现，劳力与劳心，即体力劳动与脑力劳动、简单劳动与复杂劳动出现了分离。追求劳心获得脑力劳动即管治国家的身份，成为当时知识阶层的自觉行动，成为知识分子个体奋斗是否成功的标志。

"学成文武艺，货与帝王家。"战国时代，众书生都已经如 20 世纪"私人银行家"明白如何抓住业务的关键，纷纷推出自己的治国平天下主张，力求争取当时的高端"客户"——各诸侯的青睐，实现"朝为田舍郎，暮登天子堂"的理想，让自己的"学问市盈率"达到最高，从而充分实现个人的人生价值。当时，确实出现"朝为布衣，夕为卿相"的现象，这种主要依靠游说而推销自己的理念、方案、政策主张的过程，也是人才斗智斗勇的过程。各路人才强力营销自己学说的过程，也是人类思想不断进步发展的过程。公元前 500 年前后，印度、希腊同时出现了哲学巨人，思想光芒照耀古今。当时，古希腊、印度和中国是人才辈出，思想家横空出世，百家争鸣、百花齐放。在百家争鸣中，儒家主题清晰、重点突出、另辟蹊径、独树一帜，以"仁""义"思想进行强力营销，《大学》等经典就在此间诞生，成为儒家进行思想、政策、策略、理念营销的核心武器。

2500 多年前，可能为了进行"知识产权"保护，曾子将《大学》隐匿于《礼记》中 1000 多年，但其思想光辉一直照耀着代代中国人的心灵。相比于同期印度的"出世"思想和古希腊的"清谈"理论，《大学》更具有"经世致用"①的实践哲学色彩。我们认为，《大学》是为了现

---

① "哲学家们只是用不同的方式解释世界，而问题在于改变世界。"《关于费尔巴哈的提纲》，见《马克思恩格斯全集》第一卷，人民出版社，1995。

实世界个体和大众的幸福与发展而设计出来的，讲究知行合一，讲究群众路线，讲究统一战线，讲究事功与人格修养的完美统一，从而与2000多年后马克思关于"哲学的使命是改变世界"的思想吻合，这是马克思主义能够在中国落地生根的重要思想源头，也是毛泽东思想产生的中华文化根源。

如果没有中国古典哲学特别是《大学》面向现实世界进行知识、真理、生命、情感、道德、品格、政策、精神、能力等全面系统的思想和操作训练，中国文化就不可能承受恶劣的自然环境和不断出现的血腥的民族竞争。中华民族血脉与精神血脉绵绵不断地传承，是因为面对自然与社会环境的变化，中国人讲究"世事圆融"与"天人合一"，同时中华文化具备开放的胸怀、善于吸收外来文化并综合提高自身素质，因而面对外来文化冲击时能够吸收并进而提升自己的文化内涵，形成博大精深的中华文化，为21世纪中华民族和中华文明复兴与崛起提供了优秀的民族文化基因。

第一节　成功三秘　横空出世

成功三秘　人生真谛

《大学》之所以能够借《礼记》流传1500年，并在宋代得到朱熹赏析，是因为它本身就是无尽的宝藏，如一颗夜明珠，在漫漫的长夜，一直光照中华民族的心灵。作者发现，除《大学》原文中直接显示的"明结构"外，曾子还在《大学》中设置了三盏灯，不过需要我们找到开关，开启儒家的人生发展的"密码"。

虽然有关《大学》成书年代和版本有不同说法，但曾子的《大学》是系统宣扬"内圣外王"思想并提出实践这一思想的科学路径，是儒家创始者孔子正统思想系统论述者，是儒家"成功学"的集大成者。《大学》成功学思想，主要是对孔子的和谐天、地、人关系的"不易"思想的继承与发展，特别是对《易经》全息思想的实践运用，在当今现实资本市场实践中特别有意义。原始儒家定义的"成功"，是在和谐自然、和谐社会的基础上如何将利益之"饼"做大，然后在国家、机构、居民及国际合理分配之，而不是做"零和游戏"，即将别人口袋里的钱或者将别人的权利简单地争夺过来。这样的思想与智慧，大大区别于法家你抢我夺地在现有的利益之"饼"中进行瓜分的"谋略"思维。

因此，《大学》理论展现的除了"三纲七证八目"的"明结构"外，我们发现《大学》更重要的是展示了"暗结构"① 的儒家原始精神，即原始儒家提倡的"天地人"和谐的三不主义（不与天斗、不与地斗、不与人斗）思想，与道家体系的"无为而无不为"的成功秘诀不谋而合，说明在中华文化起源之初，儒、道没有分家的真相。

首先，"不与天斗"的思想可以从孔子强调"敬畏天命"中展现，这种敬畏天的思想，让人类在宇宙中找到了正确的坐标。在宇宙坐标中，人类多么渺小，只有人类自己明白自己的渺小，才能产生谦虚的心态，谦虚是成功的第一要素。

德国哲学家康德讲，"在我上者灿烂星空，道德律令在我心中"，表明在工业化初期，西方也有人敬畏自然天地，只不过对资本自我增值无尽的追求破坏了人与自然的关系。

"不与天斗"，是因为太阳、月亮与地球形成了年、月、日与时的"四柱"结构关系，有人说，"四柱"结构决定万物运行的周期与个体命运曲线周期，是否是这样，需要另文进行论证，我们在此不作讨论。儒家特别强调顺时而行，特别提出时间、时势、时运、时机在人生规划与成功操作中的作用，认为时运不到，逆时运行，费力不讨好。"不与天斗"，不仅是儒家的理论探讨，也是孔子一生命运的实践总结。通过研究时间、行为、

---

① 暗物质的总质量是普通物质的6倍，在宇宙能量密度中占了1/4，暗物质主导宇宙结构形成。暗能量是一种不可见的能量，推动宇宙中所有恒星和行星运动的皆是暗能量。暗能量在宇宙的结构中约占73%，占绝对统治地位。宇宙运动都是旋涡形的，所以暗能量总是以一种旋涡运动的形式出现。在暗能量的旋转范围内能形成一种旋涡场，称为暗能量旋涡场，简称为旋涡场。

心理的关系，进入 20 世纪 70 年代，在金融领域逐步发展出行为金融学，还在 21 世纪初得到诺贝尔经济学奖。关于行为金融学有关理论在实践中的运用，我们在以后的讨论中将会经常与大家进行交流。

中国人曾经在 20 世纪高唱"万物生长靠太阳"，看来是有道理的。人类经过 400 多年的观察和研究（即所谓格物），发现太阳黑子具有 11.5 年左右的周期运动规律。由于太阳的质量占了太阳系总质量的 99.9% 左右，是太阳系中的绝对老大，它可以通过太阳风、太阳磁暴、太阳黑子周期运动影响天体中"场"的分布，引起地球电离层、对流层、大气层的周期变化，从而影响人类农业生产周期和群体心理周期，进而影响宏观经济的运行周期。

比如，2008 年秋天中国面临恶性通货膨胀的威胁，政策上实行"一控一保"，即在控制通货膨胀的条件下保持经济增长。根据对太阳黑子周期变化与物价变化负相关的规律长期观察，笔者当时断定，通货膨胀已经不是政策主要目标，而保持增长可能是政策主要取向，更何况当时正处于金融危机进一步深化时期。因此，笔者在 2008 年"浦江金融论坛"① 秋季会议上提出如下判断："虽然国际能源价格高位，我国能源价格改革会推高农资价格及工业生产成本，粮食价格与农资价格高度相关，即使财政加大对农业直接补贴，随着生产资料价格的高涨，粮食价格在未来两年内还将保持高位，但对 CPI 的涨幅影响逐步减少。"

由于中国 CPI 结构中食品占 33% 左右，农产品特别是粮食价格对 CPI 的影响巨大。农业生产受气候影响，气候变化周期受太阳黑子周期影响。历史统计表明，太阳黑子通过作用于气候而影响农业生产周期，其周期变化趋势与物价指数形成负相关关系。2008 年上半年正是太阳黑子活动低峰值时期，全世界物价指数多处于高位。随着太阳黑子活动峰

---

① 浦江金融论坛，由上海有关金融监管机构负责人参与，于 2008 年春天在上海共同发起成立，是一个内部、高端、新颖、务实的经济学术沙龙，为上海以及全国热心于宏观经济研究和资本市场实践的精英提供高端的交流平台。论坛每季度举办一次会议，主要讨论宏观经济和资本市场的热点问题。"浦江金融论坛"每年出版一本论文集，2008 年的论文集名为《危机中的经济之道》、2009 年的论文集名为《转机中的经济之道》。上海证券交易所副总经理徐明为总召集人，朱南松、沈金波、陈林、唐荣汉、耿正义、裴国根等为召集人，笔者为论坛召集人兼秘书长。

值逐步加强，即使物价还处于相对高水平，但中国的物价指数在未来两年将继续逐步从高位回落，这将为积极的财政政策和稳健的货币政策推出提供自然基础。因此，经过情景模拟，我们认为，在贸易国际化和金融国际化的条件下，在 A 股国内产业资本定价和国际资本定价的背景下，理想的情景是行情再经过两年的徘徊后回升，即行情进行 5.6/2 年即 33 个月后过渡到 2010 年 9 月后开始出现新的行情，但反弹高度要视那时的情况而定。①

这个判断与 2008 年下半年以来物价及股指趋势十分吻合，再次证明了我们老祖宗敬畏天时，特别是要"格"天地之物理的周期规律，达到真正认识自然的周期律，进而为"正心诚意"打下自然科学即"格物致知"的基础。因此，可以这样说，我们上述结论，是在正确认识客观规律，特别是认识天地运行规律的基础上得出来的，是儒家学说指导现代经济政策的一次成功尝试。因此，我们可以认为，天地之自然规律，是"格物"的第一要务，天地是我们面前最大的"环境"，如果按辩证唯物主义讲法，天地是最大的客观存在，我们无法不面对它、接受它、理解它、融合它、利用它。

虽然从质量上讲，月亮与太阳不可同日而语，但月亮却具有相对太阳的比较空间优势，即离地球近，月亮的周期活动也深深地影响人类的生活。"人有悲欢离合，月有阴晴圆缺，此事古难全"，北宋的苏轼老先生在此表达了自然与社会交错运动中的基本原则。

一是自然物理的时空运动，无论是阴盛阳衰，还是循环往复，都是自然的客观规律，不以人的主观意志为转移。在人类的知识范围中，时空运动表现在时间的发展上是线性的矢量关系，《易经》之《乾卦》号召追求成功的人们，要效法天的运动法则，指出"天行健，君子以自强不息"，因为时间如流水，孔子也曾经感叹"逝者如斯夫"，成功的追求者要有"只争朝夕"的心态，勇猛精进。由于时空交错，就会出现周期的交替与

---

① 详见《浦江金融论坛 2008：危机中的经济之道》，92 页、110 页，南京大学出版社，2010。

变换，自古至今，这种关系代代相传，但代代不同，即所谓"人面桃花"年年不同。

唐代崔护在《题都城南庄》中感叹：

> 去年今日此门中，人面桃花相映红。
> 人面不知何处去，桃花依旧笑春风。

因为大自然对于人类来说太奇妙、太伟大、太深奥，随着时间的发展而无情并无尽地展现着，同时表现为空间上的升跌缩胀，所谓的"高岸为谷，深谷为陵"，自然造化，确实奇妙无穷。

二是人类由于具体情感的功能，因此对于类似太阳与月亮周期运动现象主观地赋予了情感功能，并以此作为情感投射的对象，因此，经常出现"多情却被无情恼"的现象。这种情感，如果代代相传，则会逐步形成民族潜意识，这种民族潜意识在外在因素如太阳活动周期变化的条件下，就可能出现周期的群体情绪"癫狂"。

宋代苏轼有首《蝶恋花》，就是表达了人们面对自然的周期运行，往往出现抛锚情感而自寻烦恼的现象，抛锚的情感与变化中的天地周期运动往往出现时空错位，故而人类多情的诗人往往因移情烦恼，但成功人士不为外物所左右，坚定自己的目标。苏先生是从政的理性人，但他却有太多的诗人气质，你看他在晚春时节有多"烦恼"：

> 花褪残红青杏小，燕子飞时，绿水人家绕，枝上柳绵吹又少，天涯何处无芳草。
> 墙里秋千墙外道，墙外行人，墙里佳人笑，笑渐不闻声渐悄，多情却被无情恼。

根据我们上面的讨论，表面上人类情感的波动周期，其背后隐藏着太阳、地球和月亮的周期运动的合力结果，有周、月、年、5 年、7 年、8 年、17 年、21 年、36 年、49 年、64 年等。时空转换，人们的情感却可能永远抛锚在过去的时空中，这是我们认为童年回忆最美好和妈妈的饭菜最好吃的基本道理，也是现代行为金融学揭示的人们在投资过程中的家乡情结和处置效应的情感原因。

苏轼老先生在《江城子》中怀念亡妻，所以感人，就是因为此词充分表达了人类对于逝去亲人的真实的感情留恋：

> 十年生死两茫茫，不思量，自难忘，千里孤坟，无处话凄凉。纵使相逢应不识，尘满面，鬓如霜。
> 昨夜幽梦忽还乡，小轩窗，正梳妆，相顾无言，惟有泪千行。料得年年断肠处，明月夜，短松冈。

三是人类的情感变化是有周期的，不过即使人类知道其情感周期，但情感周期却不以人类的意志为转移，人类无法控制情感的周期运动。试问，为何小小的月亮让人如此牵肠挂肚？为何人类对于月亮如此地迷恋？我们相信，苏轼老先生《水调歌头》中的解释不一定很周全：

> 明月几时有？把酒问青天。不知天上宫阙，今夕是何年？
> 我欲乘风归去，又恐琼楼玉宇，高处不胜寒。
> 起舞弄清影，何似在人间！
> 转朱阁，低绮户，照无眠。
> 不应有恨，何事长向别时圆？
> 人有悲欢离合，月有阴晴圆缺，此事古难全。
> 但愿人长久，千里共婵娟。

如果按照宋代的科学水平进行"格物"，确实感叹"此事古难全"，人们只能望天兴叹，无可奈何。如果我们从宋代的情境中将镜头拉回到当代，引入现代天文物理科学时，一切就明白了。现代物理学认为，站在越高的维度，物理学揭示的真相越简单。

人类活动的空间，在可以预见的将来，在太阳系内仍然受制于以太阳、月亮、地球三角关系组成的时间力量。这样，无论是人类的经济活动，还是政治活动、文化艺术活动，国家政策、国际力量、机构力量和个体力量间的博弈都将以时间为背景展开。时间是空间的表现形式，无论历史如何演变，无论人类的情感如何变化，永远离不了对太阳的崇敬、对月亮的依恋和对地球的依赖。因此，太阳、月亮、地球三者在人类的情感中分别扮演了父亲、爱人和母亲的角色。如果明白了三者对于人类生存、发展的意义，我们就明白古代诗人对于月亮情有独钟的原因了。

时间流逝着，但人类的情感却抛锚于古代人类曾经的爱恋者；一旦人类的情感由诗人的个体感情深入了民族潜意识、由诗人的情感化为人类共同情感的时候，人类对于外界事物的认识也必然出现圆缺阴晴和悲欢离合的现象。

宋陆游在《钗头凤》中表现对前妻的感情，历来为人赞叹：

红酥手，黄藤酒。满城春色宫墙柳。东风恶，欢情薄。一怀愁绪，几年离索。错、错、错。

春如旧，人空瘦。泪痕红浥鲛绡透。桃花落，闲池阁。山盟虽在，锦书难托。莫、莫、莫。

这种情感现象，在当代资本市场，行为金融学通过心理研究得出结论，称其为群体非理性的"周期运动"。这种周期运动出现在自然界，也出现于经济和社会生活中，这就是个体面对天地运行和社会经济运行时无法把握"命运"的原因。陆游在宋代，在以"孝"为核心的"修身齐家治国"的文化大旗下，无法摆脱母亲之命，只能休了自己心爱的妻子，但他的感情却无法"休"掉，仍然抛锚于前妻身上，只能在悔恨中度过余生。

其次，"不与地斗"，是因为孔子不仅强调要讲究顺天而行，还讲究人要与自然和谐。仁者，本质上是爱人的意思，扩展开来，还要爱自然。这是因为人类消费的一切，除了太阳的热能外，都是来自于地球的产出。热爱自然，才会珍惜地力，讲究最少的投入产生最大的福利，形成环境友好的格局。

孔子认为，人生在世的荣华富贵、光宗耀祖不过是实践道行的副产品，实践"仁"的道德，把自己培养成一个"仁人君子"，才是成功人士的人生目标。孔子追求"仁"的现世的目标，与释迦牟尼教导他的学生人生目标是追求无上的正等正觉、了悟宇宙人生大道的出世主张虽然很相似，但又不同。孔子主张"君子食无求饱，居无求安"，为追求实践生命中与世俗大道的成功，不受"我相"所束缚，要求"士志于道，而耻衣恶食者，未足与论也"，他认为"饱食终日，无所用心，难矣哉"，因此，一味追求物质享受而不追求人生最大的本质要求，人们是无法得道的。

但是，孔子认为如果饮食不当也会影响得道，因此，孔子认为环境友好的最大内容，首先在于人类的饮食方面。春秋战国时代，医疗卫生条件较差，人均寿命30岁，孔子得享73岁高龄，长寿之道是因为有良好的饮食习惯。

孔子在饮食方面有"八不食"原则："食钮而蚀，鱼馁而肉败，不食。色恶，不食。臭恶，不食。失饪，不食。不时，不食。割不正，不食。不得其酱，不食。沽酒市脯，不食。"即变色变味不吃、陈旧不吃、不鲜不吃、烹调不当不吃、作料不妥不吃，还不吃从市场上买回来的酒和熟肉，看来孔子老早就有了食品安全意识，防止病从口入。除了"八不食"原则外，在吃肉、喝酒及饮食保健方面，孔子也十分讲究。

一是"肉虽多，不使胜食气"。孔子讲究把握好肉食和其他种类的食物的比例，肉类食品吃的数量不能超过"饭量"，只有合理搭配主副食品，才能充分吸收动物食品中的营养成分，这样才有利于人体的新陈代谢和健康长寿。

二是反对"耻衣恶食"，"恶食"意即挑食、偏食，讲究平衡配膳，荤素结合，粗细搭配，促进健康。

三是食不求饱，节食益寿。"食要七分饱"。现代医学研究证明，经常饱食（如肉食过量），会增加胃肠的负担，容易造成消化不良。久而久之，还会使血液过多地集中在胃肠，导致心脏、头脑等重要器官缺血，不利于身心健康。

四是很讲究营养饮食，主张"食不厌精，脍不厌细"。《吕氏春秋》记载："文王嗜菖蒲菹，孔子闻之，缩项而食之。三年，然后胜之。"菖蒲根很苦，非常难吃。孔子缩着头颈吃，一直吃了三年才习惯。据《孝经》记载："菖蒲益聪。"孔子吃菖蒲，是因为他不仅主张"食不厌精，脍不厌细"，更看重营养，即养生。

五是"唯酒无量，不及乱"。孔子酒量不大，他能自我遏止、适量而饮。酒精是肝脏的"克星"，长期大量饮酒，酒精会损伤肝细胞，导致酒精肝、肝炎、肝硬化、肝衰竭以及糖尿病和心脑血管病。

六是"不撤姜食，不多食"。每次餐饮要有生姜吃，中医认为春夏养阳，夏季吃姜的好处是温养脾胃和全身阳气，对冬日畏寒怕冷人群尤为适合。

七是"食不言，寝不语"，讲究吃相文明。因为人在吞咽食物时，呼吸动作是暂时停止的。如果吃饭时大谈大笑，那么呼吸和吞咽食物必然会同时进行，食物容易误入气管或鼻腔内，发生呛咳、喷嚏、流泪等现象，若是鱼刺、碎骨、豆粒之类一旦误入气管，则后果更是不堪设想。

八是饮食要合乎时令。孔子在讲究与地利平衡时，还不忘与天时的和谐，他提倡吃应季的食物，"不时不食"，遵循大自然的阴阳之气采备药物、食物，这样的药物、食物得天地之精气，气味淳厚，营养价值高。只有食物的气味合乎时令、生长成熟符合节气的时候，才能得天地之精气。因此，当代流行的反季节食物，理论上讲没有时令季节的特性，也没有时令食品的营养价值。有专家提醒，在食用反季节蔬果时，应注意阴阳平衡，夏季阳热较盛应少吃燥热的食物，冬季则应少吃寒凉的食品。

孔子提倡的饮食原则与印度《瑜伽经》中介绍的善良属性的人食品要求相类似，即要清淡、新鲜、适量。

无论是孔子还是古代印度的瑜伽哲学，都强调人取食于地，要珍惜食品，更要珍惜地力。在一定生产力条件下，地力的产出是一定的，我们千万不要抱着"人有多大胆，地有多大产"的愚昧和狂热想法。如果我们站在地球的角度考虑，虽然地球负载万物而无怨言，正如《坤卦》所言，"地势坤，君子以厚德载物"，但如果人类无度地向地球索取，就得尝尝地球"报复"人类的味道了。2010年春分之际，迷漫全国的风沙，让人们感受到了尘埃的厉害，全国不知道有多少人因此而得了重感冒，其中造成的医疗成本与社会成本，可能在一天之内将过去开荒所得的"粮食"产出全部索还。2010年从南到北的水灾，也为中国人上了"环境友好"的生动一课。

儒家的"不与地斗"，与中医提出的"病从口入"思想一样，因为"大地是我们的母亲，土地是财富之母"，我们吃的喝的穿的用的，都来自地力，"吃喝玩乐"都与土地的出产有关，如果人类消费地力过度，地力无法保障人类的需求，反过来会向人类索要。洪水、干旱、沙尘、污染、过度的炎热与寒冷，都与人类过度向自然索取有关，这些索取都与一个新名词"碳排放"相关。2009年舆论开始宣扬的"低碳经济"，不过是人类在过度索取自然后的一种觉悟。根据辩证唯物主义相互联系、相互作用的观点，我们不仅与我们相近的事物有关联，我们与天下众生、天下万物都有关联。向自然索取过度，不仅损害环境，也损害其他众生的利益。因此儒家在《大学》之外提出《中庸》的思想，做人不能不厚道，不能以破坏环境为代价过度消费，也不能不消费而损害自己的健康。不消费也不对，因为不消费是与道的运行规律作对，道的最伟大的展现即生命的延伸需要适当的消费，因此，人生过程中无论是吃、喝、玩、乐还是穿衣、运动、住宿都要适中、要适度，不奢侈浪费，才能和谐自然，不仅有利于自己的健康，也为子孙后代积德。

再次，"不与人斗"是儒家思想的中心点，孔子强调的"仁"的概念是从别人的立场进行思考，别人不仅是直接面对的相互关系者，还涉及上下左右甚至古今中外的人事关系。和谐才能形成团体力量，从而产生协同效应，协同效应的前提是各就其位，即定位清晰。协同效应是成功的第三要素。具体讲来，不与人斗，可以细分为八个方面：

一是在不同位置上就得履行相应的职责。孔子提倡的"君君、臣臣、父父、子子"，就是要求一个人在不同的社会角色中充分承担与角色相当的责任，只有充分担当自己角色中的责任，才能准确定位自己，承担起自己对天地、君臣、父母、兄弟、朋友、子孙的责任。一个人只有勇敢承担了自己的历史责任，才可能在不同的社会关系中和谐地处理利益相关方的利益。《礼记·礼运》总结道："何谓人义？父慈，子孝，兄良，弟悌，夫义，妇听，长惠，幼顺，君仁，臣忠。"在不同的社会角色中定位了当时人们成功必须遵守的"十条戒律"，从而为《大学》成功学秘诀即治国平天下提供了"正心修身齐家"的理论基础。

二是言行不随便越位，防止越位而引发的矛盾与冲突。孔子在《论语·泰伯》中说："不在其位，不谋其政。"《论语·宪问》中曾子说："君子思不出其位。"孟子说："位卑而言高，罪也。"子思在《中庸》中说，"君子素其位而行，不愿乎其外"，"在上位不陵下，在下位不援上"。以上圣贤的论述都是要求追求成功者在什么位置说什么话，"在什么山唱什么歌"，才能名如其分，在准确定位自己角色的基础上发挥自己的聪明才智。

三是脚踏实地，少说空话。孔子在《论语·学而》中说："君子食无求饱，居无求安，敏于事而慎于言。"在《论语·里仁》中说："君子欲讷于言而敏于行。"做事勤奋敏捷，说话谨慎，防止祸从口出。毛泽东将自己的女儿分别用"敏"与"讷"两字取名，可能就是想让其真正领会孔子的思想，踏踏实实地做人。

四是讲究信用，树立个人品牌。孔子在《论语·为政》中说"人而无信，不知其可也"，在《论语·卫灵公》中提出做人要遵守"言忠信，行笃敬"的处世原则。信义无价，一个人要想成功，信用的品牌价值确实是最为重要的元素之一。如果从劳动价值论和微笑曲线理论讲，个人的信用和品牌，具有创造性的价值，是微笑曲线的两端。

五是以别人的利益作为自己行为的参考点，讲究协同效应。孔子在《论语·雍也》中答子贡问仁："夫仁者，己欲立而立人，己欲达而达人，能近取譬，可谓仁之方也已。"孔子的意思是自己站得住也要使他人站得住，自己欲事事行得通也应使他人事事行得通，充分体现了孔子所倡导的

"恕"道。"仁"是成功者的实践途径与秘法："己所不欲，勿施于人。"推己及人，察己知人，承认他人的价值，关心他人之生存与发展，才能真正形成上下左右的协同效应。

六是要勇敢担当历史责任，在历史的展现中实现道行。孔子在《论语·卫灵公》中说："当仁不让于师。"面对弘扬道义的时候，要有实现仁道重任的担当。因此，承担责任和义务，也是做好协同效应的基本原则。当然，为了全局形成协同效应，实现整体最大的利益，我们有时还得学习忍让——"小不忍则乱大谋"。周恩来有时为了全党利益，相忍为党，为成功追求者的榜样。但是，作为正人君子，不能为了表面的团结去牺牲基本原则。孔子在《论语·卫灵公》中说"道不同，不相为谋"；《史记·伯夷传》引此言曰："道不同不相为谋，亦各从其志也。"陶渊明"不为五斗米折腰"，就是坚守了人生的原则与操守。

七是要知人善任，实现优势互补，塑造成功的气氛。在《论语·学而》中，孔子说："不患人之不己知，患不知人也。"我们不必担心别人不知自己，该担心的是我不知道别人的优点。因为知道了别人的优点，就可以形成学习型组织，"三人行，必有我师"，充分了解别人的优点，才能做好群体协作，实现整体利益最大化。

八是要心胸开阔，有大格局，以他人的成就而成就自己。孔子在《论语·颜渊》中说："君子成人之美，不成人之恶，小人反是。"要以成就别人为自己事业的胸怀而做事情，才能形成群体效应和集体意志，"军民团结如一人"，就会形成铜墙铁壁。孔子在《论语·里仁》中说"德不孤，必有邻"，只要自己的品德高尚，必然会有众人汇聚，众人汇聚，才能成就大业。

总之，《大学》讲究的是"正人君子"要想在社会上建功立业，不仅要自我训练出超过他人的能力，更要从他人利益出发考虑自己的正确定位，正确处理好与他人的关系，关心他人胜过关心自己。

有人说儒家很牛，不仅历史长河中经常出现贤人、圣人、猛人，还具有特别的理论高度，至今仍然常新不衰，是世界文化史上的常青树。在《易经》之《系辞》中，孔子宣称"易与天地准，故能弥伦天地之道"，即儒家的理论源头《周易》理论可以补充完善天地运行的不足之处，为社会、国家、民族和自己服务。做大蛋糕、合理分配，是儒家为人类科学发展与和谐社会奉献的经典思想。这种思想不仅在当代具有现实意义，在春秋战国"无义战"、"弱肉强食"的环境中提出并系统论述该思想，就显得更加难能可贵。

《大学》背影：英雄辈出

正如前面所说，《大学》思想产生的时代是春秋战国之交，《大学》真正定稿可能直到西汉才完成。春秋时期因孔子修订《春秋》而得名。《春秋》记载了从鲁隐公元年（前722年）到鲁哀公十四年（前481年）的历史。现代的学者为了方便起见，一般从周平王元年（前770年）东周立国起，到周敬王四十三年（前477年）为止，称为"春秋时期"。

春秋战国之交，神州大地掀起了一场社会大变革的风暴。由于铁器的使用，生产力提高，剩余产出增多，可以养活有闲阶层。在这个时期，掌握知识但不掌握权力的"士"这个新的社会阶层应运而生，他们不事生产，只是运用他们掌握的知识，不断进行自我营销，追求在社会上的成功。士是通晓天文、历算、地理等方面知识的学者。进入21世纪，在党的统一战线发展过程中，也对新的阶层进行了"统一"领导，新阶层中既有知识分子、民营企业家，也有白领人士，这些人表现为知识与财富的结合，有思想、有活力、进取心强、社会活动能力强。春秋战国时期，没有形成对"士"这一新阶层的统一领导，而是由"士"这群知识分子个体户，纵横诸侯间进行市场竞争。他们之间进行博弈的核心竞争力，主要是提供实用可行的治国平天下的理念、策略、政策、谋略与操作方案方面的较量，而不是提供具体的生产知识或者企业管理理论。

为此，我们先考察一下孔子的"教学大纲"就会明白，孔子是明确倾向于治国平天下的"复杂劳动"的训练，而不是相对简单的农业技艺的培训。我们这里先看看在《论语·子路》中记载的故事。

孔子有个弟子，名须，字子迟，通称樊迟。他曾向孔子请教耕种庄稼之事，孔子说自己不如老农；又向孔子学习种植树木之事，孔子说自己不如老圃。樊迟离开后，孔子对旁人说："小人哉，樊须也。"

孔子认为社会应有劳心与劳力的分工，把统治者看作是劳心者，为仁人君子；被统治者看作是劳力者，为凡夫小人。孔子因此说："或劳心，或劳力；劳心者治人，劳力者治于人；治于人者食人，治人者食于人；天下之通义也。"事实上，孔子在2500多年前已经提出了劳心的脑力劳动与劳力的体力劳动的价值创造的不同。他的教育思想主张"学以致道"，"学而优则仕"，要求学生通过劳心即脑力的训练，通过自己的复杂劳动为社会创造更大的价值。孔子认为当时最复杂的劳动是治国安邦和经世济民的才能，即所谓的"齐家治国平天下"。樊迟本应当用心于"治国平天下"的学习，却想学习应由小人来做的耕稼等简单劳动，所以受到孔子斥责。从这个故事中反映出来的背景是，孔子在生产力提高的条件下，教导学生追求复杂劳动、创造更多价值，治国平天下的复杂劳动是最为广大的"亲民"服务。因此，孔子在当时反对学生为了自家一亩三分地进行有关农业生产技艺的培训，认为这是个人的小康追求，没有大出息的"小人"表现。

当然，春秋战国时期，追求并营销自己学问的复杂劳动价值而扩展其影响的不仅是儒家中的孔子、曾子、孟子、荀子，其他派别中的墨子、庄子、韩非子以及商鞅、申不害、许行、陈相、苏秦、张仪等都纷纷出山，他们以思想家、政治家、军事家或科学家的名义活跃于当时的"国际舞台"。因此，我们看到《大学》的背影下，英雄辈出，各显神通，精英纷呈（见图1）。由于这些"士"们的出身不同，代表的阶级不同，立场不同，提出的政治主张和方案也不同。他们著书立说，周游巡回各国"路演"自己的治国主张、外交战略，自卖自夸，出现了百家争鸣的局面，形成了儒家、道家、墨家、法家、阴阳家、名家、纵横家、杂家、农家、小说家等许多学派，其中比较重要的是儒、墨、道、法四家，代表了不同社会阶层和利益团体的主张。

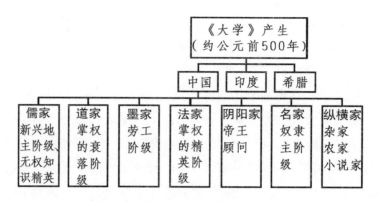

图1 《大学》产生的时空背景之一

大体说来，根据阶级立场决定阶级意识、社会地位决定社会思想的分析方法，在春秋战国时代，儒家代表的是新兴地主阶级和未掌权知识精英阶层的思想，墨家代表了下层百姓特别是手工业者的思想，道家代表了没落奴隶主贵族（没落权贵）的思想，法家代表了掌权的利益获得者（新兴权贵）的思想。由于其利益代表不同，士们的思想无法获得调和，在政治、经济、军事、社会大变革过程中，就出现了各派营销其主义、争取获得诸侯的赏识并争夺其学生的现象。

由于法家在"短线操作"上有突出表现，在战国末期，法家一度出尽风头，获得了"涨停敢死队"的荣誉，横扫六合，统一中国过程中形成了法家的泡沫化。儒家在法家行情泡沫化过程中，历尽了"焚书坑儒"的人祸，在秦朝经历了摘牌退市的考验，终于在汉武帝时代实现了重新上市，以后虽然历尽劫波，但薪火不断，成为世界文化史上的奇迹。究其原因，是因为儒家代表了人性中最善良、优秀、规范的部分，只要人性不泯灭，儒家就会有行情重新启动的时候。

因此我们可以合理假设并大胆预测，《大学》可能就是在百家争鸣中、在与各派博弈中，儒家为了成功推销自己的主张而推出的系统的治国平天下的"大国管理学"思想。在春秋战国之交，谁能够提出完备的"平天下"方略，谁就可能一夜间成为诸侯的座上宾。

聪明的曾子为了保护自己的"知识产权"，有意将《大学》放在《礼记》中"借壳上市"。因为百家争鸣中无论提出什么主张，对于君主专制的维护是所有理论争鸣的起点，《礼记》通过系统的制度规范的论述，维护了当权者的利益。曾子将《大学》作为《礼记》的"成分"之一，是儒家成功营销自己成功学思想的高明策略。我们认为，宋代大儒朱熹是儒家思想的"炒股高手"和"投资银行家"，他成功地将《大学》分拆上市，正式成为"四书五经"之一，并通过他的集注进行重新包装。《大学》成为科举考试的必修课后，通过对以朱熹集注为标准的考试，《大学》正式成为平民百姓"成功"进入主流社会、成为国家不同层级的领导阶层的"敲门砖"之一，从而真正打破了门阀垄断统治中国上千年的历史。

这样看来，在春秋战国社会大变革、思想大解放运动中，儒家通过《大学》等专著向未掌权的精英阶层提供修身和治国的成功学教科书，以求通过思想训练和成功方法训练为未来各诸侯国"兼并天下"提供人才基础。同时，通过《大学》的系统论述，儒家成功推销自己的治国主张，因为只有儒家才是系统进行成功学的训练者。虽然孔子本人营销自己的实践不成功，但孔子的学生们却遍布在不同诸侯国的重要领导岗位，这是儒家为自己的理想不断营销自己的学问和成功学的结果。不过在当时，孔子的学生们太成功了，学生们的成功反过来影响了伟大思想家孔子自己的"职业生涯"，因为各诸侯国谁也不敢轻易重用孔子，他的学生在各国掌握实权，孔子再在自己的国家掌握大权，诸侯们就无法玩了。当然，我们不排除儒生们可能将儒学中的成功学思想和励志思想向诸侯推销的可能，希望通过儒学对无法无天、贪得无厌的诸侯们进行自我约束，成为"王道"的推行者，实现儒家天下大同的"理想国"。

当代，所谓的专家可以类比于春秋战国时代士的阶层。当代专家们分别存在于体制内外，以科学家、哲学家、文学家、经济学家、法学家等名义存在，他们利用自己的身份，通过自己掌握的话语权，可以对政策、对制度等产生影响。由于不同的专家的地位、学识、代表的利益集团不同，同一类专家，对于相同的问题，也会有不同的看法，甚至是完全相左的看法。比如对于经济体制改革、对于宏观调控、对于社会制度的完善等，不同的经济学家（国际大投资银行、国内政府机构、商业机构、民间学者），都会提出自己的看法，新的百家争鸣正如火如荼地在当代中国进行，各方利益代表者都企图影响决策或者投资对策，从而取得对自己有利的地位或者有利的话语权。

第二节　光想不做　光说不练

古印度人在想什么?

与中国春秋战国时期的百家争鸣类似,公元前 500 年前后,印度学术界出现了正统哲学①和非正统哲学百家争鸣的繁荣局面。婆罗门教及其支流的六大派为正统派哲学,非正统哲学(沙门思想)包括自由思想家思潮,主要有佛教、耆那教、顺世派和生活派。

1. **六派哲学,佛教诞生的理论源头**

婆罗门教源于韦达教,形成于公元前 8 世纪—公元前 7 世纪,因以崇拜梵天而得名。它信奉多神,以梵天、维施努和希瓦(湿婆)为主神,认为它们分别代表宇宙的创造、护持和毁灭三个方面;相信轮回业报之说。婆罗门教在其产生和发展过程中形成了很多哲学学派,其中影响较大的有数论派、瑜伽派、胜论派、正理论派、弥曼差派和韦丹塔(吠檀多)派(见图 2)。

公元前 6 世纪—公元前 5 世纪,因佛教和耆那教的广泛传播,婆罗门教一度衰落,但在 4 世纪笈多王朝时又有复苏。8—9 世纪间,经商羯罗等人的改造,演化成为印度教或新婆罗门教。

总之,六派哲学的基本价值取向是相同的,就是以获得人生的解脱为其终极目标,不重视现世中人生的幸福,强调寻找并确定人生在宇宙坐标中的位置,追求与梵天即宇宙合一及达到宇宙合一的修持方法。印度正统哲学偏重人生与宇宙交流,可能与其地理环境优越、生存不成问题有关,因此可以整天苦思冥想人生的目的、人生的意义、人生的未来等等玄学,

---

① 古印度六派哲学——数论派、瑜伽派、胜论派、正理论派、弥曼差派和韦丹塔(吠檀多)派,因相信《韦达经》拥有至高权威,被称为印度的"正统派哲学"。其中瑜伽派的思想,是程朱理学的思想营养之一。

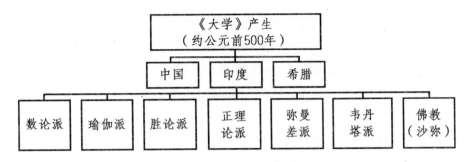

图2 《大学》产生的时空背景之二

因此想而不做，以思想代替了行动。

2. 佛教哲学：中国儒家成功学的外来营养

公元前6世纪—公元前5世纪，当时印度传统的吠陀天启、祭祀万能和婆罗门至上三种信仰，以及婆罗门作为一切智的垄断者、神权统治的代表的地位开始动摇，成为众矢之的。自由思想家中出现了种种反传统信仰的沙门思潮。佛教属于沙门思潮之一。

佛教由古印度的释迦牟尼（被称为佛陀）在大约公元前6世纪建立，其重视人类心灵的进步和觉悟，认为人们的一切烦恼（苦包括生憎、老憎、病憎、死憎、爱别离憎、怨憎会憎、求不得憎、五阴炽盛憎）都是有因有缘的，"诸法因缘生，诸法因缘灭"，因缘①成就事物的成住坏空。佛教哲学的基本理念是缘起论。缘起论，是佛教对存在、生命的根本看法。佛教认为，世界的一切存在，包括物质和精神两个方面，都是由因缘即主要原因和次要原因、内在根据与外在条件的集合而生起，因缘集合则成，因缘散失则灭。如果联系2500多年后马克思主义者论述的"一切以时间、地点和条件为转移"的思想，我们发现，佛教的有关事物都是相互联系、相互作用的观点，其理论深度超越了佛教徒以外的人们的想象。佛教以"离苦得乐"为其理论论述的中心和起点，与马克思主义关于人的自由解放的理论论述具有异曲同工之妙。

佛学的根本目标是帮助众生从烦恼、痛苦中解脱出来，从生死流转中

---

① 因缘可以理解成事物生成、发展、灭亡过程中内外条件相互作用的力量关系。

超脱出来，以达到自由自在的境地。因此，佛教的重心是人的世界中精神和物质层面的提升。佛教认为人类具有两重性，一是最具可塑性、可转变性，有追求成功的内在需求，最易于提升人格；二是人类如果沉迷于欲望，也最易于沉沦。佛教哲学的使命就在于提升人格，进行自我实现并帮助他人实现解脱。

佛教哲学成功方法是"戒"、"定"、"慧"三学，是实现人生最高成功理想必须修习的三种基本学问。戒是止恶行善，定是止息念虑，慧是正确思维。佛教主张"由戒生定，由定生慧"。戒，是在行为上修持佛教道德规范，这是全部修习的起点、前提，定与慧的实质是破除妄念，以求心意清净，也就是修持主体在心态与思维上的去恶归善："诸恶莫作，众善奉行，自静其意，是诸佛教。"

佛教的理论核心是"四谛"说。"四谛"的组织是以苦谛为根本，以道谛作为人生解脱的理想途径，强调成功的标志就是离苦得乐。佛教认为人生是苦难的，世界充满了种种的苦痛，其原因就在于人对现实世界的无明、执著。"无常"和"无我"乃是一切事物运动、变化和发展的客观规律。不明白无常无我的道理，是生命产生痛苦、不能究竟人生真相的根源。人生的理想在于断除现实生活带来的种种烦恼和痛苦，正视现实人生，行"八正道"，是获得一切善、根除一切恶的理想法门，是觉悟人生，进入解脱境界的关键。

因此，佛教阐述世界是苦的及苦的原因，同时给人指出了一条离苦得乐、通向解脱的新途径即八正道。"八正道"是佛教培养和树立人生观、世界观和道德修养的行动规范。"八正道"在"四谛"中属于道谛的范畴，是佛教的解脱法门，即佛教的方法论。"八正道"所涉及的是人的精神生活和物质生活两个方面，佛教在强调成功者不仅具有健全的物质生活的同时，特别强调建立健全的精神生活。八正道完全排斥了纵欲和苦行两种偏见，为人生寻求解脱。

佛教从分析人生过程出发，继而又联系发展到整个宇宙，认为世界上的一切事物或现象都处于相互关联、相互依赖的因果关系之中。因此，在缘起论的基础上佛教提出了"诸行无常，诸法无我，一切皆苦"的三大命题，是揭示人生本质的三个基本论点。同时，佛教以缘起的理论对世界现象进行了分析和理论论证，缘起论是佛教建立宇宙认识论的哲学基础。

我们发现，佛教并不将人局限于人类世界进行比对分析，而是将人放在与宇宙万物对比的境况中，从而得出人要行善积德并为自己的言行的后果负责。每个人都是自己本相的主人，每个人也因此只有自己为自己的幸福人生负责。即人们要"勇猛精进"地进行修持，化解自己言行中侵犯伤害一切众生的言行，从而在和谐人类、和谐众生、和谐环境、和谐世界中获得解脱，实现真正的人生幸福之境界（无上正等正觉）。佛教认为，人和其他众生一样，沉沦于苦海中，并不断地生死轮回，无法获得真正的幸福。要想获得人生真正的幸福，先要断灭贪、嗔、痴，才能脱离生死轮回，达到涅槃（清凉寂静之意，即无有烦恼）。佛教徒的目的即在于从佛陀的教育（苦集灭道之正法）里，看透苦难和自我的真相（缘起法），最终超越生死和苦难、断尽一切烦恼，成佛或者成阿罗汉一样的觉悟者。

因此，佛教智慧与思想是解决人生中的从众效应、处置效应的灵药，释迦牟尼当时的目标是为人类及一切众生提供离苦得乐的"解决方案"。原始佛教在初创期，非常重视"传教活动"，通过传教的亲民活动和婆罗门教进行思想斗争与理论博弈，迅速在印度赢得了群众，并在公元前后达到高峰，当时印度佛教的传教活动甚至到达中国。但是，由于佛教教义与教条越来越教条化，未能在印度本土与时俱进，在内外力量的打压下迅速衰落：内有婆罗门教即印度教对信众的抢夺，外有伊斯兰教的传入对佛教的影响。只有传递到中国的佛教，经过近1000年的磨合，充分吸收了中国儒家和道家的理论，形成中国佛教（禅宗）时，佛教才在异域得以新生。同时，佛教在进入青藏高原后，与当地的原始宗教融合，形成了藏密，从而保存并发展了佛教。

佛教在中国的"思想衍生品"是儒家充分吸收佛教中的合理内核，在宋代形成了影响后来中国1000年历史的理学，在明代儒学通过吸收禅宗思想形成了儒学新高峰即心学，从而为《大学》中知行合一的"亲民"行为注入了新的思想血液。这是我们在第三部分要与大家一起交流的。

古希腊人在说什么？

公元前 500 年前后，是古希腊时代的学术思想形成时期。类似于中国的老子在《道德经》中提出世界的本原是道一样，各派哲学也对世界的起源提出了自己的观点（见图 3）。

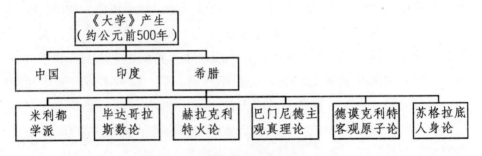

图3　《大学》产生的时空背景之三

1. 泰勒斯（公元前 7 世纪末—前 6 世纪初）的水论。他是第一位自然哲学家，认为水是万物的始基，一切生于水还于水，大地漂浮在水上。创立了用自然本身的物质去说明自然的唯物主义世界观，他被誉为"哲学之父"。

2. 阿纳克西曼德（约公元前 611—前 546 年）的无限论。他提出世界本原是一种抽象的无限，只有无限才能永恒存在，无限在运动中产生矛盾，如冷与热、干旱与潮湿等，把世界万物统一到一个相同的概念之中。

3. 阿纳克西美尼的气论。他认为世界的本原是空气，它的膨胀和收缩产生了世界万物。一切都在永恒的空气中发生和转变，其中也包括神灵。

上述三位哲人，统称米利都学派，因为他们都是米利都人，且保持着师承关系。

4. 毕达哥拉斯①的数论。毕达哥拉斯大约生于公元前 580 年—公元前

---

① 毕达哥拉斯为公元前 6 世纪中期数学家、哲学家，是目前所知的头一个使用"哲学"一词的人。

500 年，他把哲学视为一种人生方式和高尚的境界。毕达哥拉斯是数学家，在寻找世界万物本原和变化动因时特别强调数，认为抽象的数是万物之本。由数而有形，由形而有物，这种理论刚好与《易经》中的道理相反。①毕达哥拉斯学派特别强调和谐统一，把它作为其哲学的最终追求，即中庸、调和思想。

5. 赫拉克利特的火论。赫拉克利特认为"世界是包括一切的整体，它不是由任何神或人创造的，它过去、现在和将来都是按规律燃烧着，照规律熄灭着的永恒的活火"。世界万物之间存在着普遍规律，他把这一规律称作"罗格斯"。罗格斯易于隐藏，大多数人对它视而不见，但又随时遇到，人们具备智慧与否的衡量尺度就是能否认识罗格斯。这与《道德经》中对"道"的描述、瑜伽论中对"梵"的描述近似，特别是与现代物理学将物质视同能量的凝固的观点相近。

6. 巴门尼德的主观真理论。他认为世界明显地分为两部分，一部分是人的主体认识，另一部分是作为人们认识对象的客观世界。在主体认识方面又分作两种，一为感官经验，巴门尼德称之为意见；一为思想认识，巴氏称之为真理。巴门尼德是主观唯心主义最早的主要代表，他的思维方式使希腊哲学到达逻辑思维的新高度。

7. 德谟克利特（公元前约460—前370 年）的客观原子论。他认为宇宙的本原是原子和虚空。原子是物质，内部无空隙，不再可分，构成世界上的一切事物。原子和原子之间只有量的多少，无质的差异，他认为"没有东西能从无中所生，也不能消失于无"，各种物质现象的变化、生灭均由于原子在空间的排列不同所致。原子论把唯物主义思想向前大大推进了一步。德谟克利特的原子论第一次给作为一切现象的基础的物质提出了一个相当清晰的物理学上的本体概念，是古代唯物主义哲学发展的高峰。②他的无中不能生有思想与老子相异，但物质运动于虚空的思想，类似于老

---

① 《易经》认为，所有现象或者存在物理，都有其内在的道理，这种道理或者规律，都可以用数量化来表达。

② 马克思的博士论文《德谟克利特的自然哲学与伊壁鸠鲁的自然哲学的差别》，提出德谟克利特原子论是偶然中开辟必然道路的观点。

子的观点。

8. 苏格拉底（公元前469—前399年）的人身论。他把研究对象从自然转向了社会和人类的内心世界，专门探讨人类的心灵智慧与活动能力，注意政治、道德、社会、人生的基本问题，从此人自身成为哲学研究的中心。他的哲学追求便集中在认识人自己身上。他提出的命题围绕人的精神修养，比如什么是幸福、美德、真理、正义等等，其中最严肃的主题是说服人们改造自己的灵魂，追求真理和智慧，成为道德完善的、真正的人。他认为真理总是具体的，具有相对性，在一定条件下可以向反面转化。他强调知识的作用，强调理性，要求人们用自己的思想、自己的内心世界去了解外界事物，发现真理。因此，苏格拉底的哲学体系与《大学》中阐述的思想最为接近。

如果与中国古典哲学相比，希腊哲学有点类似于面对于宇宙人生中"盲人摸象"的感觉，没有进行"综合"。中国道家哲学认为，世界是"道"生成，道的展现即为德，德通过五种相互作用、相互联系的不同性质的事物（五行）的排列组合从而生成事物，这些事物在相互作用过程中再扩展出八种最大的现象。

人生面对八种不同的现象，就得研究并推测出未来的现象组合出现的结构及其功能，由此在特定的时空环境下（适时、适位、贞吉）要采取不同的策略，才能避凶趋吉。《大学》就是王公贵族子弟在人生面临不同际遇下的内功（圣）与外功（王）的修身大法，化危险为机遇，实现治国平天下的雄心。

第二部　《大学》：儒家的成功学模型

春秋战国时期儒、道不分家。老子在《道德经》中说，"道生一，一生二，二生三，三生万物"，即万物都是"道"（事物的本体）的外在展现，无论是物理世界、物质世界还是情感世界或者精神世界，无论是自然界还是人类社会，在老子看来，都是"道"外在的规律作用的结果，因此，"道"与一、"道"与天地万物具有内在的统一性和同一性。虽然"道"的本质是不变的，道在展现过程中，以阴阳二重性为特色，阴阳二重性在矛盾统一的展开过程中，又表现为善、恶、无善恶的三性组合。为此，我们还可以将 2500 多年前的中国圣哲理论与 2500 多年后中国共产党的理论创新进行有意思的比较。

第一节　中华崛起　老树新芽

如果我们将中国共产党的理论对比于自然之"格物"或者"明德"、社会之"致知"、经济之"新民"来展现"力量模型"的科学理论，就会发现，无论古今中外，能够将理论的论述与客观的运行有机对应的，都是符合"道"之理的，即理论的创立、传播、实践、发展过程，都是在合乎宇宙人生真理的发展过程时，自然得到民众的拥护。如果此时又能够出现领袖人物与合乎时代要求的理论创新与社会组织、社会制度或者企业组织、企业制度，特别是商品与服务如果符合时代与民众的要求，理论的发展自然为群体所掌握。当然，只有深入浅出、通俗易懂的理论才能够被群体掌握，才能化成无穷的物质力量。能够掌握群众的理论需要符合三个条件：

一是理论的先进性必须是建立在人类文明的科学成果上。理论不是一种虚拟的无用物，而是在有人类文明以来所有文明成果和现有科学理论的重构、创新、总结、提高，因此不是无中生有，而是古今中外理论成果的集大成。马克思主义认为，真正的共产主义者是人类一切文明成果的继续者，就是以一种开放的理论心胸面对各种思潮，对于不同思潮的合理内核进行吸收、改造、重构与提高，从而形成在继承中发展、在发展中有所扬弃的理论发展科学关系。基于这样的看法，我们在探讨、提炼儒家成功学体系时，通过比较分析释、道两家有关理论，从中发现、扬弃、选择，从而突出了儒家成功学理论出彩的地方，并为构建符合中国资本市场需要的新经济理论服务。

二是理论的先进性必须与最广大人民群体的需要相一致。恩格斯认为，"社会一旦有技术上的需要，则这种需要就会比10所大学更能把科学推向前进"。所谓代表最广大人民群体的利益，不仅是口号，而是实践。社会上人民大众的需要，与理论上讨论民众的需要，与政策提供者认为的群众的需要未必都一致，有时由于代表利益不同可能出现相反的情况，认知错位，是导致政策错位、政策失灵和市场失灵的内在原因。与自然规律特别是时机相结合、与人性最基本的需求相对称的政策才能得到民众的衷心拥护。比如，近期有人为隋炀帝翻案，其中一条就是隋炀帝的政策目标都是为了中华帝国的强盛，无论是大运河的修建还是东征高丽，都是当时时代的需要。但这些所谓的历史学家却忘记了，上述伟大的工程，可能是帝国最高当局的迫切需要，却不是当时老百姓的最迫切需要。由于帝国工程脱离了老百姓的需要，百姓只能用脚投票，反过来支持了隋朝的各色革命力量。

三是理论的先进性必然与当时时空的结构相一致。所谓成功一切以时间、地点、条件为转移，讲的是能否成功达成理想目标，需要时与运的配合。中国古代人讲究成功的条件是"一命、二运、三风水、四积阴功、五读书"。命和运是时间结构概念；"风水"是地球物理的空间结构概念；积阴功是多做好事，讲的是内在道德的力量结构（正心诚意）；读书是增长知识，形成与客观世界对称的认知结构（格物致知）。如果五项条件不同时具备，就会出现理论早产或者落后的现象。理论早产，不仅是中国的问题，古代西方也有这种现象，苏格拉底被毒杀与屈原的投江，现在看来都是很冤枉的事件，但当时的人们可能不这么想。比如，孔夫子的儒学理论在当时也吃力不讨好，孔夫子周游列国营销其理论并不成功，反过来进行"有教无类"的教育改革，反而为中华文明树立了丰碑。

追求成功 通情达理

在人的世界中，第一层面展现为肉体和生理的人，第二层面才是情感的人，第三是精神层面或者人格层面的人。这些分层方法，我们主观上是从外到内进行的，但"道"却是从内到外逐步展现其力量的。以人本身为例子，人体的最内层次即人的本质是人的精神状态，按照佛教或者瑜伽理论的讲法，人的精神本质（第八识）决定了本人的社会地位展现的层次。毛泽东曾经说过，人是要有一点精神的，就是道出了这个"意思"。

"道"在精神层面向外扩展后，表现为人的情感层面的表现，儒家讲究的是"发乎情，止乎礼"，并在孔子亲自编辑的《易经》之《咸》卦中充分展现了如何合乎情与礼地展现个体的情感与道德的和谐，只有合乎情理和道德的情感展现，婚姻关系才是合乎"道"的，才会琴瑟和谐，白头到老，"齐家"才有"修身"的情感基础。因此，古代儒家讲究的情感展现完全不同于欧洲文艺复兴时期"骑士"单线的爱情赞歌。

"道"最外在的展现是人的生理即身体情况。"相由心生"虽然是佛家的语言，却与儒家思想相伯仲。人的健康与寿命的长短，不仅是天生的基因遗传问题，还与后天的价值观，特别是世界观问题相关。人的世界观好像是老掉牙的说法，却代表了当事者如何看待世界、如何对待环境、如何进行自我定位的问题。一个人只有自我定位清楚，才能处理好与外在世界的关系；只有处理好上下左右前后的关系，人的情感才不会压抑，心情才能舒畅、精神才能愉快；心情舒畅、精神愉快，人们才能自我感觉良好；自我感觉良好，才能抑制内在的病毒的"激活"。人体内外布满了几亿种可能致病的因素，人在情感、精神都好时，就会与生理功能一起抑制住可能的致病因素。

成功目标　合力各方

基于上述认识，特别是结合战国时代的具体情况，儒家在论述其理论体系时，特别是曾子在论述《大学》之"道"时，自然而然地运用了"三生万物"的分析方法，从而展开其"三纲七证与八目"逻辑体系，建立了儒家完整的成功学力量分析模型（见图4）。

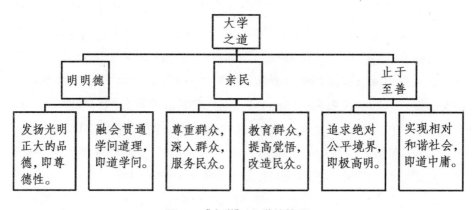

图4　《大学》之道结构图

我们在论述《大学》成功学力量模型的基本原理前，先引用经孔子编辑的《易经》有关成功的力量关系论述以及佛家对于人生相互关系中实现理想的论述，作为《大学》成功学模型参照物，从而通过对比显现中国儒家成功学的理论体系、操作方案、实现路径。在经济、社会、文化中包括的传统力量，其中具有合力、本相、合相、异相、离相间的相互关系，按照《易经》的道理，这些关系群存在着相乘、相欺、相应、相克、相冲等关系，理清这些关系后，人们才能根据不同的时空环境条件，提出科学的投资策略，实现人生的理想目标。

恩格斯在论述社会历史发展的合力关系时指出："我们自己创造着我

们的历史，但是第一，我们是在十分确定的前提和条件下创造的，其中经济的前提和条件归根到底是决定性的。但是，政治等等的前提和条件，甚至那些萦回于人们头脑中的传统，也起着一定的作用，虽然不是决定性的作用。"恩格斯在此说明了经济社会的历史力量存在下列关系：

一是无论人与自然、人与人、人与社会、人与宇宙空间的关系如何，人类力量展示过程，也就是历史演化与发展过程，人是历史的主人，人类历史是道体的具体展现现象，因此，面对确定的时代环境，我们不能埋怨时代，只能接受时代提供的条件，利用时间、地点、条件组成的错综复杂关系，营造有利于事业的新环境。

二是人类不能随心所欲地创造历史，人类的历史发展时空定位，必然是在历史轨迹的基础上进行，因为人的成功离不开当时十分确定的前提和条件。因此，人类作为历史的主人，是受制于历史的、文化的、经济的、政治的条件影响的，人类可以"弥伦天地之道"，但不能超越"道"展现的基本规律和社会及自然力量，即在当时生产力水平、科学水平条件下的力量边界。因此，在一定条件下，人们成功的空间是有定数的，因此，人有时得接受命运，乐天知命。

三是经济条件是历史演化力量的核心力量。比如当代历史的演化过程，100多年来，主要受西方经济发达的国家主导，无论是商品标准、产业结构、市场经济、法制思想、民主政治等，都由西方主导，但当东方文化觉醒特别是中国经济崛起后，东方文化将"价值重估"，东西方的经济力量形成互补关系。重估儒家文化价值是时代的需要，更是解释中华崛起真相的需要，清楚解释中华崛起真相，是消除国际误会、和谐世界的需要。"中国威胁论"的起源，是基督教文明体系下，西方国家无法正确解读中国崛起引发的历史性误会。中国要和平崛起，首先要让西方世界有一个正确的理解，特别是对以儒学为代表的中华文化有个基本的认识。

四是经济力量不是历史发展力量的唯一因素，历史的力量还包括政治、文化、传统甚至深藏于人类潜意识层次的群体无意识，都可能是历史力量的组合部分，特别是展现精神文化的"软实力"体现的时候，因此历史是通过无数单个的个体意志形成一个总的合力而展现的。中国"文化大革命"，事实上造成了中国儒家文化"信任"基因的破产，信任是信用的基础，信用是信托的基础。在信用文化破产的背景下，20 世纪 80 年代，中国推出了大批信托公司，结果信托公司热衷于办银行业务、地产业务、贸易业务，就是不办信托主业，导致了大批信托公司的破产。

综上所述，我们将恩格斯的历史发展的合力论，演示给大家看：

一是历史的发展是由许多单个人或者群体的意志和愿望相互作用的结果，但这些意志和愿望的根源在于人们所处的特殊生活条件和精神状态，由于人们的生活条件由经济和政治地位决定，因此，经济地位和政治地位决定了人们的观念、理念、意志、愿望、立场、观点，人们的主观力量在相互作用中形成某种合力，历史就是这种主观力量的客观演绎过程及其结果。

二是人们创造历史的活动，就像无数个力的平行四边形融合成一个总的合力，即历史的结果是各种力量和各种规律相互博弈、相互冲突、相互牵制、相互抵消中产生的结果，是各种力量在交互作用中融合成的平均数或者是合力平方。虽然每个人都对历史的合力有所贡献，但任何个人的意志都不能决定历史的命运，历史的发展是不以个人的意志为转移的，它有着自己固有的客观规律性。因此，我们的结论是，历史由时势创造，时势由合力创造，合力由群体中的每个人创造。这里每个人，包括了群体中的英雄与群体中的群众个体，因此，由合力论可以统一英雄史观和群众史观。如果我们将历史"合力论"引申到资本市场，可以这样说，行情既由机构或者国家创造，也可能由投资群体的力量引发，还可能是国际资本作用引发，有时是四方力量综合作用的结果，但行情的发展不是由政策、机构、居民或者国际资本单方面决定的，但在一定时空中某种力量可能占据主导地位，多数情况下是各方力量妥协或者合力的结果，因此，个体的发展，不能搞个人英雄主义，要善于团结最广大的群众。

三是历史发展的总的合力及其趋势，虽然受上层建筑中的意识形态、政治力量、法律制度、文化传统影响，但历史的核心力量仍然是由经济运动的发展水平支配的：一方面，历史的发展离不开有目的有意识的个人和群体活动，许多个人或者群体的意志、愿望、观念、理念、精神等形成无数交错的力量，这些力量的交互作用形成真实的历史。另一方面，每个人的意志和愿望植根于人们所处的特殊经济和生活条件，个人的活动受客观经济规律的支配，因此，在历史发展中最终起决定作用的是经济运动内在规律。

综合上述分析，我们明白，四个方面的力量，不仅有客观和实力的博弈关系，还有主观的意志力量的博弈关系。因此，如果结合四面力量的虚和实（阴阳对立与平衡）两种力量，我们是否可以合理推论，由主观和客观两种对称力量重组的关系中，四面力量存在八个方面的关系，如果考虑每种关系和其正负影响，个体追求成功时就得考虑十六种可能因素，以及这些因素相互作用过程中对个体成功发展的推动或制约因素。

成功标志　各方和谐

人类如何处理各方关系，达成各方都满意的中庸状态，不同的圣贤，由于视角不同，就有不同的论述。

释迦牟尼在论述世界观时，提出了"合相论"。"合相论"包含主观世界与客观世界的统一论、精神与物质统一论（心物一元论）、客观世界总和论等，因此，从宇观的视角解析了人类面对世界时的境况和"镜像"，从而提出精神解放（脱）是推动人与人、人与社会、人与自然、人与宇宙和谐的力量关系模型，因此人与世界在本相中是相同的。

释迦牟尼在提出合相论、本相论的同时，提醒人们不要迷恋与执著于物质世界。"若见诸相非相，即见如来"，"离一切相即见如来"，如来在此指世界的本质、本体、实体、本原等综合概念，因此，释迦牟尼提出了世界的本质规律是不为外在的现象所控制的，外在的现象变幻不定，但世界的本质是永恒不变的，因此提出了"无相论"或"离相论"。在这里，"相"与现象是等同的概念，类似于照相之相，也即在认识客观规律（本相、本质）过程中，如何排除外在干扰，掌握客观事实（《大学》中指的明明德）与客观规律。

老子认为，现象虽然不是本质，但现象却是本质的展现。他以水为比喻，说明个体生命在展现过程中如何达成最大的和谐："上善若水。水善利万物而不争，处众人之所恶，故几于道。居善地，心善渊，与善仁，言善信，正善治，事善能，动善时。"在自然界，对于人类最为重要的，一是空气，二是清水。

水的主要特点是什么？

一是只讲奉献而不要求回报。"善利万物而不争"，水从来没有想到如何为自己谋利益，只管奉献，只管耕耘，只管如何对万物（不仅是对于人类）有利，就当所为当，勇于担当。这与儒家宣扬的"厚德载物"的坤卦精神相当。

二是勇于承担责任，具备真正的胸怀与肩膀。"处众人之所恶"，虽然责任重大，虽然险恶万分，只要对众人有利，即使为众人所误解，即使为众人所抛弃，也是不为讥笑、不为利害所动，愿意为真理而奋斗。因此，水是不"从众"的，是具备独立思考精神的。孟子说："自反而缩，虽千万人吾往矣！"真理在手，即使千万人反对，我也要坚持真理。

三是水告诉我们，要占据有利地形，或者处于地理结构的核心地位，才能将生命的潜能发挥出来。在《论语·泰伯》中，孔子说："危邦不入，乱邦不居"，要求大家远离危险之地，做好风险防范。"居善地"，人们如果为自身发财，比如为了300%的利润，敢于到战火纷飞的地方倒腾物资，就可能将自己的生命倒腾进去。凡是战争、法律、气候所不利于安全者，都不是善地。当然，地势善与不善，也是与时俱进的。1000多年前，长安风调雨顺，适宜人类居住，且处于山河形胜之枢纽，当然是善地。

四是心地要深如渊，容纳万物。在古代，"渊"代表纵向的深度，"博"代表横向的宽度。只有知识渊博者，才明白宇宙万物确实是深不可测的，担当者要效法自然精神，就得将心地扩展，与宇宙对话，从而形成包容和圆融万物的大气度。

五是与人交往要仁爱，要忠诚老实，即"与善仁"；说话算数，才能立足社会，即"言善信"；做事要公正，才能管理好自己与他人，即"正善治"；提高自己的智商和处理实际问题的能力，即"事善能"；但所有一切行为语言与事业，都要根据时间条件为转移，即"动善时"，因为时候未到，过早建立仓位，可能反过来折磨人，有些人就会认为当事者说话不算数，从而影响人生目标的实现。

2009 年 12 月哥本哈根气候大会没有达成具备约束力的"国际公约"，人类面对自然的报复，好像还认为没有马上到来，特别是发达国家根本没有"利万物而不争，处众人之所恶"的担当，反过来要发展中国家回归"自然"，这样的道理似乎是说不通的，未来会如何？你不对环境友好，环境就不一定对你友好：海啸、暴雪、风灾、地震等，都是气候在人类过度索取后的自我保护行为，是大自然对人类过度干预自然的预警。

毛泽东在 1956 年《纪念孙中山》一文中曾经说过："进到 21 世纪的时候，中国的面目更要大变。中国将变为一个强大的社会主义工业国。中国应当这样。因为中国是一个具有 960 万平方公里土地和 6 万万人口的国家，中国应当对于人类有较大的贡献。"正如毛泽东预期的一样，中国已经变为一个强大的社会主义工业国。如何做出对于人类较大的贡献？降低碳排放量，减少工业化过程中对河流、土地的污染和对草原、森林资源的破坏。中国自己的环境友好了，就是人类整体环境友好的重要组成部分，中国在环境友好前提下的可持续发展，也是全人类可持续发展的前提与条件。因为我们生活在相互作用与相互联系的"地球村"，中国对自己负责，也就是对全体人类的负责。

我们对于人类最大的贡献是远离自然，而不是妄想去保护自然，因为自然界最有灵性的水知道"善利万物而不争"，但人类的智慧还没有做到。因为远离自然，才能真正地让心与自然进行对话与交流。

成功方向　掌握真相

有关世界本相（真相）的观点、理念、理论、精神，不仅是哲学家的思考对象，更是经济学家、政治家、社会学家考虑的范畴，还是成功学实践者的基本功。比如 2010 年 4 月中旬在苏州太湖边举办的第一届"投资总监 20 人论坛"上，对于投资理念，有些基金公司的投资总监认为无法坚持或者固定一种理念，因为基金的钱是持有人的，持有人因为是追求短期利益的，即使持有最好的投资标的，如果短期不见成效，在持有人赎回的压力下，基金经理也只能放弃。

因为对于世界本相的不同认识和定位，直接决定了人类对于外在环境的"格物"的方向与目标。所"格"之物不同，导致所致之"知"也不相同。人类不同个体、不同文化、不同民族的不同知识结构与理论观点，必然导致对于外在世界不同的认识论及与世界相处的不同的方法论，由不同的世界观、方法论、认识论组合而成的人生观也会因此不同。故本相论事实上是人类不同群体或者不同个体对于自己在已知和未知世界中的"定位"问题，这种定位问题如果联系到经济领域，就是对于价值判断的参考系统或者是参考点系统问题。不同的价值判断的参考点会给不同的民族、不同的群体、不同的机构、不同的个体不同的思维之锚，因此也决定了不同个体对于成功的理解、对于成功的路径选择也不同。

"思维之锚"不仅决定了不同个体和群体间的价值判断标准存在差异，也会在语言习惯、行为习惯、风俗习惯上出现明显的差异，最为典型的抛锚现象，是人类个体对于饮食习惯的顽固依赖性。因此，中国古代圣贤老子在《道德经》中提出的"不出门，知天下"，如果天下的范围超过了其理解的周朝的范围，这句话的真理性就会打折。因为，不出门知天下的前提，是天下人的行为习惯、价值标准、思维习惯、价值观的共识或者共性最大化。由于存在不同民族、不同文化、不同宗教对于外在事物或者人类行为的价值判断的差异，古代中国圣贤建筑于没有宗教差异基础上的封闭式思维习惯在现代社会就得进行必要的修正，因此在封建社会末期，顾炎武就提出了"读万卷书，行万里路"的新认知观。老子对于认识世界的方法主要以内在直觉为主要渠道，但由于其直觉对象是基于共同的周朝礼教，存在共同的价值参考点，因此，在当时的天下范围内，是正确的。如果离开周朝"天下"的范围，不重新进行调查研究，对天下之事，不可能有切身感受。

因此，对于世界本相的认识与把握，包括了人类共性的即外在物质世界的判断，比如对于建筑于人类—自然界认识的科学，诺贝尔奖一般较少异议，但对于由于存在价值参考点差异的经济学、文学等建筑于人类价值判断基础上的奖项，就会引起争议。因此，对于经济领域的价值判断，虽然存在历史的周期性的认识，但不同的国家、不同的产业、不同的公司甚至不同的产品由于其"成长性"不同，不大可能完全重复先进国家或者市场的价值标准。但先进国家或者市场的价值标准一旦形成人类共同的"思维之锚"时，就可能成为后进国家或者新兴市场价值分析的参考点。

毛泽东"去粗取精、去伪存真、由此及彼、由表及里"的 16 字诀是唯物辩证法在研究事物过程中的具体运用，从现象看到本质，从结果看到原因，从偶然看到必然，从个别看到一般，从暂时看到永久，是毛泽东"透过现象看本质"的典型实践—认识论，从而实现真正的"明明德"。

成功机遇　价值低估

我们进行社会和市场调研，是为了掌握客观真相。掌握客观真相是为了在理论失灵、市场失灵、政策失灵和行为异相（象）时寻找到价值低估的投资标的。现代行为金融学所谓的异相概念，不仅是金融市场存在异相，可能普遍存在于经济和社会甚至精神活动中。比如，政策的导向与政策效果之间的差异，甚至出现政策效果与政策导向相反的情况，就是政策失灵。比如，市场自组织不能进行自我恢复，特别是经济失衡时，市场自组织无法恢复市场秩序，表现为市场失灵。比如，金融领域存在小数定律和过度自信导致的市场过度波动现象。当投资者看到许多公司盈利时，小数定律引导他们相信公司的盈利会不断上升，于是投资者在交易活动中会盲目跟风，从而导致股票价格过度波动。另外，投资者往往对私人信息过度自信，这也会增加股价的波动性。又比如，当 2009 年通过政策援助，各国联合行动出现了史无前例的协同效应，但到 2010 年政策就出现失灵现象，这是因为各国联合行动的作用力开始出现相互偏离，导致 2010 年宏观经济的"复杂"多变，表现在资本市场，则行情起伏不定。

"高瓴投资"的张先生在 2010 年 3 月 6 日杭州西溪边"中国人民大学证券投资界高峰论坛"上提出他的投资原则。他的投资有三个基本原则：智能上的诚实、面对变化环境的好奇心和面对变化环境的独立性。"诚实的品质"导致个体面对失败时，不掩饰、不诿过，及时改正错误，从而更加完善自己的理论和操作水平，防止出现个体认知失灵。"好奇心"迫使个体面对变化的环境好学向上，不断完善自己的知识结构，"格物而致知"，从而实现个体认识与客观之道的对应关系。"独立性"是个体面对失败、完善知识结构前提下，不为群体意识所俘虏，从而避免了从众效应，能够获得估值最低的投资标的，从而在对的时间获得对的投资对象，实现倍增的收益。

近年在私募基金界异军突起的裘先生在对话中认为，除了上述三原则外，还要加上"宽容"，形成投资成功"四原则"。宽容形成平常心，不为国家政策、机构投资、居民群体和国外资本的行为影响自己的利益而埋怨，而是从内心反省自己、修正自己，善于与政策等外在的环境相处，形成一种利益众生与利益自己的"气场"，从而得到贵人相助。为此，裘先生在 2010 年 3 月 21 日的 "227 读书会" 千岛湖会议上补充提出他对新十年 A 股市场的系统看法。

裘先生认为，新十年资本市场出现了新的特征，可能出现大反弹，投资机会就在春夏间，主要是投资者悲观，但业绩增长超过多数人预期：

一是时尚差异缩小归零。在足够长的时间跨度内，最新投资时尚行业没有超额收益，传统经典也会得到足够的收益。如果公司没有超越行业的成长性，没有超额收益。股票时尚经常变，但业绩增长是永恒的经典投资法宝。

二是创新业务和国际化对估值影响。A 股市场已经足够大，制度、技术、组织、产品创新不断。在不断变化的环境下，A 股估值规则将迅速国际化。行业龙头永远稀缺，寻找新行业的龙头老大，可以获得超额收益。市场在成熟，一些短线交易天才已经无法适应变化创新的市场，在成熟市场，如果不熟悉基本面，无法有超额收益。

三是投资者对波动的预期和波动周期成"负相关"关系。每次行情启动，都与群体预期相反。2010 年群体预期行情涨不高，行情有可能出现大反弹。经济增长与流动性，政府可以影响之。如果经济下行，会推动增长和流动性，政府开始提前反应，提前管理预期，反过来影响经济运行态势。长线看，行情、宏观增长和流动性三个周期是高度相应的，股市提前反应经济增长，流动性为经济增长服务。

四是传统产业与新兴产业的关系。传统产业退出主流要经过长时间的过程，产业升级与结构调整要有时间结构的流程。如果有关产业低估，我们要抓住机会。比如，2009 年没有人相信医疗、食品会有机会，笔者当时提出 2010 年喝酒、吃药、煽风、点火①是社会改革背景下的投资方向。

五是从关注政策面转向重视基本面。2008 年底大家关注基本面，不买股票，2009 年后基本面不好时，政策面推动了流动性、流动性推动行情。2010 年的资本市场格局是流动性在收缩，公司基本面在好转，因此主导 A 股行情的重点应当转向公司基本面。当然，投资者也要关注政策面，因为政策面关系到市场总体的供求关系。2010 年投资基本面要关注，是因为基本面直接影响估值水平。2010 年主基调是从强调政策面转向基本面，这是大概率事件，即市场正通过基本面的改善酝酿一轮大反弹，因为，业绩超过预期的大盘股估值水平偏低，这些公司的相对估值会提升。比如，当前公募仓位处于 80% 左右，处于历史低位，多数人偏向保守，转向蓝筹股投资的机构偏少。当然投资机会要从下而上选择，选择超过预期的大盘股进行投资。判断反弹时间很难，必须有个时间的提前量，做好反弹行情的准备，就是要掌握大概率事件。

在同一会议上，证大投资朱先生认为，投资要对相关产业有渗透力、感知力和预知力，因为中国经济已经进入新时代，回归常态常理有个时间点问题。中国已经进入泡沫经济加垄断经济时代。泡沫经济如吸毒品，人们在享受中可能受到重挫，可能在疯狂中回归常态。当前泡沫经济正在自我强化，特别是在地产、资本市场和外来资本中击鼓传花。我们如何从泡沫经济中全身而退？中国经济已经进入垄断时代，产业集中度会不断提高，前两名龙头企业能否制定产业游戏规则从而规范行业发展？真正的垄断经济，是市场选择的结果。地产泡沫已经很大，流动性会进入股市，大盘的波动性在收敛，但机会可能在地产的炒作资金进入股市的时候。回复

---

① 李国旺：《什么公司最会赚钱》，山西人民出版社，2010。

常理的过程，先要疯狂，然后通过危机回归常理。

如果从资本市场扩展到其他领域，"异相"从本质上讲，是人类主观认识与客观世界运动规律间的脱节或者误解造成的。比如政策失灵，核心问题是政策制定者从主观的愿望或者政策制定者的利益出发进行市场调节，可能没有考虑到投资机构、广大居民、国际资本的利益，或者已经考虑了相关利益方的利益，但是出台政策的时机、地点、方式、可操作性无法让其他利益方认同，因此，政策出台了，政策的执行成本很高，但是没有产生政策的预期效果，甚至产生反效果即加重了市场失灵的程度，从而出现政策失灵与市场失灵重叠的情形，加剧了社会的危机。中国近代史上蒋经国在上海"打老虎"的案例，就是明显的政策失灵与市场失灵从而加剧社会危机的典型。比如，在"人民公社"后期，违背农民利益的割"资本主义尾巴"的政策，既没有达到政策目标也加剧了市场的危机，从而造成了严重的社会危机。

因此，出现市场异相的时候，无论是国家、机构、厂商、居民个体，都要进行危机处理或者危机反思，从主观上寻找原因，及时调整主观的观念、理论、行为、习惯等，尽量将主观的能动性与客观的事实对应。要实现主观能动地进行自我调整，就得从诚意、修身等入手，只有精神纯洁者，才会勇于承认对于本相、真相、实相的无知，从而从否定"我执"开始，放弃我相，实现接近实相的目标。所谓我相，就是以自我为中心，以自我的利益追求为"成功"的参考点，结果会造成利益相关方关系的紧张、冲突、斗争，反过来制约了个体成功道路上的成功率。

第二节　儒家想成功推销什么？

我们现在回到《大学》本身，看看儒家成功学的成色如何，是否如儒家自我介绍的具备"治国平天下"的功能。

大学之道，在明明德，在亲民，在止于至善。知止而后有定；定而后能静；静而后能安；安而后能虑；虑而后能得。物有本末，事有始终。知所先后，则近道矣。古之欲明明德于天下者，先治其国；欲治其国者，先齐其家；欲齐其家者，先修其身；欲修其身者，先正其心；欲正其心者，先诚其意；欲诚其意者，先致其知；致知在格物。物格而后知至；知至而后意诚；意诚而后心正；心正而后身修；身修而后家齐；家齐而后国治；国治而后天下平。自天子以至于庶人，壹是皆以修身为本。其本乱而末治者否矣。其所厚者薄，而其所薄者厚，未之有也！

上面这段文字是《大学》的核心内容，《大学》其他内容是围绕这段文字展开论证的，因此，我们还得经常引用之。

古人在做什么事情时，总要找出做事的核心，抓住要领，简明扼要地表达其意愿，特别是春秋战国百家争鸣时代更是如此。争鸣各方都会提出自己的核心要点，相互间展开辩论和学说营销，"提纲而众目张，振领而群毛理"（《宋史·职官志八》）。毛泽东说：纲举目张。这些思想都是告诫我们，要找出事物发展变化（变易）过程中最"简易"和"不易"的内核，才能掌握变化的规律，掌握人生的主动权。儒家思想告诉我们，世界的本质即太极之道生两仪，即阴与阳。《大学》之道有两纲，即明明德（内圣）+亲民（外王），但二生三，《大学》之道在发展过程中，通过正、反、合的逻辑推演，出现三纲：明明德 + 亲民 + 止于至善。

因此，儒家就是围绕《大学》三纲进行强力营销的。由于《大学》三纲深深植根于人心，不管风吹雨打，在历史的长河中，引导中华民族越过黑暗隧道，终于迎接到中华腾飞的机遇。

明明德：尊德性，还得道学问

"大学之道"的道，是宇宙人生的根本，也是体用关系中的"体"，用现代哲学语言来表述，大体相当于自然规律与社会规律及规律表现出来的现象总和，是《道德经》中"道"及"德"的加总。"明明德"是道体的外在作用，既是从道体（本质、本相、实相、价值）出发的心理和身体力行的行为，又是一切自然现象所包含的规律反应。因为德者，道之用，德即是内在的客观的规律发挥作用的外在表现。但是，要掌握客观规律，就得"世事洞明"，只有世事洞明，才能融会贯通宇宙自然与人间社会的发展规律，实现内圣之道。为此，南怀瑾先生借用"自觉"来说明"明明德"的内涵。因此，"明明德"包括了宇宙本体的两重性：一是当事者自觉发扬内在（道德）的精神力量（内圣），即精神品德的提高（尊德性）；二是当事者明白通晓宇宙之道发扬光大的客观之"理"（规律），即学问的提高（道学问）。

曾子认为，只有"明明德"者，才能发扬光大不言而喻的宇宙人生道理，道德和文章一样美好。道德文章美好者，不是只能在书斋研究学问的书虫，而是主动深入群体，进行社会实践，以造福民众的行动来检验自己掌握的"真理"是否靠谱，在实践中不断丰富真理与提高自身品德，达到"至善"境界。因此，坚持道德的价值底线与主动服务民众、主动行动、完善自我是人生实践中的一体三面，不可或缺。

> 胜利者会在小事上妥协，但却能恪守价值观；失败者在小事上据理力争，然而对于价值观却轻易妥协。胜利者会说："让我去做吧。"但失败者会说："那不是我的工作。"胜利者永远都是答案的一部分；失败者永远都只是问题的一部分。

上述文字引自凤凰网中的"一日禅"。"一日禅"虽然以佛教面目示人，但其中主要体现了儒家的价值观，体现了儒家的行动哲学思想。当然，真正的儒家是看不上"眼高手低"、只能说大道理而没有实践勇气，特别是没有"亲民"和"新民"思想的"酸儒"的，这种"酸儒"往往会走向"犬儒"主义，只顾自己而无"无我"精神。在重振中华民族精神的时候，要发扬的是行动实践哲学、奉献社会的精神。在任何时候、任何地方，行动中的奉献者，都是正气的聚集者，也是明德与亲民的模范。

亲民：既要新民，更要亲民

"明明德"即"内圣"的目的是在于"亲民"，即自立立人、自利利他、自觉觉他。按当代人的说法，"亲民"是为国家、为社会、为选民服务，毛泽东用一句话概括即"全心全意为人民服务"。但是，要真正亲民、立民、利民、觉民，首要的功夫是"明明德"，既明白、掌握自然规律、社会规律、市场规律，又明白洞明世事人情者，才会提高执政能力、投资操作能力，真正"情为民所系，利为民所求，权为民所用"，才会成为老百姓心中的"青天"。如果比拟资本市场的"研究员"，就是研究者做到了学问的极致而行走天下为投资者解惑、为投资者财富管理服务，在服务他人中成长自己。按毛泽东的说法，"亲民"，也就是从群众中来到群众中去，走群众路线，发动群众，完成社会改造。南怀瑾先生用"觉他"即大乘佛教的思想来概括亲民的内涵。我们认为，"亲民"也有双重思想，一是毛泽东的"从群众中来到群众中去"的群体路线的思想，二是将自己的道德学问在服务民众过程中教育群体提高群体的思想，即朱熹的"新民"思想和南怀瑾先生提倡的佛学"觉他"的思想。

在现代中国，政策上亲民的内容，就是就业、社保、上学、医保、住房等实实在在的东西。我们认为未来资本市场的投资重点是与亲民即大消费相关的医疗、保险、教育、环保、新能源等，是符合中国经济社会发展潮流的。当然，作为产业升级必需的装备工业和新型产业的发展，也是综合国力提升的硬实力，也会提供相应的投资机遇。

止于至善：内圣与外王的最高境界

无论是"明明德"还是"亲民"，都得当事者行善所止者，也即《金刚经》中的核心问题：心何所"安"，心何所"住"？因为只有通彻宇宙人生的真理并全心全意服务民众者，才能功德圆满，也即其善莫大焉。因为一个人发财，只是小财，只有民众都发财并过上幸福的生活，才是《大学》之"道"的真理，这与孟子的"独乐乐不如众乐乐"的理念相通。因此，反过来看，止善的标准有两个，即"明明德"和"亲民"，只有这两个标准都达到了，才是真正觉悟真理者。如果光有"明明德"而没有行动，即知之为知之，但没有做到阳明先生的"知行合一"而"致良知"去服务民众、国家或社会，没有进行亲民活动，就无法达到阳明心学的道德合一的境界，因为有"良知"而无"良能"，不仅是英雄无用武之地，也是浪费了天地间培养一个人的"机会成本"。

当然，对于不同的人或者主体，"止善"的标准也不一样，《大学》对此做了不同的要求："为人君，止于仁；为人臣，止于敬；为人子，止于孝；为人父，止于慈；与国人交，止于信。"因此，"止善"，也可以看作在不同地位者的自我准确定位，做好本职工作，就是最大的善，也是积最大的功德。

因此，止善的过程不仅是个体关起门来，独自深入深山老林进行修行的问题，而是在社会实践、生产实践、科学实验中进行修身、不断提高自己的道德学问并持续地"亲民"的行为。中国古代人讲，"小隐隐于山，中隐隐于市，大隐隐于朝"，确实有道理。因为隐于朝者，掌握国家公器，如果他能够明德而亲民，就会造福于最大范围的大众，这是儒家追求治平为其学术定位的主要原因。这些"亲民"行为，《中庸》在"治国九经"中进行了详细的解说（相当于治国九大基本原则）。

如果无法达成《中庸》之道，"在下位不获乎上，民不可得而治矣。获乎上有道：不信乎朋友，不获乎上矣；信乎朋友有道：不顺乎亲，不信乎朋友矣；顺乎亲有道：反诸身不诚，不顺乎亲矣；诚身有道：不明乎善，不诚乎身矣"，则个体生命将处于紧张状态而无法安身与安心。在中国历史上，为了摆脱这种复杂的社会关系对身心的"纠缠"，有些人选择道家的退归田园或归隐山林，有些选择佛家的出家修行。但是，儒家高举积极入世的哲学。《中庸》为止于至善的最高目标定义为："喜怒哀乐之未发，谓之中；发而皆中节，谓之和；中也者，天下之大本也；和也者，天下之达道也。致中和，天地位焉，万物育焉。"因此，止于至善的标准是"和"，而"和"的前提是利益相关方皆"同意"（"中"是当代北方人对于同意或者肯定的回答词语），而"中"的标准是利益相关方"喜怒哀乐之未发"，即相关利益处理适当，众人皆满意。一个人一生中，在上述五重关系中，最少是处在四重关系网中，在这些关系中，个体的价值要最大化，首先要学习并处理好相关利益方的利益保障，寻找并实现各利益关系中的平衡点，也即《中庸》追求的。

具体说来，做国家干部、厂商、社区领导者（人君），以仁爱作为其是否止善的标准；国家干部、厂商中的管理者以及社会工作者，其最高的善是以其是否达到其"职业道德"的标准要求，敬者，敬业，以按职业道德要求做好本职工作为标准。作为家庭中的孩子，善的最高标准，是以其能否对父母尽孝心为标准。如果按此为标准进行考察，当代中国的大多数孩子可能都无法达到止善的标准，因为当代的孩子，多数不是在为父母尽孝，而是父母在为孩子"尽孝"，因此，我们认为，当代中国是一个难以以"孝"进行道德考量的社会。当然，如果我们将"孝"的概念扩大，比如对客户、对同仁中的长辈尊敬的话，新时代实际上也是孝道盛行的。当代对于家长来讲，相对于孩子，要用心培养孩子。现代社会，孩子是独立的公民，家长在法理上只不过代理国家或社会进行扶养和家教，无论如何养育孩子，有一点是不能没有的，即家长要用心对待孩子，切实关心和帮助孩子的身体、心理、品德、常识的成长与进步，使孩子德、智、体、美全面发展，成为有觉悟有才能的人才。当然，无论是个体、厂商、家庭、国家，在对外交往中，诚信是最高的价值与品牌。如果照微笑曲线的说法，诚信是有价值的稀缺品，品牌是复杂劳动的综合体现，能够获得高附加值。

但是，无论什么主体，民为本、民为天是不变的，也是最高的道理，"大畏民志"，即最大的善，是为最广大民众做好服务，满足最广大民众的迫切需要，寻找出不同民众的共同需求，找出民众需求的最大公约数，这也是"蓝海战略"的主要思想，是一心追求事业成功者的最大市场。

南怀瑾先生曾经借用佛教的语言对上述"三纲"进行论述："明明德是自觉，亲民是觉他，止于至善便是觉行圆满而得道成圣。"即"三纲"是自利利他的完美的生命力量体系，三点成圆，满足了人生内圣外王的所有运行轨迹的发展需要（见图5）。

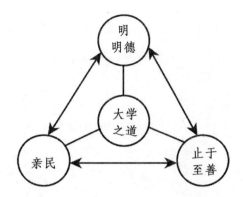

"止于至善"是"明明德"与"亲民"的高度统一（合）

图5 《大学》之道三纲图

《大学》之道，给予现代经济社会实践的启示是，由于自然和社会的交错运动，事物发展过程中往往呈现两重性。这种两重性，马克思在《资本论》中进行了深刻的分析，从而提示了由商品的二重性发展出货币的二重性，货币的二重性发展出资本的二重性。自资本主义产生以来，经济社会矛盾的冲突，本质上是商品、货币和资本内在的二重性的冲突，即资本的社会属性的自我增值的无限追求，与商品或者货币的有限供应的矛盾。①2008年的金融危机，则表现为社会属性的货币无限供给与自然属性的商品供给不足的矛盾，表现为货币资本化后金融衍生品的无限供给与美国劳工阶层对地产需求的有限性的矛盾，矛盾的极限即是金融危机的全面爆发（见图6）。

———————————

① 商品的使用价值和交换价值二重性，源于具体劳动与抽象劳动的二重性；商品二重性的极致即为货币的产生，但货币继承了商品二重性的遗传特点，货币的极致即为资本的产生，资本依赖商品和货币甚至自我进行无性增殖，从而形成无限制的自我膨胀，特别是20世纪70年代货币脱离黄金的商品二重性限制时，现代资本主义的经济危机进入到了真正的"帝国主义"特色。

图6　商品、货币、资本的矛盾二重性展现图

第三节　解密儒家成功结构图

当我们搞清了事物的本质，理清了各种关系，提出了实践方案，如果想要实现实施的目标，则要考虑事物运动发展过程中的时空环境和前后次序。因为，"物有本末，事有终始，知所先后，则近道矣"，分清在一定时空条件下事物发展过程中的轻重缓急，才能在特定的时间、空间和环境下抓住主要矛盾（力量）和矛盾（力量）对比的主要方向。①"亲民"，在现代社会，既可以是直接管理的人员，也可能是你的市场、渠道、消费者或者服务的投资大众。"物有本末"，指的是所有事物在空间上看，都存在本质与现象、表面与内在的关系；"事有终始"，指的是从时间上看，都存在先后次序即轻重缓急和周期变化的关系。"知所先后"，指的是如果明了事物的本质与现象的关系，如果明白事物的古今周期变化次序，就能够接近掌握事物的发展规律（近道）了，即离事物的本来面目和事物的本相、真相、实相就很近了。宋代邵康节，就是通过研究历史周期律，从中发现中国历史发展的规律。个体追求的成就大小，就是在一定的历史条件下进行的。道的外在作用，无论是以德表现，还是以理呈现出来，都是不离时空结构的。时空结构的变化与发展，既是道即规律的反应，也是道存在的前提。《大学》提出的"成功七法"，如果借用武侠小说的讲法，实质上为当

---

① 毛泽东：《矛盾论》，322 页，见《毛泽东选集》第一卷，人民出版社，1991。

事者实现"明德、亲民、止善"之三纲提供了"内功心法"。"知止而后能定，定而后能静，静而后能安，安而后能虑，虑而后能得"，即知、止、定、静、安、虑、得的七步功夫，① 需要仔细品味，才能得心应手、自如掌握（见图7）。

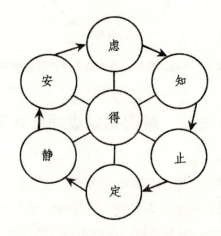

图7　《大学》修持功夫图

"知止"之"知"：如何获得成功的真知?

你知道吗？你可能不知道，如果你真的知道，你就是高人。在日常生活中，"知"字是"知道"的"知"，从心理学上的知觉到科学上的知识，从情商学上的知己到知心，到心理学和精神学上的天知、地知、你知、我知、他知，都用了"知"字。为了正确把握什么是真"知"，我们比较分析儒、道、佛三家的说法，客观把握通过真知、达成知所进退的本领。

我们先看佛教是如何讲究"知"的。佛教的"知"不是王阳明先生在明朝时提出的良"知"。根据唯识宗的说法，"知"不过是我们精神最深处

---

① "一切的变，只能变到第六个阶段，第七个变是另外一个局面开始。以现代科学证明，物理上、化学上、电子、原子的变，都是六个阶段，只有化学的变有七个阶段，可是化学的第七个阶段是死的，没有用的。"南怀瑾：《易经杂说》，复旦大学出版社，2002。

的阿赖耶识①的外在作用与表现，它不仅是脑神经上信息刺激时的生物电流对神经突触的作用，还是个体前生的意识的积聚。唯识宗认为世界上的一切，包括人类的自我、世界的万物，都不是独立存在的，而是由"内识"变现出来的。

在"阿赖耶识"这座奇妙的"仓库"里，能够生出与当事人的言行相关的功能，此种功能，称之为"种子"。"种瓜得瓜、种豆得豆"，个体种下什么样的言、行、思，都会积聚在"阿赖耶识"这座奇妙的"仓库"里，等待时机发芽成长，最后结出与我们行为相应的"果子"，即言行思想的种子生发出人类和宇宙万有的苗芽，经过变异而成熟，善、恶"种子"，会有相应的果报。唯识宗把"种子"分为"本有"和"新熏"两类。所谓"本有"，是指从本原以来就具有，即先天而有。所谓"新熏"，是指前七识"熏习"了第八识而生出的，是后天才有的，此类种子又名"始起"种子或"始有"种子。

由于"阿赖耶识"的作用，每个人天生自性有个"能知"之性的主观作用存在。这个能知的本体，按王阳明心学讲法是"良知"，按老子的讲法是"道"，按佛家的讲法是"佛性"，其本性清静、清净，儒家称之为"洁净精微"。但是在红尘中，由于功、名、利、禄对个体的诱惑，人们内在的聪明智慧，由于心识被功、名、利、禄所污染隔离并沉淀于其中，能识之功能往往受到限制或者引导到其他方向（见图8）。在资本市场，由于受利益的诱惑，个体心识所代表的理性，在群体心理的重压下十分无力，往往选择放弃理性，采取从众的跟随策略，从而引发暴涨暴跌的行情。

佛法视色、我、法、空为相即表现现象，从哲学上理解，相是情识的

---

① 意译为"藏识"。为佛教唯识宗的内在心识的第八识，是世界和众生"自我"的本原，它含藏着一切事物的种子，也是轮回的主体和解脱的依据，因此是根本识，其他各识都由它生出。唯识论认为，阿赖耶识中藏有无数的种子，可以引发人的善恶行为（主要指思维活动）。自无始以来，阿赖耶识就有净、染、万有种子，对待万物待缘而起这一真理不明了，故称作"无明"。此"无明"是产生其他无明的根本，所以又称为"无始"（根本）无明，并由此产生人、法二执等烦恼的枝末无明，而这一切都是阿赖耶识的本能状态。当阿赖耶识摆脱了人、法二执，破除见思、尘沙、无明之惑后，就脱离一切虚妄而证得真如的不生不灭、不垢不染、无性无相的法性真实境界。阿赖耶识转染成净即是真如。

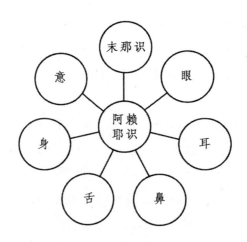

图8　佛教对"知"的定义

元境域或现象，化相就是智慧（般若）的功能。智慧与知识不同，知识是以系统和学术方式形成和表达的，以客观、逻辑和形式为自己的本质，智慧则在于对峙和策应中的把握，所以智慧不是外在的控制而是互动的变易。佛教以人为境，通过修持，将纷乱的杂念转化为直达真理的无上正等正觉。如果我们从意识论出发，万有即有情，苦、烦恼就是最初的情觉，情觉自持的最高境界是无持，即无执、无我。人世无常，无常即"苦"，如生、老、病、死等。苦是人自身招集的情感烦恼，称为"集"，如贪、嗔、痴等，消除烦恼就是"灭"，烦恼无法直接消灭，而是要智慧生成转化过程，如贪染于外界、痴障于无明等等，知苦、断集、证灭的整个过程就是修"道"，从外看是信、解、行、证，从内看就是"戒、定、慧"，戒体定识，化识成慧。①

如果说佛教是从缘起性空出发，通过"否定"现象世界的真实性来把握世界真相的真理，道家则是换位思考或者从对立面理解把握真理之相的，而不是自以为是地主观"自知"而不明。

老子在《道德经》第二章中，开门见山地提出"反潮流是革命精神"，要提倡反群体思维，才能明白自己的不足与进退行止。他说："天下皆知

---

① 周剑铭：《佛法今诠（佛教哲学论）》，《香港佛教》第580期。

美之为美，斯恶已；皆知善之为善，斯不善已。"比如，在资本市场有一种行为，金融理论认为，人在群体意识控制下，是非理性的，为了保持个人意识的清醒，就得有逆向思维，当大家都认为是牛市且已经处于癫狂状态时，投资者就得冷静地思考反向出现的可能，因为阳性向上冲锋的动能到极致时，必然会出现相反向下的阴性势能力量，众人所厌恶的熊市可能已经在其中酝酿。道之"理"总是通过内在相反的双向展示其升与降的双重性，不平衡是事物的常态，当阳性力量高涨时，阴性力量就生育其中，无论是上升的阳性力量如多头，还是下降的阴性力量如空头，都是老子所说的"反者，道之动"的宇宙规律表现。人类作为宇宙的小小的组成部分，只得服从和顺应这种规律。宇宙规律，比如在太阳系中，太阳作为力量最大者，其运动中发生的各种波动，都会直接影响太空气象并对人类的心理、生理及人类的经济周期产生直接影响。表面上看，政策取向是一种主观动作与人类自身可以掌握的方向，但是政策却多是现行的经济、政治周期的需要的反应。另外，作为如水一样弱势的居民，中国老百姓自动地利用了道家哲学，如果大家在特定时空背景下逆向进行操作，就可能抵消政策随心所欲的后果。如果大家都逆向思维，就会形成一股更大的反向力量将原来的政策意图完全"异化"，从而导致政策失灵。

只有从相反的位置上为参照，人们才会"知足不辱，知止不殆"（老子：《道德经》第44章）。因为一个人成败贫富不仅与时代境遇相关，还与个人的言行思想相关，如果积德读书，明白了对内知足不争虚名，对外不贪得无厌，就不会有天灾人祸（见图9），因此也会在投资过程中适时适度地止盈而不欲盈。

知道自己对于天地人生和宇宙真相很无知者，还是有自知之明的，如果有人认为自己掌握了绝对真理，已经完全了解宇宙人生的真谛，无疑是精神有毛病。老子提出的"知不知尚，不知知病"（《道德经》第73章），将孔子"知之为知之"的讲法提升到"知之为不知"的高度，从而产生对真理的敬畏之心。因此，我们面对百姓，不要耍奸使滑，要老老实实地为百姓办事，不是管理者不聪明，而是不要自作聪明，这才是"常使民无知、无欲，使夫智者不敢为也"（《道德经》第3章）的真实意思，即在经

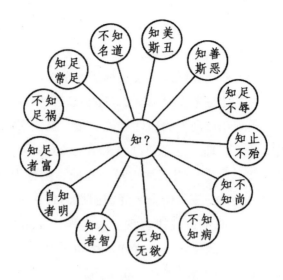

图9 道教对"知"的定义

济社会事务中，不认为自己聪明，也不敢在百姓面前耍小聪明。因此，老子得出结论："知人者智，自知者明。胜人者有力，自胜者强。知足者富，强行者有志"（《道德经》第33章），"祸莫大于不知足，咎莫大于欲得，故知足之足，常足矣"（《道德经》第46章）。老子告诫我们，人贵有自知之明，要知足常乐，当然是因为个体不过是相互关系中的一个环节，要从不同的视角去衡量考核自己，才能处理好上下、左右、前后的关系，才能将各种关系"统一战线"，形成"人和"的力量。只有管理层知足，才不会随意扩张欲望，才能处理好与股东、员工、供应商等利益相关方的关系。

如果说佛家以否定现象的真相为得到真知的路径，道家从对立与相反的视角把握事物运动的真相，儒家则直截了当地直面现实去认识世界的真相。

孔子说："知之为知之，不知为不知，是知也。""好学近乎知，力行近乎仁，知耻近乎勇。知斯三者，则知所以修身；知所以修身，则知所以治人；知所以治人，则知所以治天下国家矣。"

知止之知，是达成事物真相、实相状态，实现明明德与亲民的至善目标。因此，儒家主要从正面指导认知的方向，并将知的功能从内功扩展到外王的层面（见图10）。

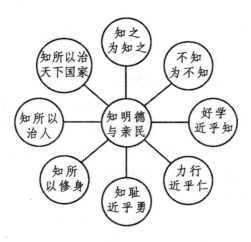

图10 儒家对"知"的定义

因此，"知止"之知，根据上述对"三纲"的推论，我们认为是对内圣外王的知与止。"内圣"包括个人的智慧学问与道德修养，即通过格物致知而实现明明德；"外王"包括世事洞明与对客观世界的改造和利用。无论是内在的道德学问的修养，还是外在的亲民而践行，都需要根据时间、地点、环境条件而转移，不是凭借自己的主观愿望行事，因为实践者的交往对象，不仅有家庭（齐家）国家的关系，还有与自然的关系，主观愿望与客观关系间的协调，才能达到目标。即当事者的所作所为，都要适度、适时并合乎对象的真正需要，只有这样，"外王"才能达到中庸的完美境界。毛泽东用一句话来概括：又红又专。① 如果推论到金融服务业，也即服务客户要达到目标，也存在我们经常说的"适配"性问题。首先是当事者具备聪明学问并具备高尚的职业道德，同时，又会为合适的客户在恰当的时候提供合适的产品与服务，才是"识相"、"本分"与"得体"，

---

① 1957年10月9日，在党的八届三中全会上，毛泽东从当时干部队伍缺乏领导建设事业的专业知识和能力出发，提出："我们各行各业的干部，都要努力精通技术和业务，使自己成为内行，又红又专。"（见《做革命的促进派》，1957年10月9日）

因此，"知止"之"知"为内在慧根的外在功用，达到明了事物真相与实相状态。

"知止"之"止"：学会止盈、防止失败

行百里者半九十。只有在适当的时间、地点和环境中，学会止住自己的思想与行为，才能预防成功后的失败。如果引用佛家的功夫心法，遵守佛教本身的五戒十善和尊重世间的各种法规、规范、道德、风俗等，知止即为戒律上功德圆满、圆融无碍，达到《中庸》之极致即"喜、怒、哀、乐之未发"，才能预防人们在胜利面前的骄傲自满导致的失败。骄兵必败，就是不知自我"止盈"的后果。

> 为了能够自觉知止，佛教提出八戒主张："一戒杀生，慈念众生，不得残害蠕动之类；二戒偷盗，思念布施，却悭贪意；三戒淫，不念房室，修治梵行，不为邪欲；四戒妄语，思念至诚，言不为诈，心口相应；五戒饮酒，不醉迷，去入逸意；六戒着香华，不敷脂粉，不为歌舞倡乐；七戒坐卧高广大床，卑床草席，捐除睡卧，思念经道；八戒非时食，时过中不食。"

天台宗认为，止是禅定和放下，相当于戒和定；观是般若和看破，相当于慧。修止必须同时修观，有止观才能断贪爱。定慧双修，即禅净双修，使佛教的理论思想与情景思维相得益彰，因此，天台宗是禅宗思想的发扬光大，也是佛教中国化的标志。如果止观双修，面对能煽动人心的利、衰、毁、誉、称、讥、苦、乐八风，形成坚强的忍耐力与思维力，八风之前，不为所动，失败的诱因，因此消失（见图11）。

如果佛教从否定现实生活的追求中实现知止，道教则认为，要重视现有，满足现有，以静制动，才能知止而不闯祸。老子说："祸莫大于不知足，咎莫大于欲得。故知足之足，常足矣"（《道德经》第46章），"知足不辱，知止不殆，可以长久"（《道德经》第44章）。"知人者智，自知者

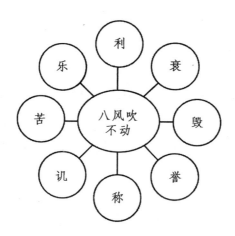

图11　佛家对"止"的定义

明。胜人者有力，自胜者强。知足者富，强行者有志。不失其所者久，死
而不亡者寿"（《道德经》第33章）。这是2500多年前伟大哲学家老子在
《道德经》中为当代个体奋斗者提供的哲理。道理讲得明白，但如何知足
而长久，个体却是难以做到，原因是人在社会关系中才能定位自己，个体
都是生活在"群体"中，受群体的无意识、情绪、预期的周期性影响，往
往放弃了自己的智慧与理性，做出自己事后都觉得莫名其妙的行为来。

　　正如时间有周期一样，人的记忆也是记录了时间的周期的，因此，过
去的事情，往往记录于心中，进入潜意识。当然，记忆有深浅及快乐、痛
苦之分别，按照佛教的讲法，记忆的分别是由于人类在生老病死及爱别
离、怨憎会、求不得和五阴炽盛的不同引发，同时可能由于眼、耳、鼻、
舌、身、意及潜意识中的末那识（我识）、阿赖耶识（深层潜意识）的不
同作用而有所不同。人类集体最深刻的记忆应当是集体面临危机的群体记
忆，这种群体危机的记忆经过不同世代的反复与周期性应对，因此深深进
入群体的潜意识中，形成了集体无意识，并形成了独特的世界观和应对危
机的"危机管理"措施即方法论，在世界观与方法论的基础上形成了群体
或者民族的价值判断即人生观中的主流文化的确立。

　　如果群体共同面临过危机，这种记忆如果在周期性地复制并形成集体
记忆的话，群体的记忆就会形成"抛锚"的力量，即时间过去了，群体还

会集体将记忆抛锚于过去不愉快或者特别兴奋的事件中。在中国，A 股股民可能符合集体记忆与记忆抛锚的所有条件，因此也会经常将当前已经变化的政策、管理、资金、技术、市场类比于过去"相似"的事件，从而形成对事件的群体抛锚性判断。1988 年前后的物价飞升，深深地留存于中国居民的集体潜意识中，经过太阳黑子两个周期的潜伏，物价飞涨的局面有可能在自然灾害的催化下，形成强大的群体预期，从而将物价推向持续上升的轨道。2010 年下半年开始，物价水平持续上升，与群体的周期记忆有关。

比如为了应对亚洲金融危机，1998 年地产鼓励性政策出台，导致了1998—2002 年中国地产的第一浪行情；为了应对国际金融危机，2008 年底出台了新地产鼓励政策后，群体通过十年周期性记忆的抛锚力量的回顾，形成了地产行业新行情。2009 年初重新启动的地产行情在 2010 年政策压不住，是因为群体无理性周期判断，政策调控的作用被群体对未来高房价的无意识力量抵消了。2010 年类似于发房票的限购政策，能否成为中国地产十年牛市的拐点，还有待观察。如果地产税比较中性，伴随城市化进程和货币长期贬值的趋势，地产价格有可能从急涨转向缓升。

群体无意识力量的作用不是中庸之道，往往无所不用其极，这才有证券投资史上的"郁金香泡沫"、"南海泡沫"、"互联网泡沫"、"次贷泡沫"，中国未来会否出现有些外资说的 1000 倍于迪拜的地产泡沫，我们还待再观察。如果群体心理极度兴奋，就会将政策、管理、市场、技术等限制的防洪墙不敷脂粉，将行情拉到事后不可想象的高位；如果群体心理兴奋到极点而出现强烈的政策压缩，过度乐观就会向过度悲观转向，也可能将行情打跌到价值线以下。

面对群体记忆抛锚与预期力量的非理性，投资者个体很难能够不受群体的愚弄，唯一可行的办法是设立理性的盈亏点，或直接委托别人操作。当前已经有很好的平台，如公募与私募基金、信托产品等，投资者不妨事先下好指令，如果已经达成预期盈利"满意"与亏损"容忍"的位置，坚决出来。这样可能有些机械，但可能是反群体无意识的可行办法，否则群体无意识洪水冲击时，来不及找"知止"的"诺亚方舟"。当前市场中已

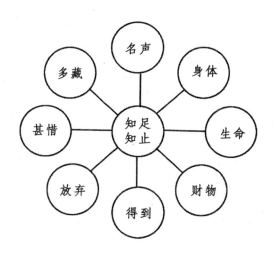

图12　道家对"止"的定义

经出现自动申购与卖出股票的软件。如果软件程序与群体形成共振，则可能所有"止盈"动作失效。

"知止"行为虽然寄于精神判断，但与身体状态有关。为此，《道德经》中强调，钱财等为身外之物，我们不要为身外之物损害自己的健康。身外之物包括名声、地位、金钱甚至面子。如果为身外之物牵挂而损害身体，老子认为太不值得。因此，他反复警示我们："名与身孰亲？生与财孰重？得与亡孰害？知足然不辱，甚惜必大损，多藏必厚失。知止则不殆，由此保长久。"（见图12）因此，老子讲究以守静养生，类似于有人开玩笑说的"乌龟养生法"："致虚极，守静笃。万物并作，吾以观复。夫物芸芸，各复归其根。归根曰静，是谓复命；复命曰常，知常曰明。不知常，妄作凶。知常容，容乃公，公乃全，全乃天，天乃道，道乃久，没身不殆。"这种守静养生法，基本上是以心理活动调节身体的功能、强化身体功能的力量而恢复健康法，所谓的"虚极"类似于"无极"状态，佛家定义之为"空"，是物质与能量高度统一的状态，即英国伟大科学家霍金讲究的宇宙时空开始爆炸前的"奇点"。但是，人们的知识始终无法达成真理的状态，缘于我们自身的限制，放弃外在的"知识"，通过内心的直觉感悟，才能得到人生宇宙观的真相。

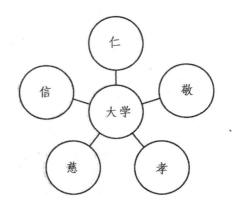

图13　儒家对"止"的定义

　　为了做到这一点，老子反对人们向外追求物质享受而放弃内心的安静。因为过分的物质追求，也无法满足人心的虚空，人心不足蛇吞象。为此，老子在《道德经》中开始以过来人的口气教训我们："五色令人目盲，五音令人耳聋，五味令人口爽，驰骋畋猎令人心发狂，难得之货令人行妨。是以，圣人为腹不为目，故去彼取此。"老子反复要求的是，我们不要为外在的物质利益所诱惑，要回归内心（丹田、脐轮）的宁静，修心养身，才能具备清醒的头脑及时知止（制止）非理性行为。

　　儒家借《大学》宣扬，人们能否知止，前提是个体生命是否明白自己的"职业规划与职业道德"："为人君，止于仁。为人臣，止于敬。为人子，止于孝。为人父，止于慈。与国人交，止于信。"（见图13）要让个体生命活得明白，在生命历程中完成自己的历史使命，曾子在《大学》中以修身为中介，向内求证自己的心灵（正心）、意志（诚意），并以绝对真理为武装（格物而致知），从而打造出一个丰满而身心健康、智能发达的个体。个体生命的意义，不仅是自觉、自悟、自立，而且要发扬光大自己的聪明才智，去养家而正风气，去治国而惠民众，去平天下而让众生得太平。

　　南怀瑾认为，所谓"知止"的"内明"之学，是要每一个人先来明白知道自己的心理心态，自己的心思和情绪。如果当事者能够将心思情绪清清静静、平平安安地时常摆在一个清明、清静、安详的境界中，就能够达到圣人之道。圣人之道，首先要征服自己，不想征服天下，而是顺应天下大势，顺着浩浩荡荡的潮流而行。只有自己顺应潮流，才不会逆流而行，将主体自己的内在认识与客体的外在的潮流进行协调与共振，才能降伏自己的心思而回归平静，才能渐渐达到"知止"而进入"明德"的境地。

由于知止之"知"是内在的精神与慧根反射于外物的作用，"知止"之"止"，其止于何时与何地，就得看个体的观点、观念、价值取向了。比如，索罗斯的反射理论①其基本的道理是行情发展与人心的观感相对应。有时是合乎客观现实的，即与上市公司的业绩、国家的政策及其他投资者的心思是对应的；有时却可能与外在的客观的存在出现时空的错位，因为作用于市场的不仅有业绩增长，还有国家资本、机构资本、国际资本和居民资本的相互作用。因此，只有个体先"知"道这些客观的和主观的规律群的共同作用合力方向或者时空关系，才能够"止"于合适的客观对象，并能够在合适的时间和空间及时止住投资行为。

笔者在"力量模型"理论中说明，投资者不仅在研究与投资过程中，要结合当下时空环境保持对宏观、产业、行业、公司的清醒认识，还要在保持内心宁静的状态下，充分了解国家资本、机构资本、国际资本、居民资本的主观认识与客观实力。在资本与金融市场，行情的发展不仅是实力的硬力量的博弈结果，还有情绪、意志、观点、判断等软力量的博弈结果，观想四大利益相关方的动作、意向与未来趋势，才能在四方力量博弈中，适时做出进退的决策（知止）。当股指期货和融资融券业务推出后，在 A 股中单边交易向双边交易转变，投资者不仅要明白（知）何时入场做

①　反射理论指的是投资者与金融市场的相互作用的互动关系。投资者根据自己获得的资讯和对市场的认知形成对市场的预期，并付诸投资行动，这种行动改变了市场原有发展方向，就会反射出一种新的市场形态，从而形成新的资讯，让投资者产生新的投资信念，并继续改变金融市场的走向。由于投资者不可能获得完整的资讯，且投资者会因个别问题影响其对市场的认知，令投资者对市场预期产生不同的意见，索罗斯把这种"不同的意见"解释为"投资偏见"，并认为"投资偏见"是金融市场的根本动力。当"投资偏见"零散的时候，其对金融市场的影响力是很小的，当"投资偏见"在互动中不断强化并产生群体影响时就会产生"蝴蝶效应"，从而推动市场朝单一方向发展，最终必然反转。

多，更需要明白何时出场做空（止）。由于软力量往往能够带动硬力量的布局与进退，故而讲故事的软力量曾经成为国际投资银行界的本事，我们也因此理解监管机构为何要对于公开进行"大嘴巴"式讲投资故事者进行严格管理。

"知止而后有定"：定力强者胜

泰山崩于前而色不变，是人们面对突变时定力高的标志。人们要把纷扰的心思"止"下来，就必须有严格的规范，界定行为，截断众流，因此还需要借用佛学中的"戒、定、慧"之戒律，戒者类如中国上古儒家之礼学，不仅是心理行为起点，也是立身处世的规范，和整体道德相关，包括法律、法规、行业惯例、职业道德等。在规范的戒律约束下，如何让我们纷乱的心静止而后安定呢？

佛教关于定的理论与实践很丰富，佛教认为定于禅境，禅境有四层。

初禅定境有：

觉：身体接触外境的感受。此时的知觉是初禅的心态，并非欲界的知觉。**观**：内心的观察。觉与观也翻译成"寻"与"伺"。它们的差别是：觉是对境比较粗的心念；观是内心比较细的观察心念。**喜**：内心欢喜的感觉。进入初禅者，第一次发现自己已经进入初禅，出了欲界，全无欲界的烦恼，在定中内心很欢喜，那就是喜。**乐**：身体的五根所感受的快乐，所以进入初禅也称为"离生喜乐"。**一心**：心在定境中保持不动。一心也翻译成"心一境性"。

二禅定境有：

内静：内心平静，感觉到内心很清净，再也没有语言的构思了。**喜**：离开了觉、观，离开了语言，内心欢喜。初禅有觉有观，是用语言来想东西；而二禅离开了语言的想象，发现没有语言的烦恼，他觉得很高兴，称为"喜"。**乐**：身体宁静与内心平静，感觉到很快乐。喜与乐的差别：身体感受乐后，内心起欢喜。**一心**：也就是"定"。进入二禅（定）的人，定在二禅的定境中，保持内心的平静。

三禅定境有：

舍：舍掉喜心。**念**：念念分明。**智**：有正知。"正知"即是以真正的智慧观察事物的真相，又称为"智"。**乐**：因舍离二禅的烦恼而感受快乐。因三禅以没有乐受，故世间最乐是三禅乐。**一心**：他定在三禅的定境中。

四禅定境有：

不苦不乐：内心不是喜，也不是乐。**舍**：舍掉三禅的乐。**念清净**：已经没有妄念，但动起念头也可以，全由个人做主，称为念清净；我们凡夫的妄念纷飞，它时时刻刻生起；妄念生起后，我们的心随境转，做不了主。**一心**：心定在四禅的定境中（见图14）。

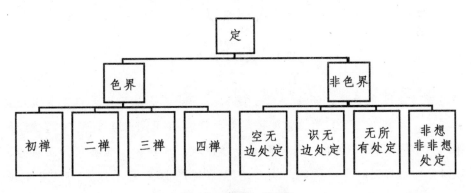

图14　佛教之"定"

南怀瑾先生介绍了唐玄奘法师用三步来说明佛教的定境。一是"有寻有伺"。譬如灵猫捕鼠，目睛不瞬，四足踞地，首尾一直等在那里，即初步用"有寻有伺"的心态去捕捉自己此心的一番清净之地。慢慢纯熟了，便到达第二步的"无寻唯伺"的心境，也就是已经不用太费心力，自然可以到达了。第三步达到"无寻无伺"的地步，才能使意识清明，心如明镜。因为只有一步步来，知而止，还需要相关的法规来规定当事者的行为、思想、语言等，才能在认识客观的自然观规律与社会规范中不迷失方向，中规中矩地止于自然社会交集处。

如果佛教是通过外部的戒律实现内心入定，道家则以否定过分追求物质享受保证内心的镇定。《道德经》所谓的："不尚贤，使民不争；不贵难

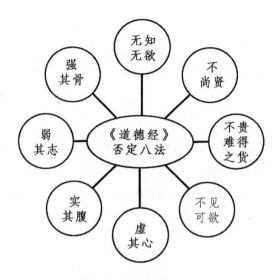

图 15　道教之否"定"

得之货，使民不为盗；不见可欲，使民心不乱。是以圣人之治，虚其心，
实其腹，弱其志，强其骨。常使民无知无欲。"（见图 15）还有《道德经》
第八章中说水有八德即："居善地，心善渊，与善仁，言善信，正善治，
事善能，动善时。夫唯不争，故无尤。"（见图 16）老子强调的是主体放

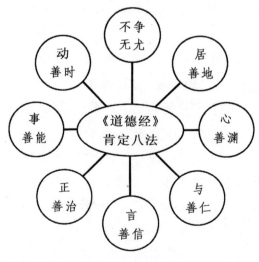

图 16　道教之肯"定"

弃、放下心中的占有欲望达至内心的镇定, 实现无欲、无忧与无祸。

《道德经》中, 老子为禅净双修者如何入定提供了操作方案:"道之为物, 惟恍惟惚。惚兮恍兮, 其中有象; 恍兮惚兮, 其中有物。窈兮冥兮, 其中有精; 其精甚真, 其中有信。"入定的状态, 就是定而不守, 不僵不硬, 是一种清楚中的混沌, 半醒半睡, 不追求不固定。因此, 这与佛教说法略有不同。

儒家之定是在于修身开始的外向进行社会实践, 类似于禅宗的吃饭睡觉中悟道一样, 治国, 就是将国家当作法人主体, 内修管治品德, 外合君臣道理。《中庸》认为:" 凡为天下国家有九经, 曰: 修身也、尊贤也、亲亲也、敬大臣也、体群臣也、子庶民也、来百工也、柔远人也、怀诸侯也。"(见图 17) 要处理国家大事, 就得处理关系前有一定之规:"凡事, 豫则立, 不豫则废。言前定, 则不跲。事前定, 则不困。行前定, 则不疚。道前定, 则不穷。"

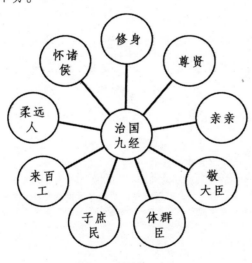

图 17　儒家之"定"

在经济生活中, 如何入定般地定位呢? 在力量模型①的产业升级新理

①　在现代资本市场中, 存在着国际资本、国家资本、机构资本 (厂商资本) 和居民资本的四种力量博弈, 分别掌握资本 (源)、政策、管理、技术、市场五个要素。

论中，我们提出了产业升级需要符合五个原则或者标准，这些标准既有自然资源禀赋，也有社会资源禀赋如政策、管理、市场等。因为一个产业在一定的时空环境下能否发展，不仅是国家政策、厂商管理、技术进步问题，也是自然资源是否允许，特别是市场是否存在极大需求的问题。只有将产业或者厂商放在历史时空中进行纵横比较，才能显现其定位是否与当下的时空环境吻合，能否借用当下的自然、社会、文化的资源形成更强大的力量。

人类文明发展到今天，正处于自然与社会交错运动①的剧烈变化期，如果将人工自然与人工社会进行类比，G8（八国集团）代表了人类城市的标准，南方国家就代表了世界农村。② 经过"二战"后持续 60 多年的政治、经济、文化、军事的交错与磨合，当代世界已经无法进行明显的阴阳对比，而形成了"你中有我，我中有你"的新格局。因为，无论 G8 同意与否，要解决人类面临的共同问题，G8 已经无力进行包办，需要新兴国家的协助与参与，因此，G20（20 国集团）的产生，逐步替代 G8 的功能，已经成为世界政治、经济、文化发展新阶段的必然要求。G20 的领袖们认识到这一点，已经与时俱进地将解决世界有关问题的方案定于 G20，而不是像对付伊拉克时"定于一"，即由美国说了算。

2009 年冬天提出的东亚共同体实质上是 G20 的东亚版，由于涉及发达

---

① 孟氧在《经济学社会场论》中指出，《资本论》分析体系已经表明，经济活动内含着自然与社会二重属性：一方面是人和自然之间进行物质能量变换时所内含的自然属性，另一方面是人和人之间进行社会利益分配交换时所表现的社会属性。劳动二重性学说就是马克思对以自然与社会交错运动为特征的经济活动进行的理论概括。自然与社会交错运动的二重性，使任何社会的经济活动都表现为物质财富的生产与社会关系的生产的二重统一。例如，商品生产是劳动过程和价值形成过程的二重统一；而资本主义生产过程就是劳动过程和价值增值过程的二重统一，它在创造物质财富的同时创造着资本主义生产关系本身。孟氧从自然与社会交错运动中引申出自然科学与经济科学的结盟：经济学家可以从自然科学那里得到方法上的借鉴，同样自然学家也可以把经济科学提供的方法运用到自然科学中去。孟氧提出，既然在自然学家那里经济科学与自然科学结盟已经成为事实，那么经济学家就完全可以按照相反的途径，把自然科学引进经济科学，改造经济科学，创新经济科学。

② "一切发达的、以商品交换为媒介的分工的基础，都是城乡的分离。可以说，社会的全部经济史，都概括为这种对立的运动。"［德］马克思：《资本论》第一卷（上），390 页，人民出版社，1975。

国家、发展中国家的政治、经济、法律、文化、历史认知等巨大差异，难以形成各国可以一体化的共同规范，东亚各国近期可能无法达成大家共同遵守的"标准动作"。但是，欧盟由于具备共同的历史文化，具备共同的价值观，经过半个多世纪的磨合与融合，在经济一体化完成后，正走向军事一体化和政治一体化。因此，欧盟之定，首先是定于文化的统一，然后是经济，最后是政治的统一。

"定而后能静"：心定气静，宁静致远

所谓的静，只是过于缓慢的动，或可说是太过快速的动，由于超过了我们肉体感知的"知觉"，只是主观感觉是静。事实上，如果进入"量子"领域，所有物质都是在以波或者粒二相性地高速运动。波粒二相性正是光的本质特征，因此，我们认为，所谓入静，无非是将机械的、物理的运动减速或者停止，而恢复或者发动身体内在的波粒形态的运动，即发动思维的运动，而这种运动，由于有意识地进行"光"的思维①与观想，从而实现净化内在躯体的目标。这是进行美好的冥想可以强身的原理，即发动有益于身体的光能，清除体内的非正常运动的波动。② 因此，入静是一种有益身体的主观能动的行为，正如超过我们听觉器官的频率我们听不到一样，超过其他主观感知的运动，我们也会主观地认为其是静止的。

儒家认为，要入静，先要掌握自然和社会发展的周期规律，掌握在左肩的顶部出货和右肩的底部入货，这样，不仅富贵可期，而且是风险控制的最好办法。孔子在《论语·泰伯第八》中说："笃信好学，守死善道。

---

① 根据《创世记》中的典故，上帝先在黑暗和混沌中创造了光，接着创造了天地、生物和人。"上帝说'要有光'，就有了光。上帝看光是好的，就把光、暗分开了。上帝称光为昼，称暗为夜。有晚上，有早晨，这是第一天。"见《圣经》之《创世记》。

② 净土宗有十六妙观："第一日观，观落日如悬鼓。第二水观，观大水澄清。第三地观，观冰琉璃，成就地想。第四树观，观琉璃地上，作宝树想。第五池观，观七宝池中，有八功德水想。第六总观，作宝楼阁想。第七座观，观七宝莲华中。第八像观，观一佛二苦萨想。第九佛观，观佛相好想。第十观音观，作大士形象，佛立顶冠想。第十一势至观。第十二普观。第十三杂观，作佛大小不定身想。第十四，上三品观。第十五，中三品观。第十六，下三品观。"上述所有观想，都离不开形象之光的想象。

危邦不入，乱邦不居，天下有道则见，无道则隐。邦有道，贫且贱焉，耻也。邦无道，富且贵焉，耻也。"（见图18）孔子还说："不在其位，不谋其政。"儒家之静，是待机而动，围绕老百姓最关心的事情展开工作，是亲民的操作艺术。

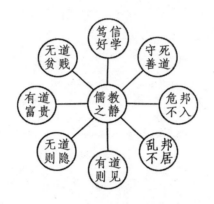

图18　儒家之静

儒家之静，是为了宏大目标，为了形成大气象、大格局的自我训练。"宁静致远"是诸葛亮在《诫子书》中提出来的修养功夫。有些人习惯于忙碌紧张地工作与生活，一旦宁静无事，反而想干点什么。有位资本市场的弄潮儿，身价已经过了百亿，但每天起早摸黑地看报告、跑调研，结果视力急剧下降。幸运的是他天天坚持跑步锻炼身体，身体素质尚好。一日他参加了法门寺的早课活动，在僧人《大悲咒》的梵唱中静立1小时，其内在气场由于其静极而动，出现了下意识的身体摇晃情况，感觉静极生动的妙处，知道原来静也是锻炼的一种方法而且不会受外在环境所约束，随时随地只要安心即可进行静心训练。

当然要做到诸葛亮的宁静致远，先要条件是"淡泊明志"，甘于淡泊，享受淡泊，才是"宁静致远"的人生修养意境。但是否真正有一个静止的境界呢？中华文化中的万经之首《易经》就是强调在运动中争取主动，"天行健，君子以自强不息"，宇宙万物都是运行不息的，君子效法天地之道，也要在发展中解决问题，在运动中争取主动，因为宇宙万物在运动，时间、空间、环境也不断地在运动和发展中，时空环境组合成的结构也不定地在运动变化中，抱残守缺，就会被动。

　　同样，人的情绪、思想、意念在不断变化，处于运动之中，如果发挥良知，通过情景模拟，观察这种运动，将思虑守于这种运动，这个过程思想、意念反而因为观察明照意念的运动而守静了。知止制心一处，渐渐将流动的心识引入规范的观想渠道以后，止水澄波，清风徐来，微波不兴，达到了"知止而后有定"的境界。如果静到了与外界隔绝，视而不见，听而不闻，到达没有内境外在的不同，天人合一，圆融自然了，当然无论世事如何纷扰，当事者都能够安且静心于自己的空灵世界（见图19）。

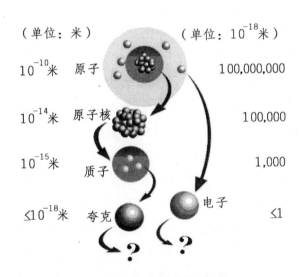

图 19　当代科学对物质结构的认识

"静而后能安"：聚焦能量于最重要的目标

　　日常生活中，我们常说，安静，不要吵，不要闹，即讲究先安再静，而不是先静后安。《大学》在此讲究心性修养的"内圣"的心灵修持实践经验，以及"外王"历史实践经验的总结，即静才能安。因为，心乱则身不安，社会动乱则国不能安。"稳定压倒一切"①，有时候不仅是政治口号，也是现实需要，甚至是个体生命心性发展的需要。

如果从个体来讲，静心才能安，不仅是中国哲学的思想倾向，瑜伽学派、现代印度哲学家奥修先生也大力提倡要"静心"。心思不能静的原因，无非是功、名、利、禄对人心的诱惑。不过逐利要取之有道，正如陈毅元帅说的："手莫伸，伸手必被捉。"② 到处伸手，心就会动摇不定，人心就无所安。所有的贪赃枉法者，都是手伸得过长。

司马迁说："天下熙熙皆为利来，天下攘攘皆为利往。夫千乘之王，万家之侯，百室之君，尚犹患贫，而况匹夫"，"亲朋道义因财失，父子情怀为利休。急缩手，且抽头，免使身心昼心愁；儿孙自有儿孙福，莫与儿孙作远忧。"为了自身的享受和为后代提供成长的好环境，只要人还是肉体形式存在，通过逐利占有更多的资源，是人的本性，无论是千乘之王还是平头百姓，追求利益无可厚非，因为人生活在物质世界里，没有利益存在，就无法建立正常的社会关系，只是利益追求必须具有安全边界和行为底线，个体的利益诉求越界，不仅伤害其他利益主体的利益，还会因此受反作用力量的制约而自身受伤害。

如何安心？佛祖在论述大乘精神的《金刚经》中面对舍利子的提问，进行了反复论述，提出妄相、无相、离相、实相的概念，从而通过缘起性空的论述，建立起去除负面能量（铭印）而建立正面善行的"思想建设"工程。因为，只有发大乘者，即全心全意"亲民"者，才能理解通过无私奉献才能积聚功德、正面品牌与人格力量的意义。积聚功德、正面品牌与人格力量在个体追求事业的路上是无价之宝。同时，《金刚经》特别提出，通过理论宣传，培训教育群众，提高群众的思想觉悟，其奉献产生的社会功德比其向社会做的无量慈善活动的功德还大，这是因为，世界上没有救

---

① 1987年6月29日，邓小平指出："没有安定团结的政治环境，什么事情都干不成。"1989年2月26日，他又说："中国的问题，压倒一切的是需要稳定。没有稳定的环境，什么都搞不成，已经取得的成果也会失掉。"1990年12月24日，他强调："我不止一次讲过，稳定压倒一切，人民民主专政不能丢。"

② 陈毅于1954年写下了著名的《七古·手莫伸》，诗云："手莫伸，伸手必被捉。党与人民在监督，万目睽睽难逃脱。"

世主，每个人都具备佛性即善良的本性和内在独立的人格，只要通过教育，启发并光大群众的善良本性和内在独立人格，从而形成一个精神文明高尚发达的社会，当然其功德更大。[1]

比如，禅宗二祖神光，至诚恳切求安心，甚至砍下了自己的臂膀。达摩大师逼问他："你要求什么？"神光："我心未宁，乞师与安。"达摩回答："将心来与汝安。"神光："觅心了不可得。"达摩："与汝安心竟。"神光因此大悟，成为中国禅宗的第二代祖师。因为实相即事物的本质是无相的，不为外在的现象所笼罩，而自性光明，相互作用、相互联系。真理如实相，揭示的是事物的本质与本相，只有抛开扑朔迷离的外相和表象，我们才能明白真正的"兔子"的本相：它与人类、与众生都具备佛性，即在世界的本原上，在生物的基因自我复制的根源上，万物是平等的，大家的老祖宗都是宇宙大爆炸中出生的，因此虽然人分南北，但佛性（事物本相）不分南北。[2]如果明了地分南北，佛性即事物本质上是同一的真理，就能够安心于真相了。要达成明了真相之安心，佛佗提出六波罗蜜学说（见图 20）。

图 20　佛教之安

---

[1]　"若复有人，闻此经典，信心不逆，其福胜彼，何况书写、受持、读诵、为人解说。须菩提！以要言之，是经有不可思议、不可称量、无边功德。如来为发大乘者说，为发最上乘者说。若有人能受持读诵，广为人说，如来悉知是人，悉见是人，皆得成就不可量、不可称、无有边、不可思议功德。"参见《金刚经》第十五品《持经功德分》。

[2]　慧能于咸亨三年（672）到了黄梅东山，弘忍见着他即问："居士从何处来，欲求何物？"慧能说："弟子是岭南人，唯求作佛！"弘忍说："你是岭南人，又是獦獠（当时中原对南方少数民族的称呼），如何堪作佛?!"慧能说："人有南北，佛性岂有南北？和尚佛性与獦獠佛性无别；和尚能作佛，弟子当能作佛。"

　　如何安心？按《道德经》的讲法是远离物质享受的诱惑："五色令人盲目，五音令人耳聋，五味令人口爽，驰骋畋猎令人心发狂，难得之货令人行妨。是以，圣人为腹不为目，故去彼取此。"（见图21）不为外在的物质利益所诱惑，回归内心（丹田，脐轮）的修身。老子说道："后其身而身先，外其身而身存。"如果忘记自我，放弃对自我的执著，站立于身外换个位置观看自身，就会明白，我们所谓的身体，不过是道的外在展现而已。老子进而论述道："宠辱若惊，贵大患若身。何谓宠辱若惊？宠为下，得之若惊，失之若惊，是谓宠辱若惊。何谓贵大患若身？吾所以有大患者，为吾有身，及吾无身，吾有何患？故贵以身为天下，若可寄天下；爱以身为天下，若可托天下。"由于"身体"的存在，由于身体需要吃、穿、住、用、行、学、玩等，就涉及利益的获得、利益的分配、利益的实现等问题。"有求皆苦"，为了满足身体的需求，为了五斗米的需要，个体生命因此"宠辱若惊"，但如果当事者胸怀天下，而不是一己之利，考虑的是天下苍生的利益，天下苍生就可以将满足自身的希望寄托于圣者。

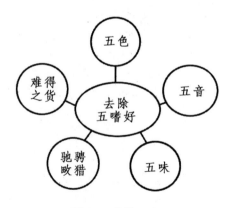

图21　道教之安

　　如何安心？孔子说："知者不惑，仁者不忧，勇者不惧。"（《论语·子罕》）因此，儒家倾向于不偏不执的"中庸"，保持事物运动发展过程中的均衡状态或者平衡的"中轴线"，从中轴线向上就是道，向下就是非道；从中轴线向上就是善，向下就是恶。如果引申到社会关系中来，就是要求个体在社会实践中安于其位，不违背其位相对应的行为："君子素其位而行，不愿乎其外。素富贵，行乎富贵；素贫贱，行乎贫贱；素夷狄，行乎夷狄；素患难，行乎患难。君子无入而不自得焉。在上位，不陵下；在下位，不援上。正己而不求于人则无怨。上不怨天，下不尤人。故君子居易以俟命，小人行险以徼幸。"（见图22）① 这种以自己的位置出发而行事的思想，本质上是保守的，但保守中却潜伏着积极的思想，即先保存实力，等待时机，伺机而动，这样的人才能称为君子，否则冒险犯难，只能导致失败。因此，我们认为，子思在其《中庸》中的思想是，儒者之安在于正确认识自己生命的位置，在不同的位置，就做好相应的工作，保持正常的心理状态，保持革命的本色不变，等待最有利时机出现。

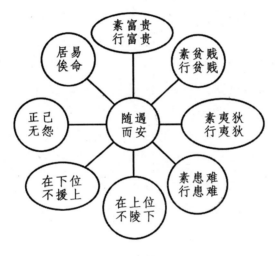

图 22　儒者之安

宋儒理学讲究"存天理、灭人欲"，反对过度追求超过生活必需的利益，为的是当事者能够安心过日子，能够吃得下睡得香。"存天理、灭人欲"并不是不要人欲，鼓吹不食人间烟火，而是要求人的欲望要符合天理，即合乎天理的欲望仍然是合理的"天理"，如果超过了合理的范围，超过人类情感、道德、法规范围的欲望，就是道所要规范、限制、禁止的人欲。如果按照现代社会的规范，个体的行为要有边界或者底线。在行为

---

① 子思：《中庸》第十四章。

边界内的欲望是天理允许的范围，在行为边界外的言行和欲望就是违规动作，就会受到社会、国家、集体的惩罚。孔夫子说"从心所欲，不逾矩"，是孔子晚年已经彻悟了人生真理后的总结，因为他已经悟道，所有言行都合乎社会规范和自然的规律，不做"与天斗、与地斗、与人斗"的事情，安居乐业，大兴教育，成为圣者。

发源于美国、影响全球的金融危机，其本身从供求双方来看，他们追求的欲望是人欲横流，完全违背了天理。从供给方看，投资银行从金融衍生产品开发、销售、激励机制上，都倾向于多卖出他们创设的"产品"，当然这种产品的价值只存在于他们向客户推广的"说明书"上，也只存在于对应其高管的高薪与高额奖励上。为了多多益善地卖出金融衍生品，他们违背基本的商业道德，为根本无力还贷的劳工阶层编造出可以贷款的条件。相反，对于劳工阶层来讲，面对可以几年白住的别墅，禁不住投资银行的哄骗而进行按揭贷款，即使这种贷款的成本在三四年后会几何级数上升也不顾自己的能力，也是一种欺诈社会的行为。一个民族如果欺骗全世界，就得全民族来向全球还债，美国国力的相对下降，就是美国精英和居民共同欺骗全球的结果。经过四年左右的累积，2007 年开始，次贷引发的金融危机如病毒般地开始扩散，最终将全球经济拖入到危机的深渊，从而彻底改变了世界经济由 G8 控制与管理的时代，进入 G20 管理全球的时代。

"安而后能虑"：平天下者是有钱人还是有思想的人？

安下心来会让你神清气爽，有利于思虑。虑的本义是"精密思考"①，正如《易经》宣扬的"洁净精微"地进行思辨的意思，属于精神范畴。这与现代通常说的"忧虑、顾虑、考虑、思虑"等不同，属于通过思考而明白宇宙人生真相或实相的学问。但要形成洁净精微的精密思考，需要当事者先安住虚妄的心思。如果思绪纷乱、心情不定、心气烦躁，就无法进行安心静虑。

---

① 孔子对《易经》的评价是"洁净精微，易之教也"。

佛家认为，虑的本质是通过"四静虑"，深入佛藏，得大智慧，实现思维与行动的同一，实现人生与宇宙的同一，从而实现禅虑的最高境界，即离苦得乐而得解脱，实现的路径包括初禅离生喜乐、二禅定生喜乐、三禅离喜妙乐和四禅非苦非乐（见图23）。这种静虑方法是佛教家的任务，笔者就此打住，有兴趣者，可以再进行深入研究。释迦牟尼成佛的过程，特别是他在菩提树下立誓后静坐时，① 已经将生死置之度外，心与身、心与思、心与物、心与天融而为一，心物两忘，宇宙天地、人生解脱瞬间出现了明明的真理，从而悟道而得道。

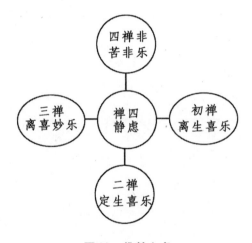

图23　佛教之虑

美国的罗奇格西在其《当和尚遇到钻石》一书中，提倡通过圆圈日活动，将自己安置于绝对安静的环境中，要么进行净心静心思索，要么进行古圣贤名著的学习，从而调动意识深层的能量，激发出商业创意，实现从宁静中安顿生活，从安静中发现，顿悟出新的创意，实现人生创新的目标。

道教认为，放弃外在的、文明的仁义利益与知识，通过内心的直觉感

---

① 依北传佛典记载，佛陀成道之前，曾修苦行多年而无所得，形容枯槁，身体虚弱，便决定放弃苦行。当他走到尼连禅河边，饥饿过度的身体不堪负荷，遂昏厥倒地。时有一牧羊女亲自供养乳糜，佛陀食后，体力逐渐恢复，便端坐菩提树下，立誓"不证菩提绝不起此座"，终于在十二月八日夜睹明星悟道，因此称是日为"佛成道日"。

悟，才能得人生宇宙观的真相。因此，老子最反对所谓的文明人玩弄虚伪的东西："绝圣弃智，民利百倍；绝仁弃义，民复孝慈；绝巧弃利，盗贼无有。"（见图24）管理者不要认为自己聪明，也不要玩弄聪明，老百姓眼睛是雪亮的，聪明的管理者是发动群体的创造精神，这样百姓就会自我致富。因此，管理者不要玩弄假仁假义，不要搞一些让老百姓不明白的"衍生工具"来蒙百姓。荀子认为："用国者，得百姓之力者富，得百姓之死者强，得百姓之誉者荣。三得者具而天下归之，三得者亡而天下去之。"为什么百姓拥护你呢？因为"圣人常无心，以百姓之心为心"，心中装着百姓，消费者、投资者就会拥护支持你的政策，就会跟从。

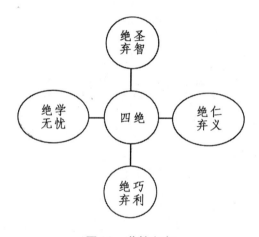

图24　道教之虑

"圣人本无心，以天下百姓之心为心"，这与释迦牟尼在《金刚经》中所说的类似："佛告须菩提：尔所国土中，所有众生若干种心，如来悉知。何以故？如来说诸心皆为非心，是名为心。"这是因为百姓之心也好，众生之心也好，都是追求功名利禄者，都不是道心。因此，众生之心无非是利益之心、名位之心、权力之心。如果在资本市场，我们可以认为众生可分为国际、国家、机构、居民四大利益主体之心，这些心思用在了如何分配（瓜分）现有利益并尽量多地提前分享厂商利益。为了各自的利益，四大利益主体都可能高喊各种漂亮的口号，如价值投资、平稳市场、维护投资者利益、提高市场效率等，实际上是各种利益之心的现代版本，不过经过包装，确实体面多了。投资者如果不加分别地信奉，可能刚好走入迷津。

儒家认为，管理者主要考虑的事情是恢复天下的本来面目，为此要发扬善良的、优秀的和正面的力量作用的制度、机制、政策和措施。王阳明将其心学提炼成四句口诀："无善无恶心之体，有善有恶意之动。知善知

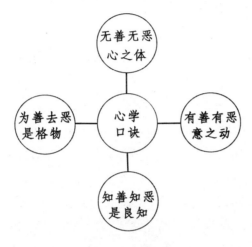

图 25 儒家之虑

恶是良知，为善去恶是格物。"（见图 25）经过宋儒对佛道的综合与融合，儒学已经充分吸收了佛家的合理内核。明代王阳明认为，儒家最高境界是得到心之体即道，道是无极包融万物，是万物的种子（即佛教的阿赖耶识），因此，心之体、道、阿赖耶识是儒、道、佛的不同说法，事实上指的概念类似。要百姓支持，自己的心就得合乎天理良心，要让自己的良知良能发挥作用，百姓的精神文明自然要随之提高。

王阳明先生在贵州龙场时，① 放下世间的一切纷扰，一味安心于良知

---

① 公元 1506 年，南京 20 多个官员联名上疏弹劾刘瑾，但弹劾的官员反而遭到迫害，或罢官或入狱。王阳明勇敢地站出来，上疏皇帝，指责刘瑾，为这些官员辩冤，结果他被在朝堂上当众打了四十大板，贬到当时交通非常不便的贵州龙场做负责接待过往人员的小官。他由京城陡然降落到偏僻、荒芜的龙场，举目无亲，衣食无着，孤独寂寞、悲愤忧思无法排解，终夜不能入眠，万念俱灰，欲死恐累及家父。在此绝望之中，淳朴善良的龙场人民给予他无私的援助，使他有了生活的勇气。在龙场这既安静又艰苦的环境里，王阳明结合历年来的遭遇，日夜反省。一天半夜里，他忽然有了顿悟，这就是著名的"龙场悟道"。

境界，从而大彻大悟启动其良能，创造出儒学新高峰——"心学"，将儒学从书斋重新引入到生活与事功中，中华文明在明代出现了大复兴的曙光，就是以心学的成熟为标志的。王阳明的心学将《大学》的精义与佛学的空性有机结合，从而突破了程朱理学借用了瑜伽学说而不承认的道学倾向，将儒家学说从书斋重新引入亲民的实践，将理论与事功进行有机结合。

在儒家学说中，心学是与现代行为金融心理学最为接近的。孔夫子认为："将叛者其辞惭，中心疑者其辞枝，吉人之辞寡，躁人之辞多，诬善之人其辞游，失其守者其辞屈。"钟镛先生在《操盘谋略》中是这样解释的："一个人若要背叛反水，心中有愧，语气必多谦意。心中疑迷者，往往顾左右而言他，绝不涉及正题。如果正在坐庄发动行情且处于有利部位的人，一定是沉默寡言者，很少发表讲话。那些患得患失、举棋不定、心中浮躁的人则可能到处发表讲评，但抓不住中心任务思想。"

当然，发布市场流言者（诬善之人）总会捕风捉影，言语游移不定；如果投资部位与市场错位者（失其守者），即上升时做了空、下跌时做了多者，成为处置效应者，不再说自己亏损而持亏卖盈。投资者可以从市场不同的声音中发现不同的行为主体，知道自己面对的博弈者的心中所想所思。声为心音，亦为行为的前奏。如果我们掌握了国家、机构、国际资本和居民各方力量在其中的心音，即可以预测其行为动向。

因此之故，如果当事者无法分清相关声音的真伪，不妨借用孔夫子的"辨声术"，听其言，再观其行。"观棋不言真君子"，当事者可以保持沉默，以待发声者真正的面目出现，才能确定自己的动作。

"虑而后能得"：得人心者得天下

如果"知"与"止"主要是戒律范围，"定"、"静"、"安"重点是讲究人生入定的内在境界，虑而后得之得，就可以理解为开慧与悟道，即真正悟出大学之道，即"得道"（止于至善），即掌握了自然和社会运动的规律并能够运用规律来为民造福。我们日常说，某某是得道高僧，事实上是对僧人的尊重，因为得道者，必然是亲民者，通过实践来完善其道之理。在中国，济公可能是得道高僧，他在得道后，没有遁入"空"门，而是游戏于红尘，从事惩恶扬善的事功。

佛教认为，通过八正道（正见、正思维、正语、正业、正命、正精进、正念、正定）的训练，才能入三摩地，得到无上正等正觉，成就佛

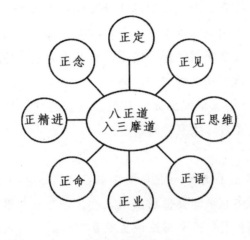

图 26　佛教之得

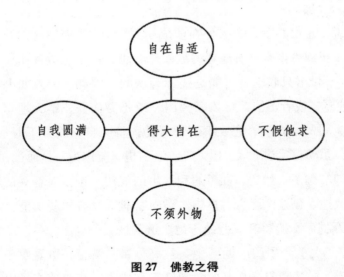

图 27　佛教之得

果，真正得道成佛，自由自在（见图 26、27）。成佛是佛教徒最大的成功目标。佛陀在证得真理时，认为"存天理、灭人欲"的原因是"欲望消灭净尽，苦难也会根除"，无欲则刚，为此释迦牟尼提出了走向真理力量的四方模型即"苦集灭道"四圣谛，由"四圣谛"引出"八正道"，解决生、老、病、死及怨憎会、爱别离、求不得、五阴炽盛之八苦。这八种苦难的根源，就是人欲的存在，因此，通过修身发扬光大天理，无所要求、无所执著、无所安住，即可消灭苦难的源头。因此，我们发现，被宋儒自喻为独立创造的理学，无非是对佛学的借用，但并没有超脱佛学的理论，不过是中印儒佛间的一次成功的隔空"对话"。

凤凰网在 2010 年《华人佛教》专栏中发表的"一日禅"中的下列警句，我觉得讲得有道理，大家一起看看：

不要抱怨生不逢时，不要抱怨机会不等，不要抱怨伯乐难求。其实，每个领域都会出现杰出人物，每个人都享有出人头地的机会。不同的是，只有那些一直默默努力、比别人做得更好的人，才能让机会在自己身上散发出绚丽的光芒。

佛教说，相由心生，个人外在的成功（相），是依靠内在的正念决定的，心思不正或者内在没有成功的欲望与心思，只是想做最伟大的"经济学家"，即不付出只收获，可能是违背天理的。因此，个人如果没有成道（成功）的愿望或者正信，想依靠旁门左道不劳而获，整天埋怨社会、单位、家庭、朋友、同学、老乡不给予帮助，将会自己放弃了时运的机会。大家知道，虽然道家讲"无中生有"，但不是无所作为，是通过"明明德"的训练，即掌握了自然的、社会的和人生的规律，进而对客观的和主观的世界进行改造、创造、组合、重构，形成以前所没有的新功能，从而实现了"曲成万物而不遗"和"弥纶天地之道"的目标。

因此，《大学》中的"明明德"往高处讲，就是一边要发扬光大自己的道德品质，一边要提高自己的学问修养和能力，将成功当作内在品德提高与外在事业发展相和谐的个体自觉行为。只有达成明德的功力，人们所说的亲民（新民）才有可能。

下面的例子是现实生活中发生的，有兴趣者，可以查证之。

浙商梁信军先生，通过十几年创业，自己发财了，但他还是主动承担了台州人在上海的聚合平台的建设工作（台州商会和台州人才联谊会）。他不仅让台州人在上海形成了合作与协同的关系，为上海的建设和发展出力，还带动台州人进行积累功德的行为，以他为会长的台州在沪商会和台州人才联谊会，发起并组织"小儿先天性心脏病基金"，直接为贫困家庭的病儿献出实在的爱心。

按照《当和尚遇到钻石》的作者、美国人罗奇格西的讲法，商人具备内在的精神力量，都想做些回报社会、回报国家的功德，如果为商人量身定做他们能够出力、能够积聚功德的"操作"方法，就会将商人内在的明德的渴望与外在的行动结合。因此，在一次年度联谊会上，当与梁先生碰杯时，笔者说，梁先生的演讲很精彩，但梁先生引导发动台州商人积功德的行动最为精彩。因为只有积极主动地想着回报社会、慈善社会者，才会积累无边无际的功德，社会也会回馈于立功德者。

按梁先生在新年聚会中的讲法，台州在沪商人不仅没有在 2008 年金融危机中被打趴下，还能够在危机中抓住机会，发展得很滋润。这可能与台州人的硬气即坚强的意志有关，与台州人不靠天吃饭、自力更生主动创造自己的事业有关，更可能与他们平时乐善好施、行善积德有关。

因此，《大学》所谓的"明明德"，按通俗的讲法，就是平日多做好事（正业），就是努力用知识武装自己，就是自助天助。如果是这样，人们的行为不仅与天道相应，更与人道相应，所谓的天人合一思想，就是认识、把握并遵守自然和社会规律，在合适的时机，把握合适的机会。

道家认为，成功的标志是天人合一，只有统一于自然人生中的大道，才能实现今生成仙的成功目标。因此，老子在《道德经》第三十九章宣布："天得一以清，地得一以宁，神得一以灵，谷得一以盈，侯王得一以为天下正。"（见图 28）道家得道的外在表现是内圣（灵）与外王（清）的统一。庄子《逍遥游》中宣布："若夫乘天地之正，而御六气之辩，以游无穷者，彼且恶乎待哉？故曰：至人无己，神人无功，圣人无名。"道

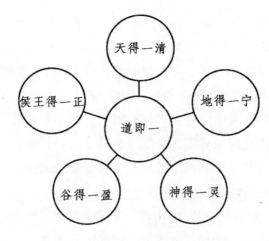

图 28　道教之得

家得道的内在表现为天、地、人合一，类似于瑜伽的"梵我一体"，实现类似于现代武侠小说中所吹嘘的练成"无相神功"一样。

儒家站在历史的时空坐标上，提出了高屋建瓴的目标，这一目标北宋的张横渠总结为："为天地立心，为生民立命，为往圣继绝学，为万世开太平。"（见图 29）因此儒家得道的表现是标准的内圣（立心）外王（立命、开太平），如果没有实现这两者，就不算儒之圣者。

从上面分析中我们得知，所谓《大学》之道的七步修持功夫，在于明

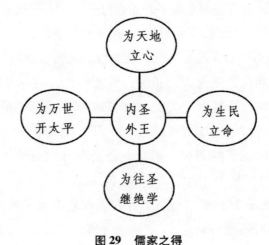

图 29　儒家之得

白在人生中苦的来源、成因及获得解脱的方法，帮助百姓从必然王国走向自由王国。因此，"亲民"有如施舍奉献自己的身体、财物、智慧、能力，从而将内在的道德发扬为真正为民众服务的行为，这些行为能否真正做到与做好，前提是做好这七步修持功夫，这与阳明先生提倡的要良知与良能统一的知行合一的境界相似。

第四节　儒学成功路线图

现在，我们再次回顾《大学》原文，通过下列八个指标的分析，破解曾子为后人设计的成功路线图。

> 古之欲明明德于天下者，先治其国；欲治其国者，先齐其家；欲齐其家者，先修其身；欲修其身者，先正其心；欲正其心者，先诚其意；欲诚其意者，先致其知。致知在格物。物格而后知至，知至而后意诚，意诚而后心正，心正而后身修，身修而后家齐，家齐而后国治，国治而后天下平。自天子以至于庶人，一是皆以修身为本。其本乱而末治者，否矣；其所厚者薄，而其所薄者厚，未之有也。此谓知本，此谓知之至也。

反复阅读与背诵上述文字，你就会发现，这是一条反复循环的自我强化的培训路线，目的是为了通过"八个目标考核指标"：格物、致知、正心、诚意、修身、齐家、治国、平天下，强化并优化从内心到外向的力量结构（见图30）。

《大学》以修身为中介，向内求证自己的心灵（正心）、意志（诚意），并以绝对真理为武装（格物而致知），从而打造出一个丰满而身心健康、智能发达的个体。个体生命的意义，不仅是自觉、自悟、自立，而是发扬光大自己的聪明才智，去养家而正风气，去治国而惠民众，去平天下

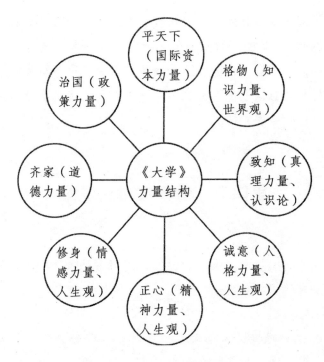

图30　《大学》的力量结构图

而让众生得太平。为此，下面我们就正式与诸位朋友一起解剖这八种力量。

"格物"：塑造知识力量

"格物"一方面指定"格"客观世界、穷究事物发展变化的规律，从而获得客观世界的真知（本相、实相、真相），即获得对"客观"世界的正确认识，掌握客观规律。按照当代科学的标准，诺贝尔奖金获得者理当是格物的顶峰人物。"格物"另一方面指定"格"主观世界，分析、了解人性的内在情感、品格、道德、气质、精神发展规律，从而实现自我欲望管理，真正做好"修身"功夫。

《易经》认为，无极之道（空）生出太极，太极内在的阴阳对立运动而形成四种力量，四种力量的不同结构，组合而成八种性质的现象，八种性质的力量、现象与自然或社会力量进行交错组合，进而形成了万物。道是中国文化各学派的共同理论源头。中国古代将外在的世界分为八类，称为八卦（挂）：天、地、日（火）、月（水）、风（气、木）、雷（电）、山（土）、泽（海），表示这是天地间事物本相外现的最大的八个本质特征，是内在的本相和实相的外在表现（外相，泡影），反映的是本质的运动规律（见图31）。这是一分为二、对立统一、循环往复、不断进步的"格物"方法，据说是现代数学与现代计算机科学的思想来源。

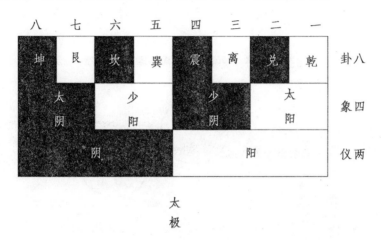

图31 中华文化的格物逻辑

　　古代印度将生命体分为胎、卵、湿、化四类，也力求理清客观世界的结构及其发展规律，从而为人类自己与外在世界、社会关系方面进行自我定位。古希腊不同的哲学家分别以火、水、数、原子等角度把握认识世界的本原（见图32、33）。

　　上古圣贤之所以要对世界进行"格物"，是因为只有将人类与自然的关系搞清楚，人类才能在宇宙大格局中做出真正的自我定位，不再坚持"与天斗、与地斗"的思想，而是发挥"天人合一"，圆融世界，产生与世界宇宙"同呼吸共命运"的智慧。因此，只有人明知自己是宇宙的组成部分而不是独立于宇宙之外的时候，当俯仰天地的时候，我们的心才能够不再发出自大的狂想，才会正确地认识到人与自然界的相融性，无论是与无

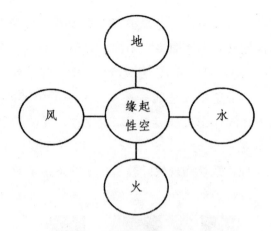

图 32　印度文化的格物逻辑

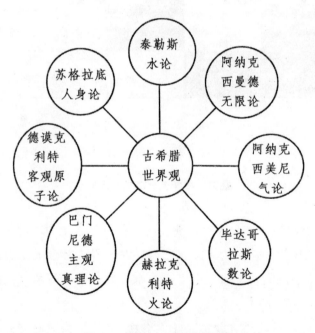

图 33　希腊文化的格物逻辑

情众生还是动物界，都是与人类的命运息息相关者。如果按照现代全息论或者系统论的观点，人类与世界万物是部分与整体的关系，人类是万物生息循环过程中的环节之一。

　　因此，按照现代结构主义的理解，中国古典的《易经》理论，是时空四维与当事人的情景结合形成的五维结构下的相互关系，因此《易经》的道理超越了一般人的三维空间思维惯性。事实上，《易经》的道理指的是在一定时空条件下，当事者如何进行内在修养、如何对待自己的定位、如何对待上下左右的相互作用关系，如何在特定的时空背景和时空结构中采取适当的操作，化不利因素为有利因素，充分利用乘、承、应、比及错、综、复、杂的八大关系，寻找出避凶趋吉的正确对策。

　　因此，借用现代哲学的术语，《易经》理论是古典的辩证唯物论，既讲求对客观条件的承认，又强调人的主观能动性，特别是对时间、对空间及对当事者的心态和道德要求，全面反映了古代哲学思考的全息性、系统性、共时性、因果性，但又将精神领域中的场态概念、情景概念引入，事实上将人与客观之物的定位与人对自己心灵的定位进行了辩证统一。因此，人类面对的客观之物，不仅有如灿烂星空般宏大，也有如道德律令般的空灵。格物是对外在的客观事物与内在心中之物之间相互关系的正确认识。

　　王阳明的心学认为，"心""物"事实上是统一的，如果心中物欲与天理相通，则心中的思想结构就会与宇宙的规律相通。只有思想到如此境界，我们才能发扬出新的与自然和谐、与自然友好的经济学：经济学不仅是最少消耗而最大收益的学问，更是尽量在与自然友好基础上远离自然而又亲近自然的学问，当心态与自然相通时，经济学将发展成为无限经济学。① 自然所以自然者，不需要人类去保护，因为人类一旦产生"保护自然"的妄想，就会在主观美好的基础上做出伤害自然的动作，要去除人类的妄想，首先要"格"去心中之物欲。

　　在这里，中国古典哲学与现代环保经济学、古代圣贤与低碳经济学进行了"现场"对话。因此，"格物"，就是让当下的人们客观地认识自然规律，认识到自然之"道理"是人力无法改变的，面对自然力量，人类只能

---

　　① 罗奇格西在《当和尚遇到钻石》中提出了"财富之源，无限经济"的概念。无身、无相、无限施舍，人类才能在经济活动中创造财富，才会健康地获得财富，从而有意义地运用财富。

服从与顺从之。只有当人类认识到顺从自然是最好地利用自然时，自然的力量就会自然为人类服务，也即自然的力量成为人类生命质量提高的推动力，如此，人类从此不再是自然物的奴隶，而是与自然进行理论、心灵交流的好朋友。

在现实生活中，萝卜白菜各有所爱，人们获得"心物一元"的境界各有不同。比如鲜花与牛粪，好像是蒙太奇的组合。我们经常听人说，一朵鲜花插到牛粪上了，其实这是没有吃到葡萄者的心理不平衡之故。酸酸的文人所谓的鲜花与牛粪论，多半是闲着没有事情干的无病呻吟。因为按照我们老祖宗的说法，万物都有其生长的道理，鲜花与牛粪放在一起可能是一种怪的现象，但不无道理：鲜花就是依靠牛粪的滋养，才活得鲜艳。如果有人单纯看到牛粪的恶心，就是以主观的看法代替了鲜花的实际需要，有点为花做主的矫情，就会生出善恶二元论来的。

因此之故，20世纪80年代，经常在校园里看到一些不甚英俊的男生（类比牛粪），可以从容挽起美女同学（类比鲜花）并招摇于校园。这可急坏了一些教条主义的学习尖子，觉得这世界变化太快，怎么美女不喜欢帅哥哥了呢？事实是，一些所谓的帅哥哥脸面太薄，连营销自己优点的胆量都没有，结果呢，让别人占了先。因为这些所谓的帅哥哥与才子，根本不如"厚脸皮"的小伙子有竞争力，后者更容易赢得美女芳心。因此，美女们都喜欢上了猪哥哥，能力特别强的孙悟空先生因为脸皮特别薄，可能还每年过光棍节呢。在现实世界中，各种组合，看起来可能匪夷所思，事实上都可能包含了其存在的理由。由于观察者的视角不同，因此就会有不同的结论。一旦群体情绪生起的时候，往往就是"真理"形成之际，鲜花论与牛粪论就可能形成对立的两派，但他们忘记了，无论鲜花还是牛粪，不过是人类思维"种子"的不同表现形式而已。在本质上万物平等、众生平等，如果想到这点，我们就不会将简单的问题复杂化，搞得人心惶惶。

如果我们回归世界的本质进行讨论，生活就会简单，简单才能从容，简单才不为俗事所缠身。"至简至易"，才能直达人生本来面目，因为只要有人将简单的事情复杂化，要么是没有搞懂事情的真相，要么是故意为之、另有目的。如果有人说"这个人很复杂"，往往是贬义的，因为这个人很可能喜欢无事生非，搞得大家不爽。

有个大科学家曾经说过，真理或者事物的本来面目是极其简单的，如果没有掌握其规律，外行人看来是很复杂的。现象杂乱无章，但是，如果透过现象看本质，就能发现影响控制事物运动发展规律的最基本或最主要的力量。因为在自然界，事物运动的力量只是按其本来面目自然而然地运行，这些运动在不同的时空条件下，通过内在的、外在的力量组合，产生不同的现象或者结果。

《心经》上曾经说，"色不异空，空不异色；色即是空，空即是色"，如果翻译成现代汉语，用接近其原来意思的话表达就是：物质离不开能量，能量也离不开物质；物质即是能量的表现形式，能量也是物质的表现形式。20世纪初，有个大科学家爱因斯坦，好家伙，只是用 $E = MC^2$ 这样一个公式，就把原来看起来似是而非的佛教语言进行了现代化的表述，大家一下子大彻大悟，原来物质与能量间是可以这样"简单"地转换的。这一转换可不得了，因为它在转换过程中发明了原子弹，从而改变了人类历史进程，因为日本人知道，再玩"大东亚共荣"的复杂谎言，只能将其命运"复杂"化。

因此，我们知道了"简单生活"是极高的自我要求，这种要求或者自诩只有经历了人生的丰富多彩的生活后，才能以平淡之心来对自己进行自我修正，即淡泊中明了自己的人生之志，这又与诸葛亮先生有联系了。因此，平淡不平淡，简单不简单。因为我们永远生活在相互联系、相互作用的关系"网"中，即使是平淡，即使是超脱，但总是要么与古人联系起来，要么与现代人联系起来。既然如此，我们不妨在平淡中构筑富有生命力与创造力的关系，按马克思的说法，人的本质是各种社会关系的总和，无论是齐家，还是古代儒家自诩的"治国"、"平天下"，都是"简简单单才是真"的最好体现。因为只有简单地生活，我们才可能最接近自然的状态，这时也可能是我们最安心的时候。比如，如果投资者选择的公司盈利模式简单、稳定、可以自我复制，就容易最好地利用资源，以最低的管理成本、最快速地占有市场并能够享受政策带来的最大的好处，投资者也会在享受简单中安心地发财。

"知至"：塑造真理力量

"知至"即知识与真理同一，知识直达本相、真相、实相的状态。人的正确认识是从哪里来的？毛泽东说："人的正确思想，只能从社会实践中来，只能从生产斗争、阶级斗争和科学实验这三项实践中来"①，"人们的社会存在，决定人们的思想"，"正确思想，一旦被群众掌握，就会变成改造社会、改造世界的物质力量"，"一个正确的认识，往往需要经过由物质到精神、由精神到物质，即由实践到认识、由认识到实践这样多次的反复，才能够完成。这就是马克思辩证唯物论的认识论。"毛泽东在此讲的是《大学》特别是成年人的认识，而不是讲人类从出生开始的所有认识。有人说，人类面对客观世界的认识存在下列三种情况：一是生而知至，二是学而知至，三是格物知至。

"生而知至"之知，是超越实践经验的先天"能知"之知，因为万事万物的规律，是外延后的客观对象、是体用的关系，但仍然是整体的不同侧面，无法区别。所谓同理心、所谓恻隐之心，都是"民物吾胞"的前提下的推理结论。

毛泽东说："无数客观外界的现象通过人的眼、耳、鼻、舌、身这五个官能反映到自己的头脑中来，开始是感性认识。"如果刚刚出生的婴儿，连眼睛也没有睁开，无法通过五个官能来感性认识世界，何来一出生就想吃奶并有寻找奶头的感性认识？这是生而知之的本能还是人类天生的潜意识作用？根据精神分析理论和潜意识的研究，人类共同体事实上存在一个集体潜意识，这种潜意识可以通过代代相传，平时深藏于意识深处，但在后天理性去除后就会浮上意识层面。

因此，《心经》中对于人类对外在的主观认识分为"眼、耳、鼻、舌、身、意"这六个层面进行分析，其对应的认识对象是"色、声、香、味、

---

① 人类至今还无法用科学解释"不出门知天下"及"生而知之"等神秘现象，因为直觉等认知能力非后天培养和"三项实践"中来。

触、法"。在佛教概念中，"法"是事物的现象、规律、本质、真相、实相、理论、意念、观点、规范的统称，能够把握"法"者，只有人类的意识和潜意识的统一。如果没有集体潜意识和个体潜意识的作用，婴儿就不会直觉把握吃奶之事；如果没有潜意识的作用，成人也不可能直觉或者有灵感地把握对于外在事物的实相。所谓顿悟而成道或者得道，就是当事者放下对外在事物表面现象的执著直达事物本质从而掌握宇宙人生真理的现象。真正的生而知之者，是对于外在事物的天生本相的直觉把握，否则后天学习越多，可能离真理越远。① 这种生而知之的现象，是否科学，还得靠实验去检验。

　　唯识学认为，人类认识的最终目的在转识成智、转舍世俗的心识，成就超越的智慧。在唯识学中，"识"的最大特色是它的能变功能。识变的终极依据是蕴含善恶一切法种子的"阿赖耶识"，此识是能变的本体。种子凝聚万法，呈潜在状态；万法体现种子，是种子的现行。转识成智要具备两个条件：一是必须具有"智"的种子，具备成佛的先验本性；二是必须有缘得到佛法的正闻熏习，以确保本性的实现。转前五识为成所作智，转第六识为妙观察智，转第七识为平等性智，转第八识为大圆镜智。上述唯识学有关理论是否有道理，需要行者的修持，笔者不作评价，只是为对照儒、佛对于"致知"的理念和操作方案不同而提供参考"资料"，方便大家比较（见图34）。

　　道家在论述其"致知"的讲法中，以《道德经》的描述最为"形象"："有物混成，先天地生，寂兮寥兮，独立而不改，周行而不殆，可以为天下母。吾不知其名，字之曰道，强为之名曰大。大曰逝，逝曰远，远曰反。故道大、天大、地大、人亦大。域中有四大，而人居其一焉。人法地，地法天，天法道，道法自然。"（见图35）为了描述清楚道的知，老子具象地为我们进行了"情景模拟"："孔德之容，惟道是从。道之为物，惟恍惟惚。惚兮恍兮，其中有象；恍兮惚兮，其中有物；窈兮冥兮，其中有精；其精甚真，其中有信。自古及今，其名不去，以阅众甫。吾何以知众

―――――――――

① "为学日益，为道日损。"《道德经》，第四十八章。

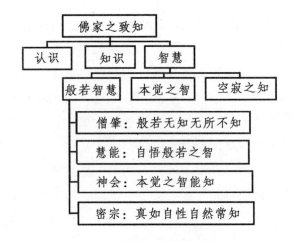

图 34　佛教致知结构与历史发展

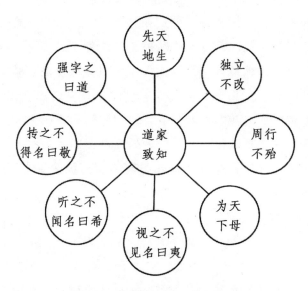

图 35　道教致知的力量结构

甫之状哉！"（图 36）这是一种十分宏大又精微的形象描述，已经达到当时人类形象思维的极限，是一种具象掌握客观世界的"情景模拟"法。道家非常讲究人在宇宙中的定位，认为人是宇宙意志的产物，同时，人也为宇宙的存在生出意义，这种意义基于人与自然的相通思想。

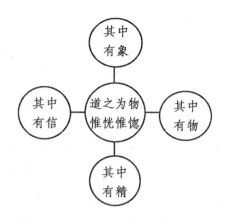

图 36　道教致知力量结构

老子认为，要做百姓的学生，向群众学习，不要认为自己有多聪明，要深入群体，但不干扰百姓的生活与工作："道冲，而用之或不盈。渊兮，似万物之宗。挫其锐，解其纷，和其光，同其尘。湛兮，似或存。吾不知谁之子，象帝之先。载营魄抱一，能无离乎？专气致柔，能如婴儿乎？涤除玄览，能无疵乎？爱国治民，能无为乎？天门开阖，能为雌乎？明白四达，能无知乎。"

同时，为达成"致知"的目标，老子又提出换位思考与谦虚态度，为内圣外王的"独门武器"："知其雄，守其雌，为天下溪。为天下溪，常德不离，复归于婴儿。知其白，守其黑，为天下式。为天下式，常德不忒，复归于无极。知其荣，守其辱，为天下谷。为天下谷，常德乃足，复归于朴。朴散则为器，圣人用之则为官长。故大制不割。"用现代语言讲，老子确实是现代行为金融的开山祖师。

道家是从宇观对人进行定位而致知再将致知的世界深入到微观，儒家则从人性中启发进而引申到宇宙大格局中。子思认为，"致知"就是穷究人与物的本性，他在《中庸》中说："能尽人之性，则能尽物之性；能尽物之性，则可以赞天地之化育；可以赞天地之化育，则可以与天地参矣。"因此，尽人与物之性（本质与规律），才能真正在"格物"条件下"知至"，并弥补天地化育中不利于人类的"漏洞"，只有人类与天地进行能量互换（赞），才能与天地并同（参），在天地间获得一席位，儒家天、地、人三才之说才符合逻辑。但尽人与物之性的前提却是当事者的至诚，也即中正、贞吉行事，只有至诚，才能心物一元，才能物我两忘，才能达到《易经》"穷理"、"尽性"、"以至于命"的境界或者目标；到达"穷理"、"尽性"、"以至于命"的境界后，则"范围天地之化而不为过，曲成万物而不遗"，才不会出现"战天斗地"①的妄想，从而达到老子的"不出门、知天下"直觉认识世界之心法，才能达到《易经》中"显诸仁，藏诸用，鼓万物而不与圣人同忧，盛德大业至矣哉"，"富有之谓大业，日新之谓盛德"的境界。这里充分表达了"君子爱财，取之以道"，只有"知至"而达道（尽性达命），即能够通达人类之性、通达万物之性，君子才能乐天知命，才能在富有基础上完成盛德的大业（见图37）。

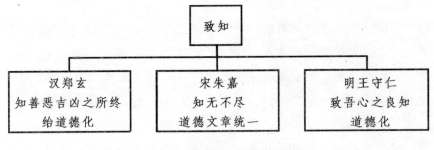

图 37　儒家致知力量结构

"意诚"：塑造人格力量

"意诚"也指个体内在精神放射于自然、家庭、社会关系时，无不"慎独"，无不可与人言说。

未来世界的出路是主客体的融和统一，用通俗的讲法，就是环境友好。虽然人类在20世纪初就高喊"地球是我们的母亲"②，但人类对待地球母亲的方式，在西方工业革命以来太不守孝道：要么乱挖母亲体内的营

---

① 2009年11月，立冬后北京暴雪并出现"冬雷滚滚"的异相，这可能是人工降雨特别是为了保证一些节日顺利度过而干扰自然天气的结果。

② 郭沫若：《地球，我的母亲！》，见《女神》，人民文学出版社，2000。

养物质如矿产、石油，要么乱开垦母亲身上的土地，要么乱伐母亲身上的森林，要么向母亲身体上排放污染物质，如此等等，不一而足。事实上，这是在资本主义制度下"商品拜物教"引导人类自我异化为物质奴隶的结果。人类将自己等同于物，以最小成本获取最大的物质利益为前提，将地球视同可以任意掠夺的对象物。因此，资本为了自我增值，一国资源不足，则通过远洋征服，开拓殖民地，将资本的自我增值原则扩展到全球。

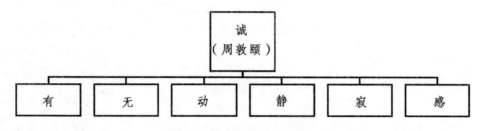

图38　儒家的意诚力量结构

儒家认为，"诚"表现为"有"与"无"、"动"与"静"、"寂"与"感"的统一（见图38）。子思在《中庸》中进而推论道："至诚无息，无息则久，久则征，征则悠远，悠远则博厚，博厚则高明。博厚，所以载物也；高明，所以覆物也；悠久，所以成物也。博厚配地，高明配天，悠久无疆。如此者，不见而章，不动而变，无为而成。天地之道，可一言而尽也。"子思在《中庸》中认为："博学"、"审问"、"慎思"、"明辨"、"笃行"是儒家达成诚意的路线图。因此，诚意者，感天动地，不自欺欺人，内在心灵包容自然、家庭和社会，内在的精神与意识，无不外在表露，"相由心生"，诚于中者形于外。中国儒者将人类意诚概括为"亲亲、仁民、爱物"，印度佛教称为"慈悲"、西方基督教称为"博爱"，因此，古今中外的文化，如果统一于"意诚"基础上看，就是对物与对己都一样，对人与对自己都一样，要"老吾老以及人之老，幼吾幼以及人之幼"地体悟，"人溺我溺"地感同身受。

子思《中庸》中说："唯天下至诚，为能尽其性；能尽其性，则能尽人之性；能尽人之性，则能尽物之性；能尽物之性，则可以赞天地之化育；可以赞天地之化育，则可以与天地参矣。"因为，"唯天下至诚，为能经纶天下之大经，立天下之大本，知天地之化育"，意诚不仅可以格物致知，还可以尽人性而达成赞助（弥补）天地人生的不足，因为"意诚"既是知"周乎万物而道济天下"的结果，也是"尽性命"掌握客观世界与主观认识规律的前提，还是提前预知并处理当事者面对外在与内在错综复杂关系时正确定位的前提。因为，"诚则形，形则著，著则明，明则动，动则变，变则化。唯天下至诚为能化。至诚之道，可以前知"。

下面是 2009 年元宵节笔者收到的很有禅味的短信，有些诚意的味道，大家不妨读一读：

> 幸福总与宽厚相伴，
> 财富总与诚信相伴，
> 智慧总与高尚相伴，
> 成功总与勤奋相伴，
> 健康总与舒心相伴。

看来，起草短信的人精通融通了佛儒学说，他将人生的幸福与成功，与儒家的仁、义、礼、智、信对应。有句台词，叫"做人要厚道"。人若狡猾，也不会幸福，因为生命中的恶念生起，必然恶有恶报。故而孔夫子看待人生，首先是讲究人生天地间如何格物，明了自然之道理，遵守自然规律，将人伦与天道相合，正心必与诚意结合起来，人生在行藏进退时，先要建立心与身的"根据地"，这个根据地由仁义、正义、礼仪、智慧、诚信组成。只有根据地稳固了，人才能慎独，才能己所不欲、勿施于人，即厚道待人、忠恕待人、诚信待人。

我们相信，高尚者有高尚的丰碑，卑鄙者有卑鄙的地狱。"虚空有尽，我愿无穷"，这是圣严法师的遗言。我愿是什么？诚意祝愿众生幸福，如是精神，即为菩萨心肠。

"富润屋，德润身"，君子诚其意者，正如"比天空更宽阔的是人的胸怀"一样，由于物我两忘，其意识已经处于天人合一状态，对自己、对社会、对自然无不真诚。由于主观精神与客观存在已经融会贯通，其心亦正而贞。因此，意识真诚，为中庸、为中和、为中正，因为中正而贞吉，无往不利。

在这里，我们看到内在精神高尚与外在的利益博弈的正当关系，即当个体以中正无私之诚实心意去行动时，其结果将为"和气生财"。因此，中国历史上有儒商之说，即商如义而行即为儒，儒取利行义即为商。商量商量，从商者要量力而行，这个力，既有内在的道德和精神力量，也有外在的物质力量。如果联系到2008年的金融危机，美国投资银行的商人同时违背了从商的基本标准即道德与物质标准。美国的投资银行家为了其奖励最大化，一是放大杠杆进行投机动作，二是开发根本没有物质保障的"衍生品"，三是引诱根本没有还贷能力的劳工阶层购买次级贷款。这样，美国精明的投资银行家就躲避了商业银行的有关"约束机制"。同时，美联储放纵投资银行以暴利为目标将风险转让给国家、社会的做法，变相成为金融危机的帮凶。按照"正心"和"诚意"的标准，违背标准者，必然会受到标准的惩罚。美国被迫放弃以G8为杠杆统治世界的图式，代以有新兴国家参与的G20的平台。新兴国家之所以获得"管理"世界的席位，与新兴国家多以诚实的劳动获得经济增长相关。G20的横空出世，不仅是金融危机下美国相对力量衰退的标志，也是美国精英阶层违背"正心"和"诚意"为标志的"职业道德"负面力量反作用的结果，① 当然这个世界主要经济体的联合协调管理平台也是对如中国这样以诚实劳动为荣、以节约为荣的国家美德的奖励。

"心正"：塑造精神力量

意诚必"心正"。"心正"是指主观无物无欲下，内在心理、精神与身体的协调，人的身心与外在世界的协调与和谐状态。在《金刚经》中，须

---

① 按现代国际政论家恩道尔的说法，以美国为首的国际资本正通过美元、粮食、石油在操纵世界经济。最近又以转基因粮食和流感疫苗来"消灭"亚非等第三世界人口。

菩提问：如何降伏纷乱的心？如何安住不安的心？释迦牟尼回答的是：要无相布施，即亲民为老百姓做好事谋利益而不是为了得到表扬，不是为了自己的功德，不是为了自己的名位利禄，否则，就会没有功德，也即行慈善就行慈善，不能为了个人的目的而为。① 只有这种无我即无私心的布施（现称为慈善行为），才是真正意义上的慈善。上海曾经出现过一个大慈善家，向慈善机构赠予许多钱物，后来他出事后，才知道，他的慈善行为是一种商业利益的算计，为的是通过慈善行为搞定一些高层关系，获得银行信贷和优惠项目，从而实现暴利，因此，这种行为具备了欺世盗名的性质，结果就不会好。

唯识宗认为，"三界唯心，万法唯识"。神秀和尚认为："身是菩提树，心如明镜台。时时勤拂拭，勿使惹尘埃。"慧能好像更高层次的"安心"而"正心"："菩提本无树，明镜亦非台。本来无一物，何处惹尘埃。"

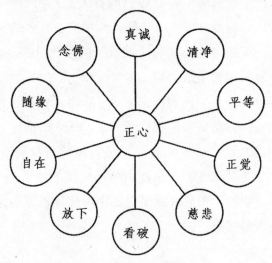

图39 佛教正心力量结构

---

① 梁武帝与达摩祖师之间有如是问答。梁武帝："朕即位以来，造寺写经，度僧不可胜记，有何功德？"达摩："并无功德。"梁武帝又问："何以无功德？"达摩："此但人天小果，有漏之因，如影随形，虽有非实。"梁武帝："如何是真功德？"达摩："净智妙圆，体自空寂，如是功德，不以世求。"梁武帝："如何是圣谛第一义？"达摩："廓然无圣。"梁武帝："对朕者谁？"达摩："不识。"

"正心"的本质是通过戒定慧的修持，达成去除贪、嗔、痴三大毒。如果还无法达到目标，就得通过"真诚、清净、平等、正觉、慈悲；看破、放下、自在、随缘、念佛"的系统训练，让"心"回归到其本来的"家"（见图39）。

《道德经》中，老子提出"圣人无常（恒）心，以百姓心为心"的著名观点。"正心"的标准是想老百姓之所想，为亲民者、修身者提出了去除我执，而以最广大人民群体的利益为心理行为方向的原则。因此，老子的正心观，就类似于群众观点，即从群众中来，到群众中去，尊重广大群众对利益的诉求，以群体最关心的利益为施政的方向（见图40）。

图40　道教心正力量结构

我们的祖宗大禹确实对人心能否保持纯正，心中没有把握。《大禹谟》："人心惟危，道心惟微；惟精唯一，允执厥中。"孟子似乎比较乐观，他认为："恻隐之心，仁之端也；羞恶之心，义之端也；辞让之心，礼之端也；是非之心，智之端也。人之有是四端也，犹其有四体也。"将人之仁义礼智与内心世界联系起来，从而建立了修身首先要修心的逻辑体系。由于人之四心是先天而存在的，故而从内心世界善良本性出发，"亲民"必然要行善政（见图41）。

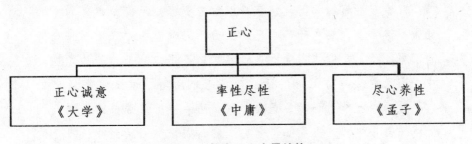

图41　儒家正心力量结构

  陆九渊利用"天人合一"理念，提出"心即理"，万事万物皆由心而生发，"四方上下曰宇，古往今来曰宙，宇宙便是吾心，吾心便是宇宙"。陆九渊的"明心"既是格物致知，也是尊德性，学习既是增进知识，更是为了明德致善，人心即道源。正心即是明德、亲民、至善的基础。

  王阳明是心学的集大成者，他认为"良知"是心之本体，"无善无恶"就是没有被私心物欲遮蔽的心。心在未发之前，不可以善恶分，故无善无恶；当人们产生意念活动的时候，把这种意念加在事物上，这种意念就有了好恶、善恶的差别，可以说是"已发"，事物就有中和不中，即符合天理和不符合天理，中者善，不中者恶；良知虽然无善无恶，但却先天自在地知善知恶，这是知的本体；一切学问、修养归结到一点，就是要为善去恶，即以良知为标准，按照自己的良知去行动。

  因此，以"好"的心态和视角去看待群众的利益，就会发现别人的好的思想、行为与语言，因为每个人都可能存在善良的意念，无论是对自己、对家人、对单位、对国家还是社会。发现它、发扬它、尊重它，好心态就会发光，好心态就会成为人际关系的生产力。唯识宗说，一切唯心造，可能在处理人际关系时，确实有道理。因为不同的"心镜"就会照出不同的人生或事物镜像，好的心态就会遇到好人与好事。正如《当和尚遇到钻石》中罗奇格西说的，财运是为宽宏大量者提供的，不会给小肚鸡肠、斤斤计较的人提供太多机会，因为后者的心理边界太小，自己心里搞得太窄了，时时事事都要与人争个明白，想的是个人利益至上。

  凤凰网上"一日禅"的话，是对正心的很好注解：

  凡事多看好的一面，就容易理解与宽容，不仅能减轻对方的痛苦，事实上，是在升华自己。因为，用嗔怒的心来面对一切的人、事、物，我们的人生也将时时忿忿不平，陷于琐屑的烦恼之中，因为别人一句无心的话，却多心地曲解。过度保护自己的人，就像自己拿了好多条绳索绑住自己一样，常常扭曲了别人的用意，自寻烦恼。当我们包容别人的时候，我们反而能得真正的快乐。当我们自己的心窗纤尘不染时，理智的阳光就会驱散心头的晦暗，只要我们愿意朝向阳光，阴影自然就落在身后。

因此，儒家的"正心"就是努力使自己不安的心回到无善无恶的空灵状态，将私心杂念重新去除，心灵才能重新回到无善无恶的状态，才能有正确的良知，才能正确地格物即认识客观规律。只要"格物致知"达到无私心杂念，心中的"理"其实也就是世间万物的理。心中有天理、无私心，就有规矩丈量世间万物的方与圆，"亲民"之道就有正确的规范，因为天理自在人心。由于儒家学说经常是有学说而无可以操作的方案，如果内功不逮，往往流于口号而无法实践，这也是每个朝代腐败逐步强化与流行的原因之一。

如果将"正心"的修炼应用到投资领域，就是主事者不仅自己想什么、做什么，而且要先将自己从利益格局中拔出来，观察、考察、思想其他四方利益相关者的想法，从中找出多赢的策略与方案。这又是我们在力量模型中构建的新行为金融学的思想，这一思想的成功运用，还得与当时的市场情况结合，找出估值便宜、具备增长潜力的公司与股票。

"身修"：塑造情感力量

佛家讲究以"八正道"即从文化道德层面来修身："正见、正思维、正语、正业、正命、正精进、正念、正定"，在此基础上，西藏的密宗从技术层面提出了对肉体进行修炼的方法。

老子在《道德经》中强调，不要为身外之物损害自己的健康，身外之物包括名声、地位、金钱甚至面子。如果为身外之物牵挂而损害身体，老子认为太不值得。因此，他反复警示我们："名与身孰亲？生与财孰重？得与亡孰害？知足然不辱，甚惜必大损，多藏必厚失（亡）。知止则不殆，由此保长久。"因此，老子讲究以守静养生，类似于有人开玩笑说的"乌龟养生法"："致虚极守静笃。万物并作，吾以观复。夫物芸芸，各复归其根。归根曰静，是谓复命；复命曰常，知常曰明。不知常，妄作凶。知常容，容乃公，公乃全，全乃天，天乃道，道乃久，没身不殆。"这种守静养生法，基本上是以心理活动调节身体的功能、强化身体功能的力量而恢复健康的方法，所谓的"虚极"类似于"无极"状态，佛家定义之为"空"，是物质与能量高度统一的状态，即英国伟大科学家霍金所说的宇宙时空开始爆炸前的"奇点"。

　　为了做到这一点，老子反对人们向外追求物质享受而放弃内心的安静。因为过分的物质追求，也无法满足人心的虚空，"人心不足蛇吞象"。为此，老子在《道德经》中开始以过来人的口气教训我们："五色令人盲目，五音令人耳聋，五味令人口爽；驰骋畋猎，令人心发狂；难得之货令人行妨。是以，圣人为腹不为目，故去彼取此。"老子反复要求的是，我们不要为外在的物质利益所诱惑，要回归内心（丹田、脐轮）的宁静，修心养身（见图42）。

图42　道教修身力量结构

　　儒家认为"守静"、"存养"、"自省"、"定性"、"治心"、"慎独"、"主敬"、"谨言"、"致诚"是内心修炼与言行修炼的统一，将其作为"身修"的基本训练课目（见图43）。因此，"身修"是在自己的"身所能及"的范围内对家庭进行奉献，而这种奉献是建立于意诚与"心正"的基础上。《中庸》说："为政在人，取人以身，修身以道，修道以仁。仁者人也，亲亲为大；义者宜也，尊贤为大。亲亲之杀，尊贤之等，礼所生也。在下位不获乎上，民不可得而治矣！故君子不可以不修身；思修身，不可以不事亲；思事亲，不可以不知人，思知人，不可以不知天。"因此，"身修"与"家齐"已经不是个体"面壁"悟道的问题，而是面对一个社会模型与社会细胞如何处理彼此关系的问题。家庭关系首先是基于情感基础上的社会关系，社会关系所遵从的是奉献原则。因为家庭是由情爱而产生，情爱是非理性的冲动与奉献的内在需要的结果。因此，建立于家庭的基本原则是温情脉脉的爱情与心甘情愿的奉献原则，而非冰冷的经济学利益算计原则，如果将建立于奉献为基础的"修身"与利益交换为原则的商业关系混淆，就会出问题。

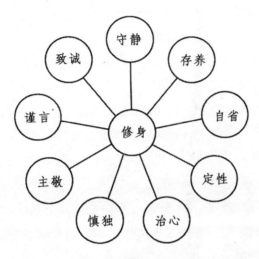

图 43　儒家修身力量结构

前面我们提到的陈毅给子女的诗："手莫伸，伸手必被捉。"其以慈父心肠劝诫子女做人要从"修身"开始。如果相反地为家庭的私利作"奉献"，即以权谋私，就可能成为《大学》的反面教材。古代中国讲究孝道，君子齐家，如果家长有错甚至犯罪，也不能进行举报。这是建立于封建宗法基础上的以私废公的典型表现。因此，建立于情爱基础上的修身，要以"正"和"贞"为原则，而不是以私利为原则。因此，在修身基础上的齐家，是建立在道德基础上、尊重社会规范的"家齐"。只有在此基础上家齐并进行简单再生产和扩大再生产的家庭、家族，对外才能形成消费力量、储蓄力量及投资力量等正面的力量，我们可以将其概括为居民资本的力量（因为消费是劳动力的扩大再生产的前提条件）。如果不是这样，就可能成为国家财富外逃的力量，当今一些腐败现象，就是"裸官"以家庭为平台将国家财富转移到国外的。

"身修"一方面讲究道德问题，另一方面得讲究健康问题，健康往往与是否讲道德相关，合乎道德的生活，是合乎天地之道的。在中国古代，凡是大儒者、大道者、大佛家都是通达医学者。因此修身既有情感、道德层面，也有肉体生理健康的要求。

子思在《中庸》中认为，喜怒哀乐之未发时，人的内在处于中和状态，心里宁静而安乐。君子"尊德性而道学问，致广大而尽精微，极高明而道中庸"，在这样的人生境界中，就不会为外来的邪气所侵害。儒家认为，如果能够修身于社会实践，类似于禅宗的吃饭睡觉中悟道一样，将自己的事业扩展成与众生幸福相关联，不是为一己而生活与奋斗，心情就会宁静。孔夫子在《论语》中直接教导他的学生们，做身体好、学习好、品德好的"三好生"，要善于分析风险与收益的关系，否则即使发财，也是以身发财，是牺牲自己的健康、品德、地位为前提的发财。他的原话是："笃信好学，守死善道。危邦不入，乱邦不居，天下有道则见，无道则隐。邦有道，贫且贱焉，耻也。邦无道，富且贵焉，耻也。"中国在清末民国时期，是邦无道的时期，有些人求富贵，但却是鸡飞蛋打，国民党"四大家族"就是典型的例子。

个体养生不仅与道德相关，还与自己的本分相关。孔子曰："不在其位，不谋其政。"儒者认为养身，先要正确认识自己生命的客观位置，在不同的位置，就做好相应的工作，保持正常的心理状态，保持革命的本色不变，等待最有利时机出现。我们因此看到，儒家之静，是待机而动的准备工作，是为亲民的前期的准备工作。

为此，儒家的曾子在《大学》以修身为中介，向内求证自己的心灵（正心）、意志（诚意），并以绝对真理为武装（格物而致知），从而打造出一个丰满而身心健康、智能发达的个体。个体生命的意义，不仅是自觉、自悟、自立，而是发扬光大自己的聪明才智，去养家而正风气，去治国而惠民众，去平天下而让众生得太平。

"家齐"：塑造道德力量

佛家作为出家人的愿望是天下家庭和睦，但人生存在于贪、嗔、痴、慢、疑五毒环境中，要实现"家齐"，佛家的解决方案是排除五毒（见图44）。慧能大师说："若欲修行，在家亦得，不由在寺。"他在《无相颂》中提出："心平何劳持戒？行直何用修禅？恩则孝养父母，义则上下相怜。"由此将"出家"与"在家"统一起来，将佛学中国化，与儒家的孝道相联系，并将齐家定位在"心平"、在"意诚"，从而与《大学》之道联结。如果说王阳明的心学是吸收佛学禅宗思想而实现儒学新生，但禅宗却是首先吸收了中国儒家孝悌思想而将佛学中国化的。

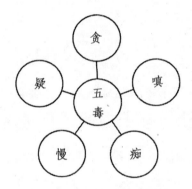

图44 佛教齐家的力量结构

宋仁宗时道士蓝方把儒家的孝、信、谨、睦等信条作为道教内修功行的根本（见图45），也是道家有关齐家的"四项基本原则"。老子将家国天下相联结，他在《道德经》中说："修之于身，其德乃真；修之于家，其德乃馀；修之于乡，其德乃长；修之于邦，其德乃丰；修之于天下，其德乃普。故以身观身，以家观家，以乡观乡，以邦观邦，以天下观天下。"在儒道尚没有正式分家的周朝，老子认为齐家关乎天下的道德标准，也是治国平天下的基础与起点。

儒家认为，"家齐"是指情感道德协调基础上有家庭的和乐。家和万

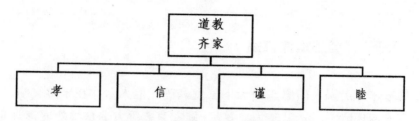

图45 道教齐家的力量结构

事兴，齐家是事业或者亲民的前提。《诗》曰："妻子好合，如鼓瑟琴。兄弟既翕，和乐且耽。宜尔室家，乐尔妻帑。"《易传》指出："有天地，然后有万物；有万物，然后有男女；有男女，然后有夫妇；有夫妇，然后有父子；有父子，然后有君臣；有君臣，然后有上下；有上下，然后礼义有所错。"将齐家定位于天地与君臣礼仪关系的中间环节，是自然与社会交错运动的联结点，起到承上启下的作用，是个人进入社会、遵守社会规范礼仪的前提。父慈子孝、兄友弟恭、夫义妇爱，这是儒家实现齐家的六正道，也是一个社会能否树立正气的根据地（见图46）。

由此，我们发现，齐家要由心诚而发生，齐家是自然与社会交错运动中的交集处，齐家是亲民、是治国、是平天下的起点站。

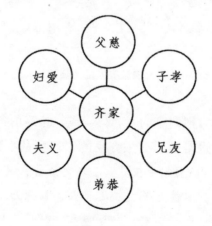

图46 儒家齐家的力量结构

"国治"：塑造政策力量

佛家在治国方面提出了五戒十善之策略。五戒为："不杀、不盗、不邪淫、不妄语、不饮酒。"十善为："不杀、不盗、不淫、不恶口、不绮语、不两舌、不妄语、不贪、不嗔、不痴。"由于治国不是后世佛家的"特长"，我们就此打住，不再展开（见图47）。

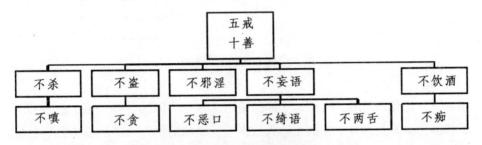

图47　佛教治国的力量结构

从历史上看，道家在拨乱反正方面，是"治国"高手。在治平时期，道家主张无为而治，发挥社会自组织的功能，因此，老子在《道德经》中提出下列思想，就是治国名言："不尚贤，使民不争；不贵难得之货，使民不为盗；不见可欲，使民心不乱。是以圣人之治也，虚其心，实其腹，弱其志，强其骨。恒使民无知无欲。使夫智者不敢为也。为无为，则无不治矣。"老子反对人为改变社会发展规律，要求统治者装傻，充分调动群众自组织的力量，调动群众，发动群众自我致富："绝圣弃智，民利百倍；绝仁弃义，民复孝慈；绝巧弃利，盗贼无有"，"见素抱朴，少私寡欲，绝学无忧。无为而治，休养生息，以民为本。"（见图48）

儒家认为，治理国家需要包括法律制度建设、道德文化建设，主要指国家资本力量的动作制度与动作规范的系统化。"国治"是指情感、道德、法律和谐协调与经济稳定发展的社会境况。"国治"范围在《大学》时代仅仅指当时的诸侯国，而非如今的民族国家共同体。"国治"，在《大学》中将作为个体修养、家庭文明基础上的"简单"复制与结构外延。古代人讲究孝子

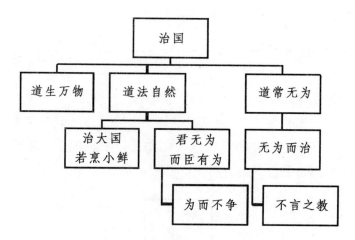

图48 道教治国的力量结构

出忠臣，是有道理的。同样，个体的道德修养与"国治"的关系，或许有人不理解，事实上，每个人都是他人的影子。个体的道德水平的提升，导致家庭道德水平的升华；家庭道德水平的升华，是一个国家道德水平提高的基石。当代虽然讲究以法治国，但如果一个国家仅仅是以法治国，必然是一个冰冷的社会，也是一个商人社会。国治仅仅建立于法治的基础上，法治也可能走向无人性的反面，秦朝的灭亡不是法治不够，而是反人性地以法治代替了制度建设、文化建设、道德建设。从价值判断看，人类情感高于道德、道德高于法律，法律是一个社会运行的底线。如果物质文明依赖于法律的冰冷的界线，精神文明就是建立于情感与道德底线之上。因此，如果家庭需要道德基础上的温情脉脉，国家更需要道德基础上的君子社会（见图49）。

"天下平"：构建国际力量

"天下平"包括国际宏观政策的协调、国际军事同盟、外交关系的建立与协调等，主要为国际资本的力量动作制度、规范与形式等与当时的环境协调，不仅当事国家和平发展，其他国家也得到和平的红利。

佛教认为自觉觉他、自度度他、见性救世，才能普度众生，达成佛学意义上的"平天下"（见图50）。

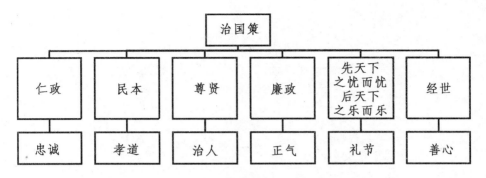

图49　儒家治国的力量结构

图50　佛教平天下的力量结构

　　道家认为，平天下是不得已的行为，最好采取和平的方法去实现："将欲取天下而为之，吾见其不得已。天下神器，不可为也，不可执也"，"以正治国，以奇用兵，以无事取天下。"即使大国崛起，也得保持谦虚的心态，照顾、帮助天下其他落后的国家和贫困的人民，在我们国力允许的条件下，要贡献我们的经济力量、政治力量、文化力量，向世界输出价值标准、道德标准，为人类做贡献。即使已为人类做出了巨大贡献，我们仍然要谦虚谨慎："知其雄，守其雌，为天下溪。为天下溪，常德不离，复归于婴儿。知其白，守其黑，为天下式。为天下式，常德不忒，复归于无极。知其荣，守其辱，为天下谷，为天下谷。常德乃足，复归于朴。"（见图51）

　　儒家平天下的理想，寄托在《大同书》中："大道之行也，天下为公。选贤与能，讲信修睦。故人不独亲其亲，不独子其子。使老有所终，壮有所用，幼有所长，矜寡孤独废疾者皆有所养。男有分，女有归。货，恶其弃于地也，不必藏于己；力，恶其不出于身也，不必为己。是故谋闭而不兴，盗窃乱贼而不作。故外户而不闭。是谓大同。"（见图52）

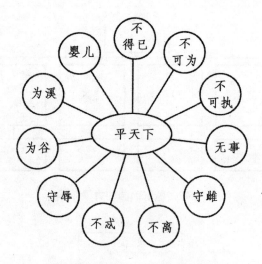

图 51　道教平天下的力量结构

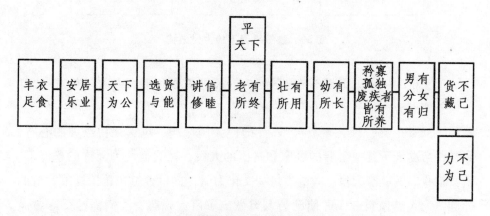

图 52　儒家平天下的力量结构

　　由此可见，在中国古代，已经建立了以人的道德、精神、情感为基础的行为处世的力量模型，这是一种既讲究生产效率也讲究情感与道德协调发展的力量。由于古代中国生产力发展不足、分工体系不完善，完整的力量模型在后世却由于一些小儒无法理解先哲的大格局而走向"修身"的道德文章，从而与西方文化分离形成重义与重利两个极端。

第三部　自我演进　持续创新

经历"焚书坑儒"、三国两晋南北朝、五代十国的战乱及新文化运动和"文化大革命"，2500多年来，儒家学说所以打不烂、摧不垮，就在于其内存基因具有能够在不同历史环境中自我复制、自我演进、自我创新的能力。自从《大学》从天而降，从历代统治者和学者对儒家文献的重视看，大体可以说汉唐是重视"五经"的时代，宋后是重视"四书"的时代。不管统治者如何看重或者摧残《大学》，《大学》以"文格"的独立与顽强，走过了2500多年，成为世界和中国文化史上的奇葩。

"四书"，亦称"四子书"，即《论语》、《大学》、《中庸》、《孟子》，它们分别出于早期儒家的四位代表性人物孔子、曾参、子思、孟子。《大学》本来是《礼记》中的一篇，在南宋前从未单独刊印。按宋代程颐的看法，《大学》是孔子及其门徒留下来的遗书，是儒学的入门读物。南宋光宗绍熙元年（1190年），当时著名理学家朱熹在福建漳州将《大学》、《论语》、《孟子》、《中庸》汇集到一起，作为一套经书刊刻问世，从此《大学》单独成为儒家核心经典"分拆上市"。朱熹这位儒学大家认为"先读《大学》，以定其规模；次读《论语》，以定其根本；次读《孟子》，以观其发越；次读《中庸》，以求古人之微妙处"。

因此，《大学》是定位人生大格局、大气象，培养大国思维的大学问，是塑造成功追求者的世界观、人生观和方法论，可上通宇宙人生之极致，下达芸芸众生的福惠。

"五经"指《诗经》、《书经》、《礼记》、《易经》、《春秋》，其中《诗经》与《易经》对后世影响最大，特别是孔子在对《诗经》、《易经》、《春秋》等古典文献的整理中发展了儒学思想。为了详细解读《大学》内在的秘密，下面我们与诸位一起讨论《大学》产生后的儒家是如何继承、发扬光大其系统思想的。

我们先看看《大学》及儒家思想的形成与发展系谱（见图53）。

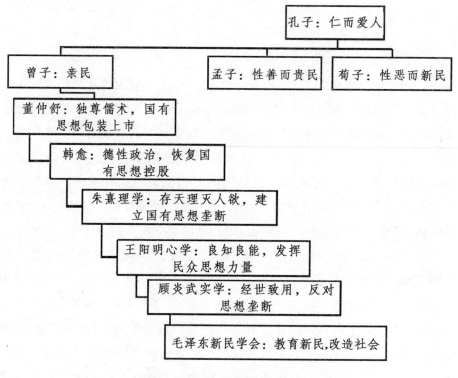

孔子：仁而爱人

曾子：亲民　　孟子：性善而贵民　　荀子：性恶而新民

董仲舒：独尊儒术，国有思想包装上市

韩愈：德性政治，恢复国有思想控股

朱熹理学：存天理灭人欲，建立国有思想垄断

王阳明心学：良知良能，发挥民众思想力量

顾炎武实学：经世致用，反对思想垄断

毛泽东新民学会：教育新民,改造社会

图53　儒家自我演进不断创新图

第一节　张扬仁义　助人为乐

孔子提出"仁"的学说，具有古典人道主义的性质，《大学》"亲民"思想，是孔子"仁"的思想的直接继承和发挥。"仁"在中国古代是一种含义极广的道德范畴，本意指人与人之间相互亲爱的关系。

孔子把"仁"作为最高的道德原则、道德标准和道德境界。孔子以"仁"为核心的伦理思想结构，具体展现为孝、弟（悌）、忠、恕、礼、知、勇、恭、宽、信、敏、惠等内容，在《论语》中，孔子说，"孝弟也者，其为仁之本与?"将孝悌视为仁的本质和基础，是仁学思想体系的基本支柱之一，也是齐家的基本内容。在《论语·颜渊》中，樊迟问仁的含义是什么，孔子回答："爱人"，"泛爱众而亲仁"，"克己复礼为仁。一日克己复礼，天下归仁焉。"为了实现克己复礼，孔子提出追求成功者要学习自我约束的"四项基本原则"："非礼勿视，非礼勿听，非礼勿言，非礼勿动。"

孔子认为，成功的重点是个人在奋斗路上处理好人与人、人与社会、人与自我之间关系，塑造各种社会关系的合力。"居处恭，执事敬，与人忠"，"恭、宽、信、敏、惠。恭则不侮，宽则得众，信则人任焉，敏则有功，惠则足以使人"，孔子认为，处理好与他人的关系，是成功的基本素养。成功者要达到理想人格，重要体现的就是"己立立人，己达达人"，"己所不欲，勿施于人。在邦无怨，在家无怨"，不仅要有助人为乐的心境，还要在遇到挫折时不推诿、不埋怨，不断提高自身的修养。孔子因此将"仁"当作齐家、治国、平天下的道德中轴线，曾子成功学相关思想的理论源头就是孔子的仁学。

如果说，孔子是仁学的创始人，孟子则是仁学进入可操作阶段的发展者。孟子主张施行仁政，并提出"民贵君轻"思想。他认为"民为贵，社稷次之，君为轻"，主张"政在得民"，反对苛政；主张给农民一定的土地，不侵犯农民的劳动时间，宽刑薄税。

在虎狼当道的战国时期，孟子义薄云天，放大儒家格局，为儒生提出了人生的奋斗目标和规划方案。

一是放大格局，培养正气。孟子提出"吾善养吾浩然之气"，"子登东山而小鲁，登泰山而小天下"，(《孟子·尽心上》)这种站得高、看得远的思想境界，确实是成功人生的必有的格局，也是仁人君子追求的格局。诸葛亮认为，"君子之儒，忠君爱国，守正恶邪，务使泽及当时，名留后世"，与孟子的心意相通。

唐代虞世南在《蝉》中描述了儒者大格局下的气象：

　　　垂绥饮清露，流响出疏桐。

　　　居高声自远，非是藉秋风。

　　二是遇到挫折不动摇，不消极。"富贵不能淫，贫贱不能移，威武不能屈，此之为大丈夫"（《孟子·滕文公》），无论是贫贱还是富贵，抑或遇到大的挫折，真正能够成就大业者，不怨天不尤人，积极面对人生的困境，认为挫折如佛家的"逆增上缘"，是磨炼自己意志的机会，从而化烦恼为菩提。

　　三是成功者要善于学习吸收人类文化中的优秀遗产，但不要犯教条主义错误。要在实践中学习，不要为书中的错误所蒙蔽。如果一味迷信书中的知识，不亲自实践，不去做"亲民"的行为，我们就会犯教条主义错误，因此孟子认为"尽信书，不如无书"（《孟子·尽心下》）。正如三国时诸葛亮所批评的小儒："惟务雕虫，专工翰墨，青春作赋，皓首穷经；笔下虽有千言，胸中实无一策。"洋洋万言，其实无用。

　　四是成功立业，"人和"为本。孟子认为，"人和"即民心为"治国平天下"之本，仁政又为争取"人和"之本，他认为"人和"是事业成功最关键的因素，留下"天时不如地利，地利不如人和"的名言。要实现"人和"，需要个体追求事业成功的过程以"得道"为目标，所谓"得道者多助，失道者寡助。寡助之至，亲戚畔（叛）之；多助之至，天下顺之。以天下之所顺，攻亲戚之所畔，故君子有不战，战必胜矣"（《孟子·公孙丑下》）。如果联系 21 世纪初的中国社会，人和需要通过社会体制改革，对收入分配，就业保障，运疗保障，社会保险方面进行改革，从而改变或缓解贫富差距过大形成的不安定局面。

　　五是成就"治平"伟业，是"修身齐家"的功夫的外延。要讲孝道，亲父母，守本分，才能齐家，只有以孝齐家者，才可能向外扩展事业。孟子认为有五不孝者，不可能成就事业，"世俗所谓不孝者五：惰其四支，不顾父母之养，一不孝也；博弈好饮酒，不顾父母之养，二不孝也；好货财，私妻子，不顾父母之养，三不孝也；从耳目之欲，以为父母戮，四不孝也；好勇斗狠，以危父母，五不孝也"。因此，孟子反复告诫，"孝子之至，莫大乎尊亲"，"惟孝顺父母，可以解忧"，"事，孰为大？事亲为大；守，孰为大？守身为大。不失其身而能事其亲者，吾闻之矣；失其身而能事其亲者，吾未闻也。孰不为事？事亲，事之本也；孰不为守？守身，守之本也"，"仁之实，事亲是也；义之实，从兄是也"，"不得乎亲，不可以为人；不顺乎亲，不可以为子"，"无父无君，是禽兽也"。尽好孝心"君子有三乐"，第一乐就容易实现，即"父母俱存，兄弟无故"，"父子有亲，君臣有义，夫妇有别，长幼有叙，朋友有信"，"仰不愧于天，俯不怍于人"，事亲至孝，待人以诚，对人问心无愧，胸怀坦荡。

六是"齐家"以后，要将孝心扩展到天下，要以大乘佛教的慈悲胸怀关注帮助天下众生。孟子提出的慈善名言"老吾老，以及人之老；幼吾幼，以及人之幼。天下可运于掌"（《孟子·梁惠王下》），至今还具有新鲜的活力。如果时代没有提供帮助他人、服务社会的机会，就先培养心怀天下之志气，"穷则独善其身，达则兼济天下"（《孟子·尽心上》），无论何时何地，都要感谢天地养育的恩德，用心待人。

七是要让群众得到实惠。《易经》指出，道就在我们的身边，就在你我的关系中，就存在于人与人、人与自然、人与社会的关系中，"仁者见之谓之仁，智者见之谓之智，百姓日用而不知"，"道"就在我们百姓的日常生活中。要让天下百姓拥护，就要让天下百姓的日常生活得到满足，需要政策上富民与惠民，因为老百姓认为最大的道理就是吃得好、住得好、玩得好、行得好、有闲钱，百姓最讲究的是得到看得到摸得着的实惠，即能够讨得起老婆、养得起孩子、住得起房子。为此，孟子认为，你想成功，先要老百姓认为你是"替天行道"，可以从你的主张中行到实惠："民之为道也，有恒产者有恒心，无恒产者无恒心。"在孟子看来，贫困不是"社会主义"，要让老百姓一心一意跟你走，领导者就得学习惠而不费的政策举措，让大家共同富裕，防止贫富差距拉大后形成收入相对低者的失败感受。

八是发掘并扩展众人的善良本性。孟子认为"善"是人的基本自觉，"恻隐之心，仁之端也；羞恶之心，义之端也；辞让之心，礼之端也；是非之心，智之端也。人之有是四端也，犹其有四体也"（《孟子·公孙丑上》）。其中，"恻隐之心"，即仁之端，又称为"不忍人之心"，是人性之善最核心的部分。在孔子那里，"仁"的最原初的含义是父母亲情之爱，孟子则把这种亲情之爱进一步普泛化。孟子继对"仁"的亲情之爱的特性规定（如孔子）与自然情感的特性规定（如子思）后，在接受亲情之爱的基础上，进一步发挥"仁"的生命情感的特性，认为仁之"四端"说明了道德价值的自觉，是与生俱来的。《三字经》中第一句"人之初，性本善"，就是讲述孟子的思想。

九是即使取得成功，也要保持忧患意识。 "生于忧患，死于安乐"（《孟子·告子下》），成功不必骄傲，困难不可屈服。为此，孟子列举了历史上仁人志士如何在困难的环境中艰苦卓绝地奋斗而取得成功：

> 舜发于畎亩之中，傅说举于版筑之间，胶鬲举于鱼盐之中，管夷吾举于士，孙叔敖举于海，百里奚举于市。故天将降大任于斯人也，必先苦其心志，劳其筋骨，饿其体肤，空乏其身，行拂乱其所为，所以动心忍性，曾益其所不能。人恒过，然后能改；困于心，衡于虑，而后作；征于色，发于声，而后喻。入则无法家拂士，出则无敌国外患者，国恒亡。然后知生于忧患而死于安乐也。（《孟子·告子下》）

十是要成功，要掌握时势。 孟子说："齐人有言曰：'虽有智慧，不如乘势；虽有镃基，不如待时。'今时则易然也。"时势的变化置于天道运行之中，就是天道运行中非人力所能影响的客观力量。

首先，天道运行中体现"势"是客观力量。孟子说："天下有道，小德役大德，小贤役大贤；天下无道，小役大，弱役强。斯二者天也，顺天者存，逆天者亡。"（《孟子·离娄上》）大道是不可违逆的客观规律，是"势"的体现。

其次，天道运行体现"时"的变化。"时"的变化本来就是天道的运行，诸如"时雨"，都本自于天道的运行。孟子引《诗经》说："迨天之未阴雨，彻彼桑土，绸缪牖户。今此下民，或敢侮予？"

再次，天道运行中的时势变化不以人的意志为转移，非人力所能影响。天道在现实的社会和自然中的具体运行不以人的主观意志为转移，是一种不可把握、不可捉摸的力量，"行或使之，止或尼之。行止，非人所能也。吾之不遇鲁侯，天也。臧氏之子焉能使予不遇哉？"（《孟子·梁惠王下》）

孟子有关人生奋斗的规划书，虽然没有在当时的战争环境中实现，但我们可以看作是《大学》"亲民"思想的成功学"操作手册"，由于简便易行，经常与统治者的愚民思想唱反调，当然惹得统治者不高兴，经常将其"ST"，有时候还被摘牌。比如，朱元璋就对孟子很生气，认为孟老夫子太不了解皇上的心思了，还挑动小民与皇上作对。

明太祖朱元璋之所以反感孟子，是因为孟子提出"君之视臣如手足，则臣视君如腹心；君之视臣如犬马，则臣视君如国人；君之视臣如土芥，则臣视君如寇仇"的民主思想，朱皇帝当然嫉恨恐惧不已。朱元璋读到这些"大逆不道"的话语，咬牙切齿地说："使此老在今日，宁得免乎？"（《明史·太祖纪》）他下令将孟子的牌位逐出孔庙，又大肆删削《孟子》一书，在明太祖的时候，孟子不仅被摘牌子还被瓜分了其私人知识产权。

第二节　独尊儒术　学优则仕

经历秦皇"焚书坑儒"的摧残，儒学经过长期"潜伏"，到达汉武帝时，董仲舒才以儒学为基础，以阴阳五行为框架，兼采诸子百家，与时俱进，第一次对原始儒学进行改革，建立起汉王朝集权需要的新儒学，其核心是"天人感应"和"君权神授"学说，以适应当时封建国家大一统的需要，这是儒学第一次改制后"整体上市"，以区别于孔孟时期主要存在于民间的"私募基金"状态。董仲舒的新儒学思想集中于《天人三策》和《春秋繁露》中。

他在应对汉武帝时，引用曾子所谓"尊其所闻，则高明矣；行其所知，则光大矣。高明光大，不在于它，在乎加之意而已"，以《大学》中

"内圣外王"之道劝导汉武帝，但汉武帝重点采纳了"外王"，由于其"内圣"之功未达标，差点掘空"文景之治"的基础。董仲舒新儒学可以看作《大学》上市初期"学好文武艺，货与帝王家"的盛况。《大学》IPO成功，董仲舒本人也成功地取得了类似于首席经济学家或者国师的地位，享受着学问带来的尊荣。

现在看来，通过董仲舒包装的《大学》IPO市盈率并不高，毕竟主要买家汉王朝是霸、王、道杂用的实用主义者，儒家学说不过是统治思想的组成部分，虽然表面上是"独尊"，更何况汉朝初期，根本不用以儒家为代表的知识分子。按照20世纪60年代"文革"时的说法，汉王朝在建立初年，认为以儒生为代表的知识分子是"阶级异己分子"，排斥儒生进入政治主流领域。为此，董仲舒在当时环境下能够成功营销儒学，确实不简单。

一是时机未到，苦练内功，待时而沽，穷则独善其身。汉高祖刘邦曾起用儒生叔孙通制定上朝礼仪，初尝儒雅的美味，享受威权的尊荣，但由于忙于剿灭"残匪"，集中精力镇压威胁刘姓王朝的异姓"反革命分子"，来不及大兴儒学就魂归西天。孝惠和高后之时，"公卿皆武力功臣"，以"大老粗"自居的开国元勋容不得书生分享权力，认为儒生是汉代"资产阶级知识分子"，是革命的对象，需要改造利用而不是可以重用者。吕后之后，"文景之治"时，"文帝好刑名，景帝不任儒"，儒学仍然处于"熊市"中，儒生的学问处于"价值压缩"的状态中，儒学博士光领工资不受重用，文景的知识分子政策是将儒家养起来，不闹事就行。

汉武帝刚刚当政时，实权掌握在窦太后手中，但窦太后喜好黄老"无为"之术，儒生仍然不得重用，如果儒生不听话，窦太后就将他们投入汉时的监狱。面对如此困境，董仲舒只得韬光养晦，一方面广招生徒，私相传授，为汉朝培养了一批推行儒学的合格人才；另一方面，董仲舒又谨慎地观察现实，潜心地研讨百家学说，博采众长，特别深研黄老之学，为我所用。他因此成功构建了前所未有、兼容诸子百家的新儒学体系，适应西汉社会大一统局面，他的理论符合时代的需要，只等合适时机破茧而出。

二是时机一到，踊跃而出，达则兼济天下。窦太后驾崩为汉代儒学兴起的转折点。元光元年（前134年），汉武帝又令郡国举孝廉，策贤良，而董仲舒以贤良对策。汉武帝连问三策，董仲舒连答三章，其中心议题是天与人的关系问题，史称《天人三策》。董仲舒对答很精辟，汉武帝感觉很满意，儒学因此为汉代最高统治者所采纳，取得国家统治的"指导思想"的地位。董仲舒提出"罢黜百家，独尊儒术"，2000年后，毛泽东提出"指导我们的思想理论基础，是马克思列宁主义"，其基本思路就是，国家统一的基础是思想理论的统一。

三是尊重自然规律，不违背基本的"天条"，防止大自然的报复。在董仲舒哲学体系中，"天"是最高的哲学概念，认为阴阳四时、五行都是由气分化产生的，天蕴含的雷、电、风、霹、雨、露、霜、雪的变化，都是阴阳二气相互作用的结果。这种思想是在当时气象科学不发达的状态下推论出来的，但与当代科学认为天气现象是冷锋面和暖锋面交流的结果很相似。董仲舒认为四季的变化体现了天以生育长养为事的仁德，日月星辰、雨露风霜也成了天的情感和意识的体现。董仲舒在天人感应说中提出灾异谴告说，认为灾异天气是上天对当政者的爱护和关心，提醒统治者要顺天而行，敬畏自然并按自然规律办事，要扶助百姓并按社会规律办事。

四是从天人感应说中进一步提出了天人合一理论，顺应自然规律，造福人类。董仲舒提出"天人同类"和"天人相副"说，认为"天有阴阳，人亦有阴阳，天地之阴气起，而人之阴气应之而起。人之阴气起，而天地之阴气亦宜应之而起，其道一也"（董仲舒《春秋繁露·同类相召》）。过去，我们认为董仲舒天人感应说牵强附会，在玩神秘、搞玄学。现代天文学和空间气象学表明，太阳、月亮和地球运行及金、木、水、火、土行星运动过程的排列组合不同，太空中的空间结构就会出现变化，形成的新功能，都会对地球人类的生产生活造成重大影响。面对天体运动规律，人类的知识或者智慧确实太渺小，还无法全面了解自然和社会运行中的相互关系。董仲舒天人感应学说，是人类在童年探索人与自然关系的初步结果。

五是为国家统一提供了理论依据。董仲舒认为，天生万物是有目的的，自然社会都是天道的展现，统一于天。天的意志要大一统，从国家层面看，汉皇朝的皇帝是受命于天来进行统治。各封国的王侯又受命于皇帝，大臣受命于国君。从家庭关系看，儿子受命于父亲，妻子受命于丈夫，这一层层的统治关系，都是按照天的意志办的，董仲舒精心构筑的"天人感应"的神学目的论，把一切都秩序化、合理化，为汉皇朝统治者巩固其中央集权专制制度提供了理论依据。

六是成功"定向增发"自己的学说。董仲舒利用阴阳五行学说表达天的意志，天地万物阴阳的流转，与四时相配合，形成"阳尊阴卑"的体系，从而形成人类社会"三纲五常"的秩序。在社会政治关系中，三纲是"君为臣纲，父为子纲，夫为妻纲"。董仲舒说，"王道之三纲，可求于天"，"天不变，道亦不变"，董仲舒以"天人感应"理论出发推论出帝王受命于天，是秉承天意统治天下的，因此成为"天子"。按照这个说法，帝王自然就具有绝对的统治权威，这是汉武帝最需要的帝王统治理论。董仲舒成功地将孔子的"君君、臣臣、父父、子子"的社会角色与责任定位和帝王统治理论相结合，从而成功地将儒学向国家统治者"定向增发"，也是历代儒生梦寐以求的"学好文武艺，货与帝王家"的成功案例。

第三节　忠君爱国　鸿儒经世

三国魏晋的玄学用老庄思想解释儒家的《易经》，这是为士族门阀统治辩护的主流学派。《周易》、《老子》、《庄子》被称为"三玄"，玄学主张君主无为、门阀专政，主要活动在洛阳。代表人物有何晏、王弼和"竹林七贤"。儒家学说第一次在社会影响力量上出现了回调，由于国家力量不重视，《大学》思想处于低潮时期，一直到南北朝时期也没有改变这种状态。

魏晋时代，政治统治者基于保护既得利益集团的考虑，不再经术取士，代之以"九品中正制"，官僚阶层相互推荐子弟，形成最保险的接班梯队，保证政权掌握在"自己人"手里，保持江山不变色。因此，当时做官的前提是出身门阀士族，如果老爸或者祖上没有人当官，儒生想依靠读书做学问考试当官，门儿都没有。儒生报国无门，由于仕途市场消失，正宗儒学因此脱离国家政治生活。门阀制度最讲究的是维护当权者利益的"礼"，因为"礼"以讲究秩序、保持稳定的名义维护了门阀统治的等级利益。围绕如何保护门阀利益，郑玄以"礼"为中心对儒学进行了研究，在魏晋时期取得相当重要的学术地位。但是，郑玄以谶纬之怪异附会，给正统的儒家学术引入许多"病毒"和漏洞，他为迎合门阀统治的需要异化了儒学，但本人却无力打学术"补丁"，结果搞得儒学这部"电脑"在当时几乎"死机"。

三国时期，为后代儒家所推崇的诸葛亮，也不是正统意义上的儒生，而是糅杂了儒、道、法、兵及阴阳诸家的学问的实用主义者。诸葛亮不是通过考试而为统治者所用，他通过构建自己的社会关系圈子得到"九品中正制"社会地位，拿到当时进入官僚阶层的"门票"，同时巧妙进行"隆中对"，为当时的小军阀刘备所赏识，进而施展抱负。诸葛亮具有治国平天下的才华，是儒家最推崇的高人，他辉煌成功的背后，主要起作用的要素有：

一是建功立业先要有一个宏大的目标和强烈的愿望。诸葛亮"每常自比管仲、乐毅"。他的目标就是要做一代贤相，并为此目标坚持不懈，奋斗终生。愿望越清晰，内在的动力与潜力越容易发挥，个人的优势品质越能够表现，所有行为思想都会集中于愿望的领域，梦想才可能成真。

二是谨慎选择合适的老板。东汉末年政局混乱、诸侯争霸，军阀混战中，诸葛亮没有依靠"胁天子以令诸侯"已经成气候的曹操，也没有投靠在江东已经成就霸业基础的孙权，他慧眼独具地看中刘备。当时刘备经营的"公司"业绩不好，还受曹操的"大公司"打压，正处于"破产摘牌"的边缘。他和刘备的《隆中对》，与后来时局的发展几乎一致，这种对未来市势的把握能力，在当时的民间独立"经济学家"中无人能及。

三是建立广泛高层的人脉关系。诸葛亮通过家族和姻亲关系建立了高层广泛的人脉资源和政治资源，取得"九品中正"的门阀的资格。诸葛氏是琅琊的望族，先祖诸葛丰曾在西汉元帝时做过司隶校尉（卫戍京师的长官）。诸葛亮父亲诸葛圭，东汉末年做过泰山郡丞。叔父又是当世的名士。诸葛亮结交的朋友也是当时的名士和官僚之家，有庞德公、庞统、司马徽、黄承彦、石广元、崔州平、徐庶等，符合当时"九品中正制"的要求。他娶的妻子是黄承彦的女儿，黄承彦是当时襄阳的豪族。黄承彦的妻子是襄阳地区最大的豪族蔡讽的女儿。蔡讽有两个女儿、一个儿子。这两个女儿一个嫁给了黄承彦，一个嫁给了荆州牧刘表；他的儿子叫蔡瑁，也是权重一时的人。也就是说荆州牧刘表是诸葛亮妻子的姨父，襄阳地区重要的官员是诸葛亮妻子的舅舅，所以这个高层关系网很了不起的，从中可以解开诸葛亮娶"丑妻"的内幕与秘闻：为了诸葛亮政治上的崛起而形成紧密的关系网。"天时不如地利、地利不如人和"，如果没有当地关系网中的"人和"，诸葛亮就不可能成为当地知名人士，不可能见到刘备，也不可能会成功地出将入相。

其四，细节决定成败。诸葛亮一生都很谨慎，他拥有十分严谨的品质，抓住每一个细节，就具备了成功的一个重要的因素。每次重大战役前，他都会仔细观察了解，根据天时地利决定借助五行中不同的力量：有时用火（如火烧新野、火烧博望、火烧赤壁），有时用水（如草船借箭、借东风），有时用土（如摆八卦阵困住陆逊），有时设伏，有时诱敌深入。诸葛亮曾向刘阿斗上疏："先帝知臣谨慎，故临崩寄臣以大事也。受命以来，夙夜忧叹，恐托付不效，以伤先帝之明。"（诸葛亮《出师表》）刘禅很平庸，但诸葛亮从没有因为自己是开国元勋而对刘禅不敬，鞠躬尽瘁，努力维护刘家王朝的利益，忠心耿耿，因此赢得了后世儒家的推崇。

纵观上述因素，诸葛亮在当时具备了"天时、地利、人和"的全部外部条件，加上他个人的品质与能力，终于造就诸葛亮一代贤相的美名。

元微之有赞孔明诗曰：

> 拨乱扶危主，殷勤受托孤。
> 英才过管乐，妙策胜孙吴。
> 凛凛《出师表》，堂堂八阵图。
> 如公全盛德，应叹古今无！

唐杜甫赞曰：

诸葛大名垂宇宙，宗臣遗像肃清高。
三分割据纡筹策，万古云霄一羽毛。
伯仲之间见伊吕，指挥若定失萧曹。
运移汉祚终难复，志决身歼军务劳。

但时势已然，学问再大，也无法实现儒家大一统的理想，正如杜甫《蜀相》诗中所说：

丞相祠堂何处寻，锦官城外柏森森。
映阶碧草自春色，隔叶黄鹂空好音。
三顾频烦天下计，两朝开济老臣心。
出师未捷身先死，长使英雄泪满襟！

这正如明代的状元杨慎的两句词："滚滚长江东逝水，浪花淘尽英雄。"时代潮流，滚滚向前，顺之者昌，逆之者亡。时运不济，再多努力也是枉然。

第四节　业精于勤　行成于思

隋唐300年，真正可以称为"大儒"的只有韩愈先生一人。韩愈（768—824）唐代文学家、哲学家，字退之，河阳（今河南省焦作孟州市）人，汉族，祖籍河北昌黎，世称"韩昌黎"，晚年任吏部侍郎，又称韩吏部，谥号"文"，又称韩文公。他是唐代古文运动的倡导者，主张学习先秦两汉的散文语言，破骈为散，扩大文言文的表达功能。韩愈"文起八代之衰"，为"唐宋八大家"之首，有"文章巨公"和"百代文宗"的美誉。在思想上，韩愈坚守儒家"道统"，是尊儒反佛的里程碑式人物。用比较通俗的话讲，韩愈反对在思想文化战线搞多种经营，强调突出儒学主业，面向现实，解决现实政治经济生活中的实际问题，反对将时间、精力、财富用在玩虚的玄的东西上。

韩愈在《原道》中直接引述《大学》"古之欲明明德于天下者，先治其国；欲治其国者，先齐其家；欲齐其家者，先修其身；欲修其身者，先正其心；欲正其心者，先诚其意"思想，要求王公贵族秉承尧、舜、禹、汤、文、武、周、孔内外贯通、德业兼修的德性伦理政治之道，批判佛教和道教。在《大学》之积极入世之"多头"思想与佛老消极避世的"空头"思想大交锋过程中，《大学》逐渐为世人所看重。

我们可以这样认为，韩愈是《大学》的"成功学"行情重新反弹的主要推手。除了推崇《大学》的成功学思想，韩愈对于成功学，还有自己的创新与发明。下面试以述之，以供大家交流。

一是要勇猛精进地学习，提高自己的文化素养。他提出的名言"业精于勤，荒于嬉；行成于思，毁于随"（韩愈《进学解》）流传千古，成为激励后学者奋发向上、精益求精的座右铭。他认为学习没有捷径，勤奋是最好的捷径："书山有路勤为径，学海无涯苦作舟。"（韩愈《治学名联》）遥想当年，秦始皇焚书坑儒，防止读书人犯上作乱。可是，不读书的刘邦和项羽却灭了秦朝，最终由刘邦成就大业，这是历史上不读书而成大业的特例。

唐朝诗人章碣的《焚书坑》全诗为：

竹帛烟销帝业虚，关河空锁祖龙居。
坑灰未冷山东乱，刘项原来不读书。

刘项不读书的前提是冷兵器时代时局混乱，"乱世出英雄"，但"马上得天下，不能马上治天下"，在升平时期，特别是国运上升的时候，没有知识，不可能成就事业。"文化大革命"中知识分子成了"臭老九"，甚至高喊"知识越多越反动"。如果在知识经济时代以自己是"大老粗"为荣，则是一种极端的愚昧。

二是要选择真正有学问的人为老师，提高自己的学问修养。"师者，所以传道授业解惑者也。"（韩愈《师说》）老师首先是传道者，是向学生传授世界观、人生观、方法论的，让学生在世界和时代的坐标上有个正确的认识，正确认识客观世界，正确认识时代潮流前进方向，从而为学生提供正确的授业方法与方向，解决学生遇到的吃饭、睡觉、工作、交友等困惑。

三是要善于营销自己，充分体现自己的学问能力的价值。"世有伯乐，然后有千里马，千里马常有，而伯乐不常有"①。韩愈提出这一观点，事实上是告诉我们，人才到处存在，如果没有"猎头"挖掘，如果没有市场需求，最好的人才也会埋没，因此，儒生要抛弃"酒香不怕巷子深"的陈腐观念，善于通过"猎头"进行营销。我们先看历史故事：

被称作伯乐的人本名孙阳，他对马的研究非常出色，人们忘记了他本名，称他为伯乐。一次伯乐受楚王的委托，购买能日行千里的骏马。伯乐跑了好几个国家，连盛产名马的燕赵一带，都没发现中意的良马。一天，伯乐从齐国返回的路上，看到一匹马拉着盐车，很吃力地在陡坡上行进。马累得呼呼喘气，每迈一步都十分艰难。伯乐对马向来亲近，不由走到跟前。马见伯乐走近，突然昂起头来瞪大眼睛，大声嘶鸣，好像要对伯乐倾诉什么。伯乐立即从声音中判断出，这是一匹难得的骏马。伯乐对驾车的人说："这匹马在疆场上驰骋，任何马都比不过它，但用来拉车，它却不如普通的马。你还是把它卖给我吧。"

驾车人认为伯乐是个大傻瓜，他觉得这匹马太普通了，拉车没气力，吃得太多，骨瘦如柴，毫不犹豫地同意了。伯乐牵走千里马，直奔楚国。伯乐牵马来到楚王宫，千里马抬起前蹄把地面震得咯咯作响，引颈长嘶，声音洪亮，如大钟石磬，直上云霄。楚王听到马嘶声，走出宫外，见伯乐牵的马瘦得不成样子，有点不高兴。伯乐说："这确实是匹千里马，不过拉了一段车，又喂

---

① 韩愈：《马说》。

（饲）养不精心，所以看起来很瘦。只要精心喂（饲）养，不出半个月，一定会恢复体力。"不久马变得精壮神骏，千里马为楚王驰骋沙场，立下不少功劳。

从上面的故事，我们知道，千里马是楚王（国家）需要才通过伯乐（现代的猎头）发现。伯乐能够发现千里马，因为他具有丰富的相马经验。因此，在国家需要、伯乐与千里马（人才）三者间，国家处于主动地位，伯乐处于雇用地位，千里马处于相对被动地位。如果国家不需要、伯乐不出现，即使最好的千里马，也会被埋没去做拉车皮的活。

四是广采众长、不拘一格，以解决现实"亲民"与治国平天下为需要而学。韩愈认为"圣人无常师"①，既要向专家学习，也要善于向一切有专长的人学习，正如孔子所说"三人行，必有我师"，只要有比自己道德学问高者，就要想方设法地去学习。这是因为"闻道有先后，术业有专攻"②，不同行业、不同职业、不同年龄、不同地区、不同国家、不同时代的人都会各有所长，因此不仅要向熟悉的人学习，也要学习古今中外一切先进的文化。韩愈提出的"无贵无贱，无长无少，道之所存，师之所存"的观点，进一步丰富与发展了孔子师道的观点，一切以是否得道为"师"的标准，因此，既不是将知识分子抬得特别高，也不是将愚昧者提得特别高，是以一种"中和"的理性的态度对待老师。我们在韩愈身上看不到"万般皆下品，唯有读书高"的知识至上的自大，也看不到以"大老粗"自居打压知识分子的情形。韩愈认为只有广泛涉猎，不断学习，才能扩展知识面，提高融会贯通的能力。韩愈"圣人无常师"的思想，继承和发展了孔子"君子不器"的思想。掌握大道的君子，不会为过时的条条框框所约束，会根据时间、地点、条件的因缘，进行综合、创新和提高。

五是亲民是事业成功的基础，亲民以公平正义为标准。韩愈提出的

---

① 韩愈：《师说》。
② 韩愈：《师说》。

"大凡物不得其平则鸣"① 和 "不塞不流，不止不行"② 的观点，准确继承和发展了孔子的思想。"均贫富" 是所有时代英雄人物能够呼唤民众屡试不爽的口号。现代 "打土豪、分田地" 为口号的土地革命，在新 "均贫富" 思想的导引下，打出了红色江山。郭齐勇《儒家的公平正义论》③ 一文将儒家亲民思想进行了总结。

儒家亲民思想的核心就是在仁义大旗下的社会公平与正义，民本主义与民生主义，是孔子治国学说的核心内容。孔子主张先富带后富实现均富，从法律上保护老百姓的财产权。孔子亲民的主张是 "庶、富、教"，"富之"、"教之"（《论语·子路》），庶而后富，富而后教，老百姓的生存权与受教育权是追求公正公平之本。现在中国人口众多，如何让老百姓进入小康生活，不仅是经济问题，而且是执政党的重大政治问题，只有百姓共同富裕了，社会才会安定，居民的幸福指数才能提高，和谐社会才会有群众基础。

君子亲民，对待老百姓要 "三讲"：讲实惠，讲正义，讲爱心。因此他主张 "养民也惠"，"使民也义"，"节用而爱人，使民以时"。"三讲"要与 "五原则" 结合，对待老百姓就是 "恭、宽、信、敏、惠"，就是将老百姓当作人格平等的公民，因此，我们认为孔子有原始民本思想。民本思想是建立在分配正义、社会公正基础之上的，他指出："不患寡而患不均，不患贫而患不安。盖均无贫，和无寡，安无倾。"

现在看来，邓小平的 "一部分人先富起来，带动共同富裕" 的思想，与孔子主张 "富民" 与 "均富" 论不谋而合。孟子主张保障老百姓的财产权，认为发财光荣的政治是好的政治。"无恒产而有恒心者，惟士为能。若民，则无恒产，因无恒心。苟无恒心，放辟邪侈，无不为己"，"明君制民之产，必使仰足以事父母，俯足以畜妻子，乐岁终身饱，凶年免于死亡；然后驱而之善，故民之从之也轻。"（《孟子·梁惠王上》）他主张"施仁政于民，省刑罚、薄税敛"。他认为，如果大家穷得叮当响，就容易

---

① 韩愈：《送孟东野序》。
② 韩愈：《原道》。
③ 郭齐勇：《儒家的公平正义论》，载《光明日报》，2006 年 3 月 12 日。

逼反老百姓，群体性事件的主要原因在于施政上剥夺了老百姓的财产权与公平权。富民的政策，还是让老百姓在安稳中过日子，而不是在法律高压的恐慌中生活，轻徭薄赋，减轻百姓负担很重要。当然，孔子们也反对绝对平均主义，他们重"礼"执"礼"，通过"礼"的功能使社会财富与权力的分配与再分配有等级、有节度、有秩序，形成社会和谐。

当然，公平与正义，作为儒家治国理念，虽然 2000 多年来生生不息地追求着，思想薪火传递不曾中断，但理想与现实总是保持着巨大差距。只有到了现代中国，公平与正义才成为国家的意志和人民的权利。

第五节　先存天理　再管欲望

时代需要是理论产生的前提。如果你满腹经纶，时势未到，也没有用处。宋朝是真正推崇儒家的朝代，残唐、五代割据的局面到宋朝终于归于统一。宋朝的开国宰相赵普说："半部《论语》治天下。"儒教是大乱之后走向大治的治国理论的必然选择，反过来，在儒教的仁义思想指导下，宋朝成为中国封建历史之巅峰，经济文化发展处于顶峰，后世直到清朝都没有超越。元朝喇嘛教与理学并列，清朝表面上尊儒，实际是萨满教与儒学并列。如果没有宋代理学作为中国文化的脊梁，中国的文化很可能被喇嘛教或萨满教异化，出现如印度的种姓制度。宋代理学是以儒家思想为基础，通过开放思维吸收佛教和道教思想形成的新儒学，儒、道、佛三家思想统一于理学。

朱熹是理学发展的集大成者，继承了北宋哲学家程颢、程颐的思想，进一步完善和发展了客观唯心主义的理学体系，后人称之为程朱理学。理学认为，"理"（太极或道）是宇宙万物的本原，是第一性的；"气"是构成宇宙万物的材料，是第二性的；人是气聚而生，欲望是一切罪恶的根源。因此，理学提出"存天理，灭人欲"的口号。"存天理，灭人欲"的口号，是宋后 800 多年来最为被人误解的儒家思想，成了"封建"思想的铁证，成为被狠狠批判的对象。

朱熹（1130—1200），南宋徽州婺源（今属江西省婺源县）人，南宋著名的理学家、思想家、哲学家、教育家和诗人，世称朱子，是孔子、孟子以来最杰出的儒学大师。他19岁进士及第，获得类似于当今的博士学位，曾任荆湖南路安抚使，仕至"宝文阁待制"。为政期间，申明敕令，惩治奸吏，政绩显赫。朱熹对中华文明的贡献，不是像诸葛亮一样在"行政"方面，其主要是思想上对中华文明的巨大贡献。如果按市面上的讲法，朱熹是孔子思想的继续和发展者，是将离当时1500多年的孔子思想与宋代社会实践相结合，开放式地吸收了释道思想的合理内核，形成了影响后世800多年的儒学新高峰。人们赞美他："集大成而绪千百年绝传之学，开愚蒙而立亿万世一定之归。"因为有朱熹，儒学借理学逐步成为宋以后官方统治哲学。比如，元代恢复科举后，朱学被定为科场固定程式，在明清两代理学被列为儒学正宗。在中国儒学史上，朱熹理学的作用和影响力仅次于孔子，是儒学发展下半场的主要人物。

书院文化光耀中国教育

朱熹一生从事教研活动长达40年，创办了多所古代大学（书院），理学通过书院这一平台迅速在全国范围传播，不断发扬光大。

1178年朱熹建立白鹿洞书院进行讲学，并制定整套的教育规章制度，从而开创了中国校训文化的先河。朱熹制定的规章主要有：

> 五教之目：父子有亲、君臣有义、夫妇有别、长幼有序、朋友有信；
> 为学之序：博学之，审问之，谨思之，明辨之，笃行之；
> 修身之要：言忠信，行笃敬，惩忿窒欲，迁善改过；
> 处事之要：正其谊不谋其利，明其道不计其功；
> 接物之要：己所不欲，勿施于人，行有不得，反求诸己。

朱熹开创的校训文化，对于现代中国高等教育思想影响巨大，现代中国的大学多数校训都是从朱熹的校规中衍生出来的，有些如中山大学将"博学、审问、慎思、明辨、笃行"作为校训，就是直接取自朱熹的"为学之序"。

当然，朱熹不仅是提出办学口号者，更是身体力行的人，除了白鹿洞书院，朱熹还创办了著名的石鼓书院、武夷精舍和岳麓书院。

1181年朱熹在武夷山修建武夷精舍，直接招生，传播理学。他从儒家经典中精心节选出《大学》、《中庸》、《论语》、《孟子》"四书"，刻印发行。"四书"从此成为南宋以来的封建国家官方教科书，儒家思想成为指导思想。

1185年朱熹动员衡州官府重修石鼓书院，把书院办成推广"德行道义"的教育机构，书院教育从此走上正轨。

1193年朱熹主持修复岳麓书院，与白鹿洞书院一样成为朱熹讲学授徒、传播理学的场所。

朱熹的教育思想还体现在他的《观书有感》诗词中，强调增强内功，才能掌握机遇。

其一

半亩方塘一鉴开，天光云影共徘徊。

问渠那得清如许？为有源头活水来。

朱熹以"源头活水"比喻学者要想成功，就得认真学习、持之以恒、精益求精，不断吸取新知识，让思想境界与事物实相对应，才能如天光云影一样，"格"出事物的真相。

其二

昨夜江边春水生，艨艟巨舰一毛轻。

向来枉费推移力，此日中流自在行。

诗中表明了时势对追求成功者的重要性。春天是时间，春水是形势，只有时空的因缘结合，才能克服前进路上的阻力与困难。时势造英雄，英雄只有在历史的循环中，准确掌握春水来临的时刻，才能化解一切思想困厄，事半而功倍。反诸自身，如果学问到家，时机一到，则必然春水泛滥，学者可以借力而行，学问功夫到家，才能掌握机遇，有所突破。

兼收并蓄，创新发展

朱熹继承北宋二程的思想，是理学的集大成者。他的《孟子集注》和《四书章句集注》，为他奠定了儒学一代宗师的地位。

《孟子集注》为儒家的第二圣人孟子正式确立了"亚圣"的地位，标志着中国进入了开明专制的时期。《孟子》以"仁政"、"王道"为中心的儒学思想体系的集中表达，希望政策照顾广大居民的利益，形成王朝、机构、居民利益的平衡，保持国家的安定和发展。朱熹的《孟子集注》使《孟子》身价倍增，从子部一跃而入经部，因为朱熹在《孟子》中注入理学家新见解，将《孟子》思想进行"现代化"的解释。

《四书章句集注》是儒家文化史上的一个里程碑，具有划时代意义。儒家"四书五经"，与基督教之《圣经》、伊斯兰教之《古兰经》地位相似。汉唐是"五经"时代，宋后是"四书"时代。南宋光宗绍熙元年（1190年），朱熹在福建漳州将《大学》从《礼记》中抽出来，到撰写《四书章句集注》时，便成了"四书"之一，被列为"四书"之首，与《论语》、《孟子》、《中庸》一起，作为一套经书刊刻问世。朱熹提出了学习儒学的新方法："先读《大学》，以定其规模；次读《论语》，以定其根本；次读《孟子》，以观其发越；次读《中庸》，以求古人之微妙处。"用现在流行的话讲，《大学》思想具有大格局，气势磅礴，思维宏大，大家读了以后，就会生出君子的胸怀。有了宏大的胸怀，再研究孔子和孟子的思想，就容易理解，再读子思的《中庸》，儒学的思想就有了可操作性。

在朱熹的头脑里，存在一种超自然、超现实、超社会之上的一切行为的标准，即"天理"。只有去发现（格物穷理）和遵循天理，人们的行为才符合真、善、美的标准，但人欲为肉体的物质性影响，经常在非"理"性冲动下破坏真、善、美。因此，他提出"存天理，灭人欲"，摆脱外在物质属性对于理性的影响，回归真、善、美的境界。陆九渊认为人们心中（类似佛教的第八识）先天存在着真、善、美，主张"发明本心"，要求人们自己在心中去发现真、善、美，达到自我完善。陆朱辩论争持，"鹅湖会"不欢而散，理学与心学分歧开始，后来分歧越走越远。

朱熹的理学主要思想如下：

1. 理气论

朱熹继承周敦颐、二程理论，吸收了释、道诸家思想，形成了一个以"理"（或称道、太极）为核心范畴的哲学体系。朱熹所谓的理，有几方面互相联系的含义：（1）理是先于自然现象和社会现象而存在的形而上者，即理是一种最高本体；（2）理是事物的规律，即理的客观展现以事物规律的形式来表达；（3）理是伦理道德的基本准则，理是社会规律的表现，是一种社会秩序的表达形式。

如果我们将朱熹的理、太极、道等词换成"梵"，就会发现，朱熹是直接继承并改造了古代印度的哲学，是鲁迅先生 20 世纪 30 年代宣扬的"拿来主义"的先行者。朱熹借用瑜伽理论，提出所有的人或者物都有一太极；每一个人或物都以抽象的理即梵作为存在的最后根据，每一个人或物都具有完整的理，但理不受人或物的影响。

《瑜伽经》认为，世界起源于"梵"，因为"梵"的展现而存在，最终回归于"梵"，由梵的客观性产生出了个体灵魂的主观性。个体灵魂只是"梵"的显现，二者统一于"梵"。由于众生受愚昧所蒙蔽，就会做出形而下的行为，说出于天理不容的言语来。

对于"我"或个体灵魂，朱熹用"气"这个范畴来表达。气是形而下者，是有情、有状、有迹的；它具有凝聚、造作等特性。气是铸成万物的质料。天下万物都是理和质料相统一的产物。朱熹认为理和气的关系有主有次。理生气并寓于气中，理为主、为先，是第一性的，气为客、为后，属第二性。人的欲望由气聚集而生，是第三性的东西。如果人受欲望蒙蔽，就会做出违反天理的行为。

2. 运动与发展观

《瑜伽经》认为，"梵"是真正的大我，是世界的本原，是真正的自我。个体灵魂受气的约束，迷失自我。因此，人生追求的最大成功的标志是：小我通过训练，回归大我，实现"梵我相连"的觉悟境界，使受物质属性与愚昧属性污染的灵魂净化，实现与宇宙大我（至尊主）相连，达到高度的和谐。

朱熹认为"理"通过气而生成万物，通过气展开了一分为二、动静不息的生物运动，动的是阳，静的是阴，阴阳两气通过排列组合而生成五气（金、木、水、火、土），五气再通过更复杂的排列组合而形成万物。这与老子在《道德经》中所说的"道生之，德蓄之，物形之，势成之"的论断近似。一分为二是从气分化为物过程中的重要运动形态。朱熹认为理与气对立统一，事物因此变化无穷，运动和静止是一个无限连续的过程。时空的无限性说明了动静的无限性，动静又是不可分的。动静既互相联系又互相排斥，在发展过程中形成对立统一的关系。运动存在相对稳定和显著变动这两种形态，他称之为"变"与"化"。他认为渐化中渗透着顿变，顿变中渗透着渐化。渐化积累，达到顿变。这与辩证唯物主义认为从量变到质变是事物变化发展过程的常态，道理一致。

3. "致知"：天才与勤奋都需要

朱熹以《大学》"致知在格物"的论断为基础，发展出他的认识论。在认识来源问题上，朱熹既讲"生而有知"的先验论，也承认存在来源于学习和实践的"见闻之知"，他认为掌握真理（穷理）离不开实践（格物）中的经验与实验，只有通过真正的实践（格物）才能掌握真理（穷理），因此，实践是检验真理的标准。

在认识与实践的关系中，朱熹认为知先行后、行重知轻，因此是先验论者，这与他吸收了佛教特别是瑜伽思想有关。他认为，从知识来源上说，知在先；从社会效果上看，行为重。当然，朱熹知行存在相互作用、相互促进的关系，他说"知之愈明，则行之愈笃；行之愈笃，则知之益明"，就是认识与实践互动关系的表述。

《瑜伽经》认为，人们掌握知识并运用知识改变世界，只要通过"冥想"即可，即掌握知识，不用出门去实践，只要冥想，这与老子在《道德经》中提出的观点极其相似，"不出于户，以知天下；不窥于牖，以知天道。其出弥远者，其知弥少。是以圣人不行而知，不见而名，弗为而成"（《道德经》第 47 章），因此，后来人衍生出"秀才不出门，便知天下事"的俗语。

　　毛泽东反对神秘主义的认识论，他提倡实践出真知的观点。1963 年 5 月，毛泽东发表了《人的正确思想是从哪里来的?》一文，他认为：人的正确思想，只能从社会实践中来，只能从社会的生产斗争、阶级斗争和科学实验这三项实践中来。人们的社会存在，决定人们的思想。而代表先进阶级的正确思想，一旦被群众掌握，就会变成改造社会、改造世界的物质力量。① 人们在社会实践中无数客观世界的现象通过人的眼、耳、鼻、舌、身这五个官能反映到自己的头脑中来，开始是感性认识。这种感性认识的材料积累多了，就会产生一个飞跃，变成了理性认识，这就是思想。这是整个认识过程的第一个阶段，即由客观物质到主观精神的阶段，由存在到思想的阶段。这时候的精神、思想（包括理论、政策、计划、办法）是否正确地反映了客观世界的规律，还是没有证明的，还不能确定是否正确。然后又有认识过程的第二个阶段，即由精神到物质的阶段、由思想到存在的阶段，这就是把第一个阶段得到的认识放到社会实践中去，看这些理论、政策、计划、办法等等是否能得到预期的成功。一般地说，成功了的就是正确的，失败了的就是错误的，特别是人类对自然界的斗争更是如此。人们的认识经过实践的考验，又会产生一个飞跃。这次飞跃，比起前一次飞跃来，意义更加伟大。因为只有这一次飞跃，才能证明认识的第一次飞跃，即从客观外界的反映过程中得到的思想、理论、政策、计划、办法等等，究竟是正确的还是错误的，此外再无别的检验真理的办法。一个正确的认识，往往需要经过由物质到精神、由精神到物质，即由实践到认

---

　　① 马克思指出：理论一经掌握群众，也会变成物质力量。列宁进一步指出，没有革命的理论，就没有革命的运动。

识、由认识到实践这样多次的反复，才能够完成。① 因此，毛泽东在实践出真知的认识论中，提出了"文化大革命"后著名的大讨论的主要观点：实践是检验真理的唯一标准。

从毛泽东的实践认识论出发，如果瑜伽行者的冥想是特殊的实践，如果这些冥想真正达到了预期的效果，是否存在"不出门知天下"的直觉认识论，恐怕还有待科学的实验来证明。当今超级畅销书《达·芬奇密码》的作者布朗先生认为，一种叫"意念科学"的新科学，可以解释历史上一些神秘主义认识论。"意念科学"由于无法进行"实验"并建立"数学模型"，因此，在科学界还是得不到正式承认。

朱子成功学理论

朱熹当了 40 年的老师，只当过 10 年的行政干部，他最风光的职务是受宰相赵汝愚推荐，当上焕章阁侍制兼侍讲，即皇帝的顾问和教师。国师爷的地位可能为朱熹理学的营销提供了机会，因为朱先生可以为皇上讲授理学，无形中提升理学到国学的地位。听了朱先生的"存天理、灭人欲"的课，宋宁宗很高兴，觉得朱先生讲出了皇上心里想的东西，就是百姓们要克服心里的欲望，全面地服从我赵家的统治，服务我赵家的统治，就是合理的，符合天理的，如果不服从统治，就是违背天理的人欲。宋宁宗全面肯定理学，称朱老师为"儒宗"，朱熹借机为宁宗讲解《大学》中的治国平天下理想，希望一统中原，还我河山。

朱熹的成功学思想，主要表现在下列几方面：

1. 要成功，先立志，"志当存高远"

朱熹认为，学者要成功立业，先要有明确的人生目标，即所谓成功先要立志。如果不立志，得过且过，明日复明日地"混"日子，不仅是忽悠自己，也是忽悠生命。因此，朱老先生认为"学者须先立志"，要想成功

---

① 毛泽东：《人的正确思想是从哪里来的?》，见《毛泽东著作选读》下册，人民出版社，1986。

先要立志，继承发扬孔夫子的思想。孔子认为，人生在世，不仅要立志，而要立大志。我们如果看了孔子的名言"取乎其上，得乎其中；取乎其中，得乎其下；取乎其下，则无所得矣"，就会明白，虽然孔子出身很一般，但由于他立下匡正社会、克己复礼的宏愿，一生孜孜以求，从不言放弃，即使周游列国，有时困顿如丧家之犬，仍然坚守他的仁义道德底线，做到"贫困不可移"，终于成为万古圣人。

比朱熹早1000年的诸葛亮先生，还直接提出了"志当存高远"的论断。这一论断是孔明先生54岁临终前写给8岁儿子诸葛瞻的一封家书即《诫子书》中提出的修身立志名言，全文如下：

> 夫君子之行，静以修身，俭以养德，非淡（澹）泊无以明志，非宁静无以致远。夫学须静也，才须学也，非学无以广才，非志无以成学。淫慢则不能励精，险躁则不能治性。年与时驰，意与日去，遂成枯落，多不接世，悲守穷庐，将复何及！

如果我们考察孔明先生的一生，他确实做到了他自己的立志名言，"鞠躬尽瘁"，但他毕竟不是正统儒家，无意中违背了儒家"不与天斗，不与地斗，不与人斗"的成功不传之秘，事无大小，必躬亲，长时间劳累，不事休息，饮食无常，只想统一国家而忘记时势，结果还是被司马懿斗垮，闹得"出师未捷身先死"的结局，令人扼腕叹息。

2. 立身以立学为先，立学以读书为本

朱熹认为，读书是围绕人生目标和志向而学习，不是无目的地学习，而是为了穷究事物的真理，了解人生、社会与宇宙中的真相。但为了明明德，为了格物致知，我们的读书还得慢慢来，不能一口将自己吃饱，学习也要以循序渐进、专心致志、精益求精的态度，要抱着敬畏天命、敬畏天然、敬畏圣人的心态，围绕自己的志向持之以恒地学习。因此，朱老先生认为："读书之法，在循序而渐进，熟读而精思"，"为学之道，莫先于穷理，穷理之要，必在于读书，读书之法，莫贵于循序而致精，而精致之本，则又在于居敬而持志。"他又告诉我们"读书有三到，谓心到、眼到、

口到"，读书不能像当前坊间有些人所说的"不甚求解"的态度，这种以浏览为主的读书法，朱老先生认为是浪费光阴。"少年易学老难成，一寸光阴不可轻"，如果少年时不立志、不好学、不讲究方法、不专心致志、不精益求精，只能是"老大徒伤悲"了。

如果我们回顾一下孔子有关学习的思想，就会发现，朱熹确实是继承发扬了儒家成功学中有关学习思想的"正宗"思想。孔子认为，"学而时习之"（《论语·学而》），读书要时常复习，同时要抓紧时间学习，因为只有充分掌握学习的知识，才能举一反三，"温故而知新"（《论语·为政》）。当然，不能盲目学习，学习要结合实践进行思考，通过实践验证并反复思考才不会迷信书本，才能脱离教条主义，并在书本中发现其"明结构"中没有显现的真理，孔子提出"学而不思则罔，思而不学则殆"的名言，至今还适用于我们的学习与工作中，也符合毛泽东的实践认识论中的"生产、科学与阶级斗争"出真知的论断。

在学习态度上，孔子要求学生"敏而好学，不耻下问"（《论语·公冶长》），广泛学习各种知识，向广大人民群众学习，提出了"三人行，必有我师焉；择其善者而从之，其不善者而改之"（《论语·述而》）。这是一种开放的胸怀。虽然我们知道，孔子指的学问，多数时候是指"格物致知正心修身齐家治国平天下"，即"内圣"和"外王"之说，反对学生学习有关生产劳动的知识，这与孔子认为前者是高等的复杂劳动、后者是简单劳动有关。他认为劳心即脑力劳动是复杂劳动，劳力是简单劳动，复杂劳动者统治简单劳动者，"劳心者治人，劳力者治于人"，这曾经确实被当作"孔老二"的一大罪状，但如果我们将眼光收回到现代，比照美国与中国的"劳动"，就会发现：掌握高科技、实现高效管理、市场遍布全球的美国人可用一张芯片换取我们一集装箱玩具；我们的农民工每天工作十六小时，而美国人每周工作四天、每天工作四五个小时，还可以挣比我们高几十倍的收入。这时我们才会惊奇地发现，我们的祖师爷孔子是多么伟大：要培养真正的复杂劳动的劳动者，一国才能在竞争中胜出。

孔子之所以要求学习掌握真正的复杂劳动的知识，是基于他对于人生的真切的了解。不懂而装作懂得，必然会受自然或者社会的惩罚。因此，孔子提醒追求成功者，无论你想从政还是管理："知之为知之，不知为不知，是知也。"（《论语·为政》）因此，千万不能自欺欺人，如果自己欺骗自己，会增加失败的概率，想成功要做到"智能上的诚实"。

在学习的紧迫性上，孔子强调三维空间中时间之矢一去不回头的特性，他感叹，如果不抓紧学习，时间不等人，"逝者如斯夫，不舍昼夜！"（《论语·子罕》）希望年轻人不要浪费时间，不要做白日梦，正如明朝的《明日歌》中所说："明日复明日，明日何其多！日日待明日，万事成蹉跎。世人皆被明日累，明日无穷老将至。"

3. 正心与诚意，才能汇聚天地力量

朱熹认为，《大学》之修身、齐家、治国、平天下，基本只是正心、诚意而已，"心正""意诚"，能够感动天地，因为"诚能体而存之，则众善之源，百行之本"。

4. 内圣是外王的基础

曾子《大学》说，"格物、致知、正心、诚意、修身"为"内圣"修持的内涵，朱熹强调成功者内心修持的重要，严格要求自己，"日省其身，有则改之，无则加勉"，这有点类似"吾日三省吾身"的意思。只有日日自省者，才能"自敬而人敬之"，"人光明磊落便是好人"。罗奇格西在《当和尚遇到钻石》一书中，提出了类似的观点，他告诫读者，要学习在宁静中安顿生活，因为只有内心清静，才能扫除心中尘埃。①

内圣的目标是修正身心，让身心在天地宇宙间平衡和谐。朱熹认为"自古圣贤，皆以心地为本"，因此修身以"心地光明磊落为本"。心地光明则以思诚为本，因此思诚即为修身之本。要思诚，先要明德行善，因此行善积德才是思诚之本。

佛教认为三界唯心，心如滋生万物的大地，能随缘生一切诸法。为人以心地高洁为最重要，因此朱熹提出"涵养、致知、力行"三者，便是以涵养为首，致知次之，力行又次之，内圣的外延就是"外王"，实践人生的成功目标就得"力行"，否则"内圣"就无处落地、无从伸张。

---

① ［美］罗奇格西：《当和尚遇到钻石》，135 页，京华出版社，2005。

5. 要成功，需要交朋友与"拉"关系

俗话说，"一个篱笆三个桩，一个好汉三个帮"，成功不可能单打独斗，需要众志成城。但是交友要谨慎，孔子认为，"益者三友，损者三友。友直，友谅，友多闻，益矣。友便辟，友善柔，友便佞，损矣"。孔子因此建议，多交良师益友，远离损友。益友由于"心正"意诚，身心存在正能量，会给交流者正面的力量。

朱熹认为，"大凡敦厚忠信，能攻吾过者，益友也；其谄媚轻薄，傲慢亵狎，导人为恶者，损友也。朋友，以义合者"。交朋友要看是以利为出发点，还是以义为出发点。只有讲究仁义者，才能进行交心，交心的朋友才能长期合作，成就共同的事业。

6. 要成功先管理好欲望

"管理通货膨胀预期"是 2010 年中国宏观政策的一个新名词，其原因是中央对于 2010 年世界和中国经济背景做出了"复杂"的论断，宏观经济复杂的判断又是基于 2009 年全球向市场注入大量的资金，大量的资金已经在大商品上出现了价格暴涨，会否将涨价的洪水转入居民消费品价格，就成为各国政策是否退出、如何退出的国际资本、国家政策、机构资本、居民资本的博弈背景。

概念背后是对客观世界真相的认识，名实是否相符，得看 2010 年中国经济是否真正的"复杂"。2010 年 3 月 27 日，有人在"浦江金融论坛"春季会议上发言时，特别指出，因为中央对宏观世界的判断是"复杂"，在上年底就开始提出了一系列的政策主张来应对复杂的局面，因此，他认为，2010 年的宏观背景因为有中国宏观政策的反作用，可能变得相对"简单"，即经济增长可预期，通货膨胀可控制，企业业绩有一定增长，情况可能出乎预料地好。

如果我们将"镜头"向前推移 900 多年，与朱熹老师在"管理人性预期"与"成功预期管理"上进行讨论，就会发现，朱熹老师的一些判断或者论断是具有国际视野的，因为他充分吸收佛教和道家的认知理论的合理内核并融会贯通于其理学当中了。

在人性的优点上，朱熹认为"天理之性"（天命之性）就是"理"，

是"止于至善"、完美圆融的；由理衍生的"气质之性"兼容天理与人气，同时包容了善恶两极，人是善恶的统一体。朱熹认为，天理或天命之性衍生"道心"，道心具备"仁义礼智"之心，"仁义礼智"之心衍生出"恻隐、羞恶、是非、辞让"的德行，是善的各种外在展现。"人心"出于形质气运之需，是保证肉体生存而需要的饥食渴饮之类。行道的圣人驻世时，也会保持人心。不过，圣人人生目标不是人心为主，而是以道心即得道或者解脱为主。

因此，朱熹认为，"道心"与"人心"是既矛盾又联系、既对立又统一的关系。"道心"虽然抽象美丽可爱，但需要通过健康善良的"人心"来安顿，"人心"是道心得以实现的物质"平台"。当然，如果要实现人生目标，"人心"得按"道心"的规章办事。朱熹认为"人心"是形而下的私欲，私欲如果膨胀，人生必然存在危机；"道心"是形而上的天理，有如"易"之道，所以"洁净精微"①，但离不开明明德的得道弘道者。孔子说过："人能弘道，非道弘人。"人不断加强自身修养，从而由浅入深地认识"道"并提高自己，逐步达到觉悟的地步，获得永无穷尽的人生快乐，进而胸怀天下众生，通过"亲民"而大济苍生，即"人能弘道"。如果以得"道"为标榜，哗众取宠、道貌岸然，无法领悟生命、人性的美好，则与大道无缘，因此朱老先生反对假道学，特别反对借道学为幌子在江湖中招摇撞骗者。

我们认为，朱熹先生提出"遏人欲而存天理"的主张，不是反对正常的欲望满足，比如在吃、穿、住、行的需求上，只要不超过当时的物质生产力水平，他就不反对。"遏人欲而存天理"的主张主要是限制人性之恶，光大人性之善，通过扩大充实人性之善，才能发扬人间的道心。因此，朱熹不反对人们正当的物质生活欲望，反对超过人性需要的私心杂念，反对超过延续生存条件的物质欲望。因此，我们认为，只要合乎人性合理需求并在当时生产力条件下可以满足的欲望就符合天理，超过当时物质生产力

---

① 南怀瑾先生认为："洁净"包括了宗教的、哲学的含义，就是说学了《易经》这一门学问，人们思想、情绪的变动，是非常清洁而宁静的。"精微"两个字则是科学的，所以学《易经》的人，要头脑非常冷静。

水平的欲望且不符合人性道德的要求，就是人欲。满足合理的欲望，提升人们的道德水平，才能开创人间的净土。

理学：能否成为现代人事业追求的拐杖？

1. 民主制度才能造就人才辈出的时势

"亚圣"孟子提出的"民为重，社稷次之，君为轻"的民本思想是儒家原教旨主义形成互补关系，儒学有关治国平天下学说因此形成互补的阴阳对称关系，孟子的"亚圣"地位确实是因他的理论高度与理论贡献所应得的。但是，在中国2500多年儒学发展史上，并不是所有统治者都能够容忍"民本民主民权"的思想，孟子因为提出了"民为重"的民本思想，在明朝被朱元璋搞成ST，差点摘牌逐出儒家圣殿，因为"民本"思想冒犯了帝王唯我独尊的权威。

儒家认为，有人才有财，有财才有业。虽然"普天之下，莫非王土；率土之滨，莫非王臣"（《诗经·小雅·谷风之什·北山》），但如果离开百姓，君王将一事无成。在儒家看来，统治者与老百姓是鱼水关系，如果没有百姓之水来滋养，统治者就会干涸而亡。因此，《大学》提出，走"群众路线"的"亲民"是事业成功的最重要的环节，以老百姓的利益为重，江山社稷才能稳定，君王利益才能保障。

唐太宗李世民可能是君主中最为明白"君主与人民"关系的人，他说："水能载舟，亦能覆舟。"除了官僚机构，老百姓与君主是相关作用的主要力量，彼此相互作用、相互依存，但可能出现矛盾与对立，因此君主只有照顾人民的利益，才能保障自己皇族利益的最大化。在古代，人民最大的利益是温饱，因为"民以食为天"，能够让百姓吃饱穿暖的统治者就能得到百姓的拥护，"得民心者得天下，失民心者失天下"。

进入21世纪，在中国最得民心的政策，无非是就业、住房、医疗、教育等社会事业，如果我们能够解决老百姓最关心、最迫切的利益诉求，就是真正在实行以民为本的思想，孟老先生在天有知，也会为当代中国百姓高兴的。就业、住房、医疗、教育问题，不仅是经济问题，更是民生的社会问题，如果解决得好，就使和谐社会的基础更稳固。因此，我们认为，深化经济改革因为不仅是利益总量增长的问题，还涉及利益再分配的问题，各利益集团的矛盾与摩擦会增多，经济改革带动整体福利增长的"边际效应"逐步下降。

如果未来30年通过社会改革推动经济改革，从户口制度、土地制度、财税制度、社会保障、医疗保障、农村社会重建等方面入手，有可能创造出一个新的不断增长的内部市场，从而为经济增长和社会总福利水平的提升创造条件，形成"帕累托最优"（Pareto Optimality）。当代中国，如果不改革收入分配制度，调整国家、机构、居民在收入分配格局中的地位与权益，就无法达成最大的社会福利。因此，当前正在进行的社会体制改革，可以视为帕累托改进（Pareto Improvement），通过惠民政策，在税收、在福利制度建设上让百姓没有后顾之忧，就可能在没有使任何人境况变坏的情况下，使多数人的生活状态变得更好，实现帕累托最优状态，即公平与效率平衡的"理想王国"，进而实现消费扩容、消费升级、产业升级并列的景象，中国重化工业建设将会顺利完成。

2. 法治在民主的基础上，成为公平正义的平台

在中国古代，由孔子提出的"君君、臣臣、父父、子子"不同等级清晰进行定位的观念，加上隋代开始的科举制度，共同构建了社会秩序。在社会治理即治国平天下政策取向上，儒家坚持"亲亲"和"尊尊"的立法原则，维护"礼治"，提倡"德治"，重视"人治"。

儒家的"礼治"为核心的治国主张，规定了不同社会阶级行为规范的秩序，以法治国，使贵贱、尊卑、长幼各有其特殊的行为规范并进行自我约束。只有贵贱、尊卑、长幼、亲疏各有其礼、各行其礼，才能实现"君君、臣臣、父父、子子、兄兄、弟弟、夫夫、妇妇"各安其位的和谐社会。

同时，儒家的"德治"主张以德感人，以德治国。儒家主张用道德去感化教育人，去恶扬善，从心理上改造人性，知耻辱、去奸邪。儒家的"人治"主张，重视人的个性，认为人性向善良还是奸邪发展要看教育引导的方向，教育要使人向善选择自己的发展方向，管理者要发扬人性之善

并"管理人性善良预期",发扬"人格"品牌力量,从而使管理人性化。

孔子认为"克己复礼为仁","礼"是人们正确进行自我定位与和谐处理相互关系的平台,包括了礼治、法治和人治的内容。根据程朱理学的观念,一个人无论处在社会中的什么地位,只要遵守礼制,都可以从礼的规定中得到好处。

"礼"的具体表现有三个方面:一是"勿不敬",指下级与上级以及同级之间处理关系要以尊敬和敬重为先;二是"俨若思",指上级与下级以及同级之间处理关系时严肃但不能随便批评,要经过深思熟虑;三是"安定辞",指的是自己角色定位中应该做到并做好的事情,不能拖拉和推诿,维持上下级和父母子女间的合理关系。如果下级不守规矩并藐视上级,如果子女不尊重并有意伤害父母,整个社会就将混乱不堪,史无前例的"文化大革命"就是最好的明证:下级造上级领导的反、子女造亲生父母的反,夫妻间互相揭发告状,结果是精神文明下降,社会诚信消失,人间信任难以寻找。

从现代社会的反证中,我们明白了程朱理学确实可以为社会制定秩序,为社会稳定起到积极的作用。如果将"民为重"的思想和程朱礼义进行有机结合,古典的"民主集中制"思想就会显现。民主和集中分开来,都容易走向自己的极端,造成社会的混乱。如何平衡二者的关系,程朱理学的理论与实践为现代人提供了理论来源和历史实践的经验体系。

第六节 知行合一 心想事成

王守仁,浙江余姚人,自号阳明子,创建阳明书院于越城,世称阳明先生。王守仁28岁中进士,历官累至南京兵部尚书等,文治武功全能,敕封新建伯,著有《王文成公全集》38卷。王守仁是我国明代著名哲学家、教育家,思想泰斗、心学杰出代表,在我国儒学史上占有重要地位。

阳明先生早年以诸葛亮自喻,决心要做一番建功立业的大事。他在读书之外，还学习骑、射和兵法，是文武全才。因此，阳明先生不仅是儒学牛人，也是当时的军事猛人，"上马杀贼，下马露布"（见《北史·傅永列传》）都能的全人。

中国古代哲人提出过"人生有三不朽"论断："太上有立德，其次有立功，其次有立言，虽久不废，此之谓不朽"（《左传·襄公二十四年》），从这个高度考察，阳明先生确实都做到了。在中国儒学发展史上，能够与之抗衡的，可能找不出几个，如果单项比拼，诸葛亮在行政和军事上可能比他厉害，但从学术体系的创立和历史影响上看，诸葛亮就无法与之并列。如果说董仲舒借用帝王力量，独尊孔子儒学淘汰百家学说而创新了儒学，朱熹借用释老理念创立理学提升儒学到官学地位，王守仁的心学更牛，直接超越了理学成为中国封建时代思想解放、经世致用的新理论。曾国藩先生活学活用阳明学说，"先立德，后立功，再立言"，书生起兵，实现扫平宇内、中兴清朝的目标，《大学》中成功秘法即正心诚意修身齐家治国平天下都做得漂亮。

拿来用用，创新提高

阳明先生认为，"圣人与天地民物同体，儒、佛、老、庄皆我之用，是之谓大道。二氏（指程朱）自私其身，是之谓小道"，既然天地万物及儒、佛、道在本质上是同体同源同一，都是理、道、心的体现，因此阳明先生认为借用佛老的理论丰富儒学，是自家人用自家人的东西，不用不好意思，只要好用能用可用，就拿来用，并纳入自己的理论框架中。他认为要成就大道理，就得博采众长，实行拿来主义，按时代的需要对儒学进行创新、重构、裁用，从而扩展儒学的"市场边界"，形成无人超越的新理论的"市场空间"，获得别人无法企及的理论"利润"。这种做法，确实与近年来流传广泛的"蓝海战略"有异曲同工之妙。

按照阳明先生自己的讲法，他的全部心学秘密，都藏在下列四句口诀中：

无善无恶心之体，

有善有恶意之动。

知善知恶是良知，

为善去恶是格物。

从这四句口诀中，我们可以洞见王阳明哲学来源之一是佛教唯识宗①的思想，"心外无佛，即心是佛"，"心外无物"、"心外无理"都是唯识宗的基本观点。在此基础上，他提出"致良知"和"知行合一"的学说，他认为良知是存在于心中的天理即我们日常所谓的天理良心，这是人天生固有的善良根性，这又与孟子的"性善论"结缘，是儒学的正宗货色。良知在展现过程中，由于人的杂念存在，往往为私欲所污染，个体如果追求成就，就得"管理人欲"，恢复良知，这里我们发现了阳明先生不拘一格，将理学的思想进行转化为其所用。

王守仁心学最重要的特点就是他的"良知说"。他认为，人心之最核心的就是良知，良知即是天理，与天理相联系，天地万物皆从良知中产生。良知为人心之所固有，没有良知，便没有万物；良知也是天地万物发育流行发展的根源；良知又是"太虚"，天地万物在太虚中发育流行，就是在良知中发育流行发展。这种理论极似瑜伽理论，即世界一切都是至尊主（道教称为道）创造。

因此王守仁的心学，上承孟子，中继陆九渊，旁及释道，用了程朱学的内核，独立发展出可与程朱学派抗衡的新理论。王阳明早期尊崇程朱理学，为了实践朱熹的"格物致知"，有一次他下决心穷竹子之理，格了七天七夜的竹子，什么都没有发现，人却因此病倒，这就是著名的"守仁格竹"，王阳明因此对"格物"说产生了极大的怀疑。格物失败，可能与阳明先生的格物方法有关，但挫折让他改变了理论方向，成为反理学的急先锋。

---

① 唯识宗认为，一切万法皆是识的变现，皆是依识的"自证分"（本体）所变现的"见分"及"相分"，此外并无他物，故说"三界唯心，万法唯识"。

明武宗正德元年（1506 年），阳明先生因反对宦官刘瑾，被谪贬至贵州龙场当驿丞。在谪贬龙场的孤独中深思，阳明对《大学》的中心思想有了新的领悟，认为心是万事万物的根本，世上一切都是心的产物，史称"龙场悟道"，从而展开了与朱程理学进行博弈的历史。

朱熹创立理学后，元代以及明初流行的程朱理学，强调向外格物以穷理。王阳明强调"心即是理"，理不需外求，从自己心里即可悟到，因为"理"存人心中，"人人可以成尧舜"一样的圣人，人欲与天理不再对立。他提出的"天理即是人欲"，"万物一体"，直接将矛头对准朱程的精神物质二分法，认为只要合乎人性和人心的人俗，就无妨碍，因为人欲也是天理的展现。阳明哲学反对朱熹把心与理视为两种对立事物的观点，提倡人性全面回归，强调良知与良能的统一，讲究哲学的实践性与人性的解放，从而成为与西方文艺复兴宗教改革同期的东方思想解放运动。人性解放的文学代表作，同期西方有《十日谈》、中国有《金瓶梅》。

表 1　朱熹与王阳明基本观点的分歧

	朱　熹	王守仁
《大学》	分经传	原无经传可分
"格物致知"与"诚意"	格物致知在诚意之先	格致本于诚意，以诚意为主
心与理、知与行的关系	心与理一分为二，知与行分离	心与理一，知与行合
格物、良知与经典	格物为穷理，重外界事物之理，对经典字句细心理会	格物为正心，发挥良知的作用，良知为评判事理的标准和解释经典的根据

阳明哲学天理与人欲可以相融的观念，很像瑜伽理论。瑜伽理论认为，世界的一切，都是天理（至尊主，或者道，或者上帝）的展现，无论正的反的，无论善良还是罪恶，都是天理的展现。阳明哲学又直接继承了

老子的思想，老子提出的"道生一，一生二，二生三，三生万物"的观点，就是道在世界展现的过程，既然万物来源于道，大家都是"道"的子孙，因此众生是平等的。无论是中国的修道者，还是印度的瑜伽行者，不应当受物质属性影响，应当超越物质约束，追求精神层面的生活。由于一切来源于天理，因此，万物一体，众生平等，无论有情世界、无情世界，人都要学习尊重世间的物质或者规范。

历史实践：大家用了都说好

心学由于其知行合一的特点，直达人心，讲究现世实用，故影响深远，至今仍然可以感受到其威力。记得有次在普陀山与惟海法师①对话时，他认为，知行合一，主要是精神层面才实行，因为在精神层面，知与行是同一的。这位大师，由于出家前学习了现代科学知识，出家后又从事佛学的修行，特别是长期闭关的实践经验，了解人性、人心、精神、情感在坐禅感悟过程中会受到六识的侵扰，心魔会时时显现，他以"死去活来"形容闭关期间的感受。

清代中兴名臣曾国藩领导的湘军，人人都阅读王阳明的著作，湘军最终以心学为思想打败了据有中国主要财源的太平天国。维新派领袖梁启超、国学大师胡适、中国共产党早期领导人陈独秀、革命先驱孙中山，他们对王阳明先生，均十分敬佩。梁启超先生便著有《王阳明知行合一之教》，著名教育学家陶行知折服于知行合一学说，毅然改名陶行知；郭沫若是王阳明的崇拜者，著有《伟大的精神生活者王阳明》和《王阳明礼赞》等文。

心学是日本明治维新的指导思想。日本用心学教化国民，打造团队精神，提高国民素质，为发展成世界经济强国塑造了文化基础。在日俄战争中击败俄国海军的日本海军大将东乡平八郎自称"一生伏首拜阳明"。心学在明末因为后学者智慧品德不逮，逐渐远离心学原旨，成为

---

① 惟海法师，大学学习医学，曾经闭关8年，是《五蕴心理学》作者。

自我放纵的借口，顾炎武大为光火，认为明朝灭亡，心学要担主要责任，这可能有点抬高心学的味道。孰是孰非？我们在介绍顾炎武先生时再讨论之。

阳明成功学特点：解放思想，知行合一

1. 心外无理，成功来自成功的强烈意愿

王阳明继承陆九渊的学说，他们被称为"陆王学派"。陆九渊从"心即理"出发，认为格物就是体认本心。王阳明反对程朱通过向外追求"至理"的"格物致知"方法，提倡从自己内心中去寻找"理"，认为理"全在人心"，因为是"理"化生出了宇宙天地万物，心理因此相通。

王守仁认为，"万事万物之理不外于吾心"，"人心之得其正者即道心；道心之失其正者即人心"，"虽凡人，而肯为学，使此心纯乎天理，则亦可为圣人"。这与六祖慧能所说"凡夫即佛，烦恼即菩提。前念迷即凡夫，后念悟即佛"及"不悟即佛是众生，一念悟时众生是佛。故知万法尽在自心，何不从自心中，顿见真如本性"（《六祖坛经·般若品第二》）等名言何其相似！两人讲的，无非是心物一元、心能转物、心外无物的道理，不过这个道理是否能够得到实证，还需要科学实验和社会实践验证。在现代行为金融领域，由于群体心理直接对市场定价起作用，市场定价有合理、有价值压缩或者价值泡沫等多种状态，因此经常会出现不合理的定价或者估值，进而形成"误价"。误价如果与心理偏差结合，可能长期无法纠正，因此可能形成历史性的某个市场的估值偏差。

从"心即理"出发，阳明先生认为，"心外无理，心外无物，心外无事"，这一判断又与六祖慧能在坛经中宣扬的"心量广大，遍周法界，用即了了分明，应用便知一切。一切即一，一即一切。去来自由，心体无滞，即是般若"相似，我们从中发现，阳明先生是大胆采用了佛教理论为儒学所用，进而阐明"本心"即"天理"。因此，他强调："不可以心外求仁，不可外心以求义"，"求理于吾心，此圣门知行合一之教"。但是，明了道理，不等于能够实现心中愿望，因为"破山中贼易，破心中贼难"，

要降伏心中的老虎，可能难于上青天。我们心灵中的"老虎"，可能是私欲，可能是私利，可能是名誉、权力、金钱、观众、"粉丝"，当然也可能是美女。① 为此，有时候即使我们的直觉、我们的判断是正确的，但可能我们却做出了相反的行为，出现知行不一的状态，这种行与知的偏差，可能源于个体生命中过多的私欲。

心学因此告诉后来者，要心想事成，就得做好良知。有了良知和良心，心中想象才能成功，心中充满成功的期待，将目标定位于成功的企图中，将会调动一切力量，聚焦并激发内在力量。

2. 敬畏真理，人生规划才有方向

阳明先生认为，要学习真理，先要搞懂圣人之学。圣人之学是当时的圣人对宇宙人生感悟的总结，认真学习圣人的思想，可以直接获得对于宇宙人生的知识，少走弯路，这就是我们要进行"教育"与学习的原因。当然，"圣人之学"，应当包括人类实践与经验的一切科学与真理，"有志于圣人之学者，外孔孟之训而他求，是舍日月之明，而希光于萤爝之微也，不亦谬乎?"当今世界，已经不是2500多年前孔孟时代的知识或者真理能够概括的，因此，我们认为圣人之说，包括了一切人类文明的优秀遗产。阳明先生吸收了当时先进的人类优秀文明遗产，才能创新儒学，我们要在阳明先生的基础上，吸纳当代有关人性、人生、生存、幸福、心理、精神等科学的理论，丰富发展儒学成为现代实用的行为金融学，为现代化中国提供有用的理论指导。

因此，阳明先生认为，"夫学贵得之于心。求之于心而非也，虽其言之出于孔子，不敢以为是也，而况其未及孔子者乎? 求之于心而是也，虽其言出于庸常，不敢以为非也，而况其出于孔子者乎?"时空在转换，真理也具有相对性，权威的理论在不同的时空环境中，也会有缺陷。因此，对于真知、真理、学问的态度，唯实而用，即经过实践证明正确的，学习圣人之言但不盲从权威，走群众路线，尊重群众创新。中国改革开放就是在敬畏权

---

① ［印］帕拉宏撒·尤迦南达:《一个瑜伽行者的自传》，王嘉达译，陕西师范大学出版社，2006。

威、不盲从权威，走群众路线、尊重群众创新的基础上而取得成功的。

3. 知行合一，成功还得脚踏实地去做

在中国实践哲学中，自从《尚书·说命中》提出"知之匪艰，行之惟艰"的知易行难观点后，知与行的关系是分离对立的。朱熹的知先行后、知轻行重、知行互发的知行观，进一步将知行推向对立。程颐提出"知先行后"说，认为先有知而后有行，知是根本，是行的指导，知与行是一分为二的。朱熹继承并且发展了程颐的"知先行后"说，认为知与行不能合而为一，只有通过真知实现知与行的统一。

王阳明的理论之所以很牛，是在自己身体力行后，系统地提出了知行合一的人生规划方法，首次高举"知行合一"的哲学大旗，反对夸夸其谈，讲究理论与实践的统一，从而将《大学》的亲民理论与实践合一。王阳明作为一代大儒，提出真知与真行的内在合一，从知行本体出发论证知行合一。首先提出在知行表象之上，存在知行本体。知行本体是知行的本来样态、本来面目，从本体看，知的本体与行的本体是内在合一的，不可分离为二。因为一切现象和行为都是道的展现，行为是道的特性在一定时空下的表现。王阳明认为，在本体论上，心生万物，道（心）是一切的本原，知和行都是道（心）的展现，都是道（心）的"孩子"，因此知行合一，从本质上是天然成立的。

因此，阳明先生认为，知行本体与人之本心的本质相连，有如瑜伽训练中"梵我相连"，也如儒道共同的命题"天人合一"，人之本心内在指向的知行即是知行本体。如果人的本心按天理流行而不为私心杂念所阻隔，知行本体将如实展现，实现《大学》的"真知行"。

"知"主要指人的道德意识和思想意念，"行"主要指人的道德践履和实际行动。"知行合一"包括两层意思。一是知中有行，行中有知，二者互为表里，不可分离。知必然要表现为行，不行不能算真知。真正的良知，无不行动，自觉的行动，才是真良知。二是以知为行，知决定行，知是行的主导，行是知的功夫；知是行之始，行是知之成。

因此，从"天地万物本吾一体"出发，阳明先生反对朱熹的"先知后行"说，他认为，人们认识真理，知道这个道理，就要去实行这个道理，

去改善环境，达成"弥伦天地之道"，这与马克思在《关于费尔巴哈的提纲》中提出的"哲学家们只是用不同的方式解释世界，问题在于改变世界"的思想是一致的。如果个体自称为知道，指手画脚，不去实行，不是真知。真知离不开实践，离不开身体力行。真正的知行合一在于确实地按照所知在行动，知和行是同时发生的。如果把大量的时间和精力花费在知上，光读书不做事，就是死读书、读死书，长此以往，只能造成"浮夸风"，因此，在人的生命历程中，要深知，更要践行。

4. 致良知，知行合一才能实现

阳明先生读书无数，他不玩历史虚无主义，他的理论都有具体来源，但是在历史巨人的肩膀上，他不站着睡觉，而是有所发明、有所创造、有所前进。

"致良知"是阳明心学主旨，是从《孟子·尽心上》处寻觅得到的："人之所不学而能者，其良能也，所不虑而知者，其良知也。"阳明先生认为，曾子讲的"致知"就是达成孟子内心的良知。良知即是主体的道德意识，是宇宙间的最高本体，比如佛教所谓的"万法唯心"。他认为，良知人人本有，人人自足，不假外力而内存力量。"致良知"就是将个体内在的良知良能推广扩充到万物，也是格物致知与修身齐家治国平天下的过程，是内圣与外王的统一，是个体内在的良知与宇宙意志的统一。"致"是兼知兼行的过程，是自觉之知与致知之行合一的过程，因此"致良知"也成为"知行合一"实现的具体流程，是在实践中实现良知。如果说良知是虚无不见的，但实践的功夫是实实在在的。致良知而达成的知行合一，就是将客观知识与主观实践、修养功夫与宇宙本体融为一体。如果不能致良知，就不能实现知行合一，出现知与行的分裂，"知之匪艰，行之惟艰"。为此，阳明先生认为应存善去恶，正心诚意，如果心地善良，"一念发动处，便即是行了"，知即是行，行即是知了。因此，功夫也好，成功也好，来不得歪门邪道，做人讲究在正大光明处起点，以正做人，以奇用兵。[①]

---

① "以正治国，以奇用兵"，见《道德经》第五十七章。

5. 实事求是，才能在一定的时空下创造出最大事功

《汉书·河间献王刘德传》中指出："修学好古，实事求是。"搞学问要有具体的理论来源，但要结合当时的实际，具体问题具体分析。阳明先生认为，做人要做君子不要做小人，他认为"君子之学，唯求其是"，讲究的是脚踏实地、实事求是的"学风"，讲究的是用格物致知的精神，探索事物真相。

阳明先生从"心外无理"出发，深度挖掘并发挥了《大学》的心学思想：《大学》核心在于"正心"，"心正"方可至善。"正心"就是在改造客观世界之前先改造主观世界，就是至善。"正心"是用改造客观世界的"格物"方法先来格心，格自己的心，使心去除物欲而向善。首先要格"心"，然后才能格物，才能修身、齐家、治国、平天下。

阳明先生说，"至善者，明德、亲民之极则也"。因此，阳明先生是将"格物"与"正心"统为一体，提出"君子之学，惟求得其心"的观点，将人生关注的重点从程朱的"格物"境界转入"正心"境地，他提出"知至善之在吾心，而不假于外求"，从思想理论上完成了"客观世界"和"主观世界"的链接，实现了改造客观世界与改造主观世界的链接。

因此，以"收拾本心"、"致吾良知"为根本宗旨的心学，是以"唯实求是"作为自身的人生规划实践目标。阳明先生本质上以"唯实求是"为其人生规划的内在动力。他认为格物致知，圣人之道，吾性自足，不假外求，日用之间，都是天理流行，治学、事功融会在日常生活之中，学得以致用。这种实事求是精神，已经成为中华优秀文化的内核，仍然影响着当代中国。

6. 戒慎保真，防范风险，保存实力

人生在世，不可能事事时时顺心。称心如意，吉祥如意，是人们相互祝愿时的贺词，如果没有增值事业或财富的机会，最重要的行动就是减少损失、保存实力。上古的圣人，通过观察各种现象，并通过现象间、现象与结果间的相互关系，通过事物变化的结果与人类的关系得出了吉、凶、悔、吝四种结果："圣人设卦观象，系辞焉而明吉凶，刚柔相推而生变化。是故，吉凶者，失得之象也。悔吝者，忧虞之象也。"

南怀瑾先生认为，宇宙间有两个现象：一个吉，一个凶，而吉凶好坏都是人为假定的，是人类心理自己反应得失的一种现象，就成为"得失者，吉凶之象"，没有绝对的吉与凶。四个之中只有吉是好的，别的都是坏的，悔吝是小凶，不好也不太坏。宇宙间万物不动则已，一动只有四分之一的成分是好的，四分之三是坏的。忧就是忧愁，虞就是思虑，脑子不停地想，用脑筋叫做虑。用脑也很痛苦，一个人要不痛苦，什么都不要想才好，不用脑筋，但是那很难做到，绝大多数人都要用脑筋，只要用脑筋就有忧愁，就有烦恼，所以说"悔吝者，忧虞之象也"、"变化者，进退之象也"，有进有退，就是变化，"进退之象"，就是各种变化。故宇宙间一切事情、一切人的心理，都离不开"吉凶悔吝"四个字。

既然事物的运行、人生的故事都可能凶大于吉，我们就要善于从细微处警惕，从小事上注意自己的言行是否合乎天理良心。这正如《易经·乾》卦九四爻辞中说："君子终日乾乾，夕惕若厉，无咎。"提高警惕，才能少犯错误，为保存实力的基本功夫。孔子因此告诫说："君子进德修业。忠信所以进德也，修辞立其诚，所以居业也。知至至之，可与几也。知终终之，可与存义也。是故，居上位而不骄，在下位而不忧，故乾乾因其时而惕，虽危无咎矣。"真正的君子，即使德才兼备，也要讲究信义、注意言行。掌握真理，不骄不躁，时时警惕，才能远离纷争，无忧虑之虞。

阳明先生在吸纳前人的理论基础上，提出虽然人性本善，良知现成，但也要戒慎恐惧，如临深渊、如履薄冰，达成慎独之修养功夫，非礼勿视、非礼勿听、非礼勿言、非礼勿动，心灵透明，良知自能。因为君子只有具备戒惧之功，持续不断，才能天理长存，达到孔子所说的"从心所欲而不逾矩"。

第七节　经世致用　脚踏实地

顾炎武是清朝的"开国儒师"，著名经学家、史地学家、音韵学家。他是"读万卷书，行万里路"的楷模，是清初继往开来的一代思想家。他提倡经世致用，反对空谈，注意广求证据，著有《日知录》、《肇域志》、《音学五书》、《亭林诗文集》等。

实用富民，是做学问的指导方针

顾炎武做学问讲究以"实用、富民、民治"为特色：

一是学习要以"经世致用"为出发点，不玩虚的东西，反对晚明空疏学风，开启朴实新学风。他反对宋明理学的唯心主义的玄学，强调客观的调查研究，提出"君子为学，以明道也，以救世也。徒以诗文而已，所谓雕虫篆刻，亦何益哉？"因此，他认为年轻人要经历风雨，见大世面，要"风声、雨声、读书声，声声入耳；国事、家事、天下事，事事关心"，不要把自己关在书斋里死读书，做学问是为了服务社会，造福民生，匡世济民。因此顾炎武"经世致用"之学，即"实学"，就是"实习、实讲、实行、实用之学"，说实话、干实事、务实际、求实效，提倡"道不虚谈，学贵实效，开物成务，康济时艰"；主张独立思考，不蹈袭古人，贵在创新；注重调查研究，主张实事求是，深入实际。

二是顾炎武在"明道救世"思想指导下，提倡"利民富民"。他认为，"有道之世"，"必以厚生为本"① 他希望百姓"五年而小康，十年而大富"。他认为"善为国者，藏之于民"，这是与儒家富民思想一脉相承的。

中国富民思想的渊源极早，《尚书》中有"裕民"、"惠民"的观点，《周易·益》有"损上益下，民说无疆"，把重视人民的利益视为统治者的德政。

孔子提出"足食"、"富而后教"的论点，人民的发财致富作为教化的基础，即精神文明是建立在物质文明基础上的。孔子提出"百姓足，君孰与不足；百姓不足，君孰与足"② 的观点，即民富先于国富，国富建立在民富的基础上。

---

① 顾炎武：《日知录》卷二。
② 《论语·颜渊》。

　　孟子的富民政策是发展生产、减轻赋税，"易其田畴，薄其税敛，民可使富也"（《孟子·尽心上》）。使老百姓"仰足以事父母，俯足以畜妻子，乐岁终身饱"。他认为这些富民措施能使"老者衣帛食肉。黎民不饥不寒"（《孟子·梁惠王上》），实现安居乐业，天下大治。

　　荀子提出不与民争利，更反对财富过分集中于国家，"府库实而百姓贫"，如果没有百姓的富裕，国家政策就会失灵："王者富民，霸者富士，仅存之国富大夫，亡国富筐箧、实府库"（《荀子·王制》）；通过减税政策，使民富裕，还富于民。人民富裕，有利生产，生产愈发展，国家愈富裕，实现"上下俱富"（《荀子·富国》）。

　　司马迁反对统治者与老百姓争利益，主张满足人民富裕的愿望，发展农工商，达到"上则富国，下则富家"（司马迁：《史记·货殖列传》）。早期法家亦多重视富民。如管仲这个猛人就提出过名言"仓廪实则知礼节，衣食足则知荣辱"（《管子·牧民》），认为国家的软实力即老百姓的精神文明还是建立在物质文明之上。因此，这位著名的宰相提出了"治国之道，必先富民"的论断。

　　中国改革开放就是解决"贫穷不是社会主义"的问题。改革的目的是什么？胡耀邦对这个问题的答案很明确："藏富于民，让人民富起来。"①他说："我们共产党员要时时刻刻为人民着想，使人民尽快富裕起来。"人民为革命流血牺牲，就是要换来一个越来越富足、美好、幸福的生活。只有老百姓富裕了，国家才能长治久安。

　　三是老百姓富了，还得给百姓权利。顾炎武"小心求证，大胆怀疑"董仲舒的君权神授思想，提出天下为天下人的天下、天下为天下人共治的思想。他在《日知录》中旁征博引地论证"君"并非帝王专称，反对"独治"，主张民主的"众治"，强调"以天下之权寄之天下之人"的人民民主主义思想。他"众治"的主张，是反对封建独裁的民主启蒙思想，成为200年后辛亥革命的先声。

―――――――――――

① 胡德平：《父亲说他一生有两大遗憾》，载《新京报》，2010 年 4 月 8 日。

四是老百姓有钱有权了，也要承担相应的社会责任。顾炎武提出了"天下兴亡，匹夫有责"的口号，认为广大中国人民生存环境安全和中华民族文化血脉延续，是每个中华儿女的责任。台湾著名教育家高震东认为，"天下兴亡，匹夫有责"是集体都负责，等于大家无责，应当结合当代形势将"天下兴亡，匹夫有责"改成"天下兴亡，我的责任"，这符合"以天下兴亡为己任"的孟子思想。"天下兴亡，我的责任"，人人主动承担历史责任，我们的国家才有希望。据说高震东主持台湾地区享誉30年的以道德教育为本的忠信高级工商学校，没有保洁员、没有保安、没有厨师，一切的必要工种都由学生自己去做。学校实行学长制，三年级学生带一年级学生，全校集合只需三分钟。学生在七米外见到老师要敬礼。学生没有寒暑假作业，没有一个考不上大学的。台湾工商界各大报纸招聘广告上，经常出现"只招忠信毕业生"的字样。如此看来，高震东先生强调个人担当责任的教育方法是成功的，也是对顾炎武思想的创新与提高。

如果百姓既富裕又有权，能够承担相应的社会义务，就会活得有尊严，就会比较有幸福感。一个多数百姓感觉幸福的社会，才是最稳定、安心、和谐的社会。如果贫富差距大，或者富裕不是正当的劳动所得，就会出问题。2008年，有个在资本市场很成功的人，在"5·12"地震后跳楼了，震惊全国。他富了，但他很郁闷，他寻找跳楼作为人生幸福的负面答案，他给世人留下的遗言是他得了心理或精神方面的疾病。

正本清源，用实践来检验儒学解决问题的能力

顾炎武这套讲究实用的思想是如何来的呢？来自于他对儒家原教旨主义的继承，来自于他对理学、心学的"儒学修正主义"的批判。

顾炎武强调"经世致用"的实际学问，主张恢复儒学的本来面目，要求把学术研究与解决社会问题结合起来，力图扭转明末不切实际的学风，提倡《大学》"明德"与"亲民"思想。

顾炎武认为，明朝的覆亡乃是心学空谈误国的结果——当然，这个结论是否正确，有待历史学家去论证——为此，他认为要恢复儒学的本来面

目，要结合当代实际，解决时代面临的问题。要求在行动中落实"孝悌忠信"，在"出处、去就、交际"中身体力行儒学思想，通过人生的具体实践出"真知"，通过实践体会理解儒学真谛。比如治国"在政令、教化、刑罚"，如果没有治国经验，往往会流于空谈政治。为此，他批判陆王心学是以佛教禅学为内核，包装了儒学的外衣，理学心学都是正宗儒学"修齐治平"思想的背叛，他认为应当彻底摒弃陆王心学的儒家修正主义，也要批判中了禅释之毒的程朱理学修正主义。

为此，顾炎武提倡儒学原教旨主义。他认为，汉代经学才是儒学正统，要正本清源，钻研儒家经典，打好根基，主张"治经复汉"。他认为古代儒学的本来面目即是朴实的经学，倡导复兴经学，要求依经而讲求义理，反对"离经叛道"地自由发挥儒学，只有这样才能称为"务本原之学"。

博学于文、行己有耻：道学问而平天下

顾炎武认为，做学问也好，做具体事情也好，要有谱，要管用，要有实际效果，但做事情和做学问要在道德规范的轨道中进行。做学问除了学习书本上的知识以外，科学实验和社会实践的经验都是增长学问的来源，因此要学习一切自然界以及人类社会的知识。孔子说："君子博学于文，约之以礼，亦可以弗畔矣夫。"（《论语·雍也篇第六》）君子要做到博学，博学而学以致用，能够指导自己的实践。"博学于文"与"约之以礼"两者齐头并进，达到仁者之道。顾炎武更强调指出，"博学于文"要与"家国天下"事业相联系。顾炎武认为既要学习书本知识，更要广闻博见、考察审问，因为见闻与见识，有时比书本上的知识更重要，经验得来的知识有时是灵活的新"闻"，是与当下时空对称的，对解决当下的问题可能很管用。

"行己有耻"，即要用廉耻之心来约束自己的言行。顾炎武认为处世待人之道属于"行己有耻"的范围，他认为懂羞恶廉耻而注重实学的人，才真正符合"圣人之道"。晚明政治溃烂，心学末流偏离心学原意，空谈身

心性命，明末学术上的空疏无用和八股的败坏人才，致使在国家危急的时候，无一人可用。因此他不仅强调读书，而且提倡走出书斋、到社会中去考察。他提倡读书与考察相结合的方法，类似于理论和实践相结合的方法。

第四部 《大学》思想：现在还管用吗？

　　宇宙自然与社会人生，万物生命迁流不息，变动不居，动静行止，历史时空不断转移，物是人非，2500多年前的《大学》理论，现在还管用吗？我们认为，基本道理还管用。

　　学习《大学》的精神，古为今用，继承发扬古典中国思想中的合理内核，在"学而时习之"的基础上，进行古今思想交锋，这是我们学习国学的基本态度。为此，我们一起围绕《大学》力量模型，进行古今思想嫁接。因为内圣外王、经世致用，本是《大学》思想的精华，也是现代中国人理应奉行的原则。为了更好地论述《大学》思想在现代化过程中的作用，我们借用汉字的特点、对比《易经》中有关文化心理的思想，发现《大学》的格局、气象，对现代中国人无比重要，因为《大学》是发掘人性八大正面力量的最好的"探照灯"（见图54）。

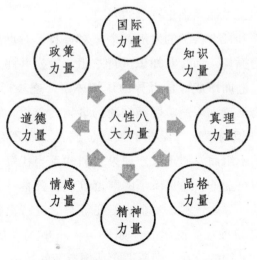

图54　人性的八大力量

第一节　明明德：认识自己，照顾八方

"格物"：知识力量重构直达事物真相

现代世界，"明明德"中"格物"起码有三个方向：一是认识人类本身，二是认识能够养活人类的动植物的奥秘，三是认识人类生存的自然空间奥秘。如果光是"静悟"，没有科学实验数据支持并能够重复或者证伪，人们是不会相信你的学说的，没有人相信，最好的学说也无法"亲民"。认识人类和生养人类的动植物，就得在基因学或者干细胞研究上进行突破，实现人造人和人造的生物世界。科学上如果实现突破，人类的生存条件就可能突破几千年来的限制，即人的寿命、人类生存的土地资源极限等约束条件或许会大大改变。科学的突破，我们相信在知识不断积累的条件下会加速，问题是，人不仅是生物学上的人，还是社会性、道德性的人，社会意义和道德意义上的人，会顾及生物学上的突破可能造成的"负面"影响，从而将人类带向一个不可控的状态，比如基因研究和干细胞研究在人体科学上的应用就可能面临伦理学的问题。

面对自然科学和社会科学的发展，个体对自身、对世界的认知要通过认知与实践的反复循环，通过对知识进行重组、置换并注入新的信息，形成新的知识结构，进而形成评估世界的认知体系，逐步形成真"识"，知是已经知道的事物汇总，识是对已经知道的事物的重组、重构、创新与发展，是对"现"知识的"暗"结构的发现，或者对尚不存在的"无"结构通过现有知识的重组而发明出来。如果我们联系当代资本市场，就会发现，无论是私人银行业务，还是所谓的财富管理、公募基金、专户理财业务，都是对现有的证券、债券、基金、信托等产品进行重新排列组合的结果。这些已经知道的投资品的组合，如果与未来市场发展的主流结构相同，就会获得超过平均的收益，即所谓管理创造新的效益。

比如，会考试者，不一定会经营。全国有成千上万的人通过了各种资格考试，但未必真正理解并掌握其通过的考试知识，或者能够运用这些知识进行社会实践。"格物"者，就是将现有的知识进行再构造、再创造、再重组，从而延伸并优化知识的结构，发现新的知识和事物的本来面目即真相，从中发现"无人竞争"的新实践空间，从经济层面考察，则可以获得垄断利润。因此，光是知者，可能成为酸儒，只有能够运用并不断重构知识者，可以成为鸿儒。① 如果只能纸上谈兵而胸无百万兵，就可能"失街亭"。在诸葛亮看来，天气、山川、水火都可以成为军事力量的有机组合，无论是火烧、水淹、借雾、土石、地势，如果组合到当时的军事知识中去，形成新军事力量，是对《孙子兵法》的活学活用，也是对"格物"思想的身体力行。

对于我们来讲，读书也是间接地了解自然、社会知识的进程。为了更好地读书，掌握自然科学和社会科学的知识，上海资本市场的从业者组织了读书会，因为是 2008 年 2 月 27 日倡议成立的，因此称为"227 读书会"。读书会的宗旨，是为了人生的幸福。

有关"格物"的讨论，我们可以得到如下启发：

于学习，个体在创造人生事业的过程中，要善于从旧知识中发现新知识，融会贯通、举一反三、由此及彼，从规律中发现新规律，从而在因果相承、循环往复中找出缘起性空的因由，从而摆脱本本的束缚，开创出立言的大市场。

于生活，当事者要从个体旧的不良习惯中扭转无益身心的行为，通过新习惯的培养，重新塑造出良性的性格和习惯，从而通过性格结构的优化，塑造出新人格。习惯往往困住当事者，造成由于习惯力量左右而消极面对人生，难以实现健康生活。

于工作，通过时间管理、通过生命历程安排、通过自己行为习惯的管

---

① 孔明："儒有小人君子之别。君子之儒，忠君爱国，守正恶邪，务使泽及当时，名留后世。若夫小人之儒，惟务雕虫，专工翰墨，青春作赋，皓首穷经；笔下虽有千言，胸中实无一策。且如扬雄以文章名世，而屈身事莽，不免投阁而死，此所谓小人之儒也；虽日赋万言，亦何取哉！"见《三国演义》第四十三回。

理，当事者认清工作不是负担，而是一种服务，是一种奉献，从而扭转奴隶心态，通过工作升华人生。

"知至"：掌握真理的力量，运用规律实现既定目标

因此，"知至"与"得道"在一定程度上是重合的，达到人类理想中的"自由王国"①。"知至"的标准是"可以赞天地之化育，则可以与天地参"，不仅掌握了自然规律，还能够运用自然规律实现弥补天地之不足或者缺陷。自然灾害、政策失灵、市场失灵、行为异相，就是人类社会与自然交错运动过程中典型的天地化育缺陷的表现。这些缺陷，在于人性中存在"身体"②的自私基因，基因为了自我复制的最大化，外化为竞争、斗争、博弈甚至战争。

因此，儒家反复提倡要"穷理"、"尽性"、"以至于命"的境界或者目标；到达"穷理"、"尽性"、"以至于命"的境界后，才能"范围天地之化而不为过，曲成万物而不遗"。在这个过程中，格物得道而悟宇宙人生真理者，先要有"后其身而身先，外其身而身存"的为真理而献身的精神。

通过有关"知至"的讨论，我们可以得到如下启发：

于学习，当事者要达到"知至"的目标，需要心理处于一种"无争"的状态，不要在力量博弈中通过主观的行为影响客观事物运动状态。因此，通过情景模拟，将当事人扮演成事物进展过程中的导演而非博弈场上的演员，才能排除自身利益计较造成的心理和行为偏差。西方经济实践中出现的市场失灵现象，主要是将市场中的利益力量过分抽象，将国家力量

---

① 庄子《逍遥游》："若夫乘天地之正，而御六气之辩，以游无穷者，彼且恶乎待哉？故曰：至人无己，神人无功，圣人无名。"

② 《道德经》第二十一章："名与身孰亲，身与货孰重，得与亡孰病。故，不可得而亲，亦不可得而疏。不可得而利，亦不可不得而害。不可得而贵，亦不可不得而贱。宠辱若惊，实大患若身。何谓宠辱若惊？宠为上，得之若惊。辱为下，失之若惊。是谓宠辱若惊。所谓实大患若身，吾所以有大患者，为吾有身。及吾无身，吾有何患。是以圣人，后其身而身先，外其身而身存。"

抽象出来，市场运行变成了厂商与厂商、厂商与消费者间的二维线型的模型，而非四方力量博弈下五维动态模型。

于生活，行住坐卧，都要尽心尽力，以不过无不至的中庸状态，让心性与物理相融，心即身，心即情，心物一元，在和谐中生活。

于工作，当事者通过情景模拟，以"导演"的身份，将有关利益方介入到力量博弈过程中，进行类似于"沙盘"作业。因为"知至"的目的在于明德、亲民与至善，掌握真理不一定就能够达到自由王国，不为自身利益所牵挂，才是"穷理"、"尽性"、"以至于命"的通途。

"意诚"：提升品格力量，形成人格魅力

个体真诚到极致时，必然将个体的诚意反射于自然、家庭、社会关系中。意诚者至圣，至圣者无不"慎独"，言行无不与人言说，即"意诚"虽然是个人品德，但却由外在力量来定位，由外在的天知、地知、人知来扩展当事者的品格力量。

意诚的标志是什么呢，就是日常所说的不自欺欺人。对自己真诚、对别人真诚者，生活中没有精神压力，表现出心广体胖、慈眉善目的面相。我们常常说，这个人面相很好，一般情况下，他的品德也可能高尚。"所谓诚其意者，毋自欺也。如恶恶臭，如好好色，此之谓自谦，故君子必慎其独也。小人闲居为不善，无所不至，见君子而后厌然，掩其不善，而著其善。人之视己，如见其肺肝然，则何益矣？此谓诚于中，形于外。故君子必慎其独也。曾子曰：十目所视，十手所指，其严乎！富润屋，德润身，心广体胖，故君子必诚其意"，因此，"意诚"既是知"周乎万物而道济天下"的结果，也是"尽性命"掌握客观世界与主观认识规律的前提，还是处理当事者面对外在与内在关系时正确定位的前提。

有关"意诚"的讨论，我们可以得到如下启发：

于交友，要谨慎。"宁可得罪君子，不可得罪小人"。由于"小人闲居为不善，无所不至，见君子而后厌然，掩其不善，而著其善"，君子爱财，取之以道，如果利益获得不是与道相合，迟早会通过各种方式还回去，但

小人为获得非法利益会对挡路的君子无所不用其极地打击。在一些机构，小人者，往往不是钻研业务者，而是人际关系方面钻营的高手，以弥补其能力的不足。打小报告、搞各种暗中斗争获取利益者，多是这些小人。

于商业，要中贞。儒家强调，"君子先慎乎德；有德此有人，有人此有土，有土此有财，有财此有用。德者，本也；财者，末也。外本内末，争民施夺。是故财聚则民散，财散则民聚。是故言悖而出者，亦悖而入；货悖而入者，亦悖而出"。"好人之所恶，恶人之所好，是谓拂人之性。菑（灾）必逮夫身。是故君子有大道，必忠信以得之，骄泰以失之"。所有的生意，要建立于法律行规的基础上，光明磊落地发财。如果明白客观规律、明白事物真相，当事者必然"戒慎乎其所不睹，恐惧乎其所不闻"，以实现阳光利润，杜绝"老鼠仓"和各种"猫儿腻"。当今世界，高官落马、奸商受罚，多与其取之无道、内心不诚有关。

"心正"：身心健康、内外和谐是事业发展的内部环境

"心正"指主观无物无欲，内在心理、精神与身体的协调，人的身心结构与外在世界的结构处于协调与和谐状态，能够通过心理的正常化而获得外在的力量，包括品格、口碑、信用等无价之宝即精神力量。

这是因为，"身有所忿懥，则不得其正；有所恐惧，则不得其正；有所好乐，则不得其正；有所忧患，则不得其正；心不在焉，视而不见，听而不闻，食而不知其味"，即人在喜、怒、哀、乐状态下，其心不会正，而喜、怒、哀、乐，却如佛教所说，是因为"生、老、病、死、求不得、爱别离、怨憎会、五阴炽盛"等"八苦"造成。正如《心经》中说，"心无挂碍，无挂碍故，无有恐怖，远离颠倒梦想"，在没有主观的对群体利益好坏牵挂状态下，当事者的心就与群体及万物相感通。记得某省前后几位交通厅长连续落马，究其原因，除了权力过大没有制约外，主要原因，他们都有自己的喜好。一些承包商就会投其所好，最后他们在不知不觉中被拉下水。

有关"心正"的讨论，我们可以得到如下启发：

于健康，要正法。病从口入，我们的许多健康问题，往往与吃有关，比如20世纪80年代，生病与体育活动缺乏有关。现在，却过分强调生命在于运动，将运动与静悟对立，而没有做到"心平气和"，如果过于剧烈运动，气喘吁吁，心就不能平静。生病也与生活习惯有关。比如违背时间规律，过分熬夜，就会对脑细胞造成无法弥补的损害，因此晚上子时前一定要进行静修或者睡眠。

于投资，要旁观。因为心若唯物，过分追求物质利益，就容易陷入拜物教。① 如果将正心的修炼应用到投资领域，就是当事者不仅要考虑，还要将自己从利益格局中拔出来，观察、考察、思想其他四方利益相关者（外资、国家、机构、居民）的想法，从中找出多赢的策略与方案。这是上面论述的"情景模拟"思考法的延伸，也是力量模型所谓的利益博弈过程中的自我抽离法。② "旁观者清"，但要做到"观棋不语真君子"，观棋是为了更好地下棋，下棋不在言高，而在于看清相关博弈者动作并掌握决定这些行为的内在规律。因此，在市场博弈中，需要做的两件事情是：通过正心而静心，通过正心而获得对外在力量运行规律的把握。有人说，资本市场的决定因素不是知识，而是个人的性格与意志，实际上道出了个人精气神的和谐协调对于延伸个人精神力量的重要性。

根据《瑜伽经》的思想，通过训练实现全神贯注而不陷入对外物的依恋，一切将自由来去，因为心不再执著于外在的名位利禄，才能自在而宁静。称、讥、毁、誉、利、衰、苦、乐八种境界风，能够吹动人的身心。个体遇到顺境时欢喜快乐，遇到逆境时苦恼惆怅，禁受不住这八种境界风的侵袭。为"称誉"陶醉，品格修养在称誉里损伤；为"讥毁"动心，成

---

① "商品形式在人们面前把人们本身劳动的社会性质反映成劳动产品本身的物的性质，反映成这些物的天然的社会属性，从而把生产者同总劳动的社会关系反映成存在于生产者之外的物与物之间的社会关系。由于这种转换，劳动产品成了商品，成了可感觉而又超感觉的物或社会的物。""劳动产品一旦作为商品来生产，就带上拜物教性质，因此拜物教是同商品生产分不开的"，"商品世界的这种拜物教性质，像以上分析已经表明的，是来源于生产商品的劳动所特有的社会性质。"《资本论》，第一卷。

② 在《当和尚遇到钻石》一书中，罗奇格西提出了与他人合身而进行自我反思的方法，就是抽离自我的方法，从对方的利益诉求进行力量博弈模拟，从而改善人生观与方法论。

就会败在讥毁中；为"利乐"所迷，尊严就会葬送；为"衰苦"所折，就会被衰苦打倒。八风面前如不动，心会自由自主。心的执著，才是所有问题的根源。相由心生，行也由心生，因为行不过是相的具体体现。我们外在的行为，事实上是我们内心的念头的外在表现，但外在的行为反过来会在内心深层进行累积，形成我们内心的新能量，有时是正的，有时是负的，有时是零状态，但看我们的行为是善行还是恶行。

因此，管理内心，让内心沿着正确的方向前行，才是打开心灵自由的钥匙。通过正确的引导，去除负面能量而加持正面能量，心量才会扩大，所谓一个人的心胸宽阔，也是一个人的心量广大的表现。无能即无量，正确的道路扩展能量，就是扩展心量的路径。

心量的扩展，直达无穷处，就会进入一种"空"相，这种空相，是无限的包容，也是无尽慈悲的现象。要有包容与圆融之心而不着于相，心就会沉静下来，烦恼自灭而化菩提。我们纵观古今中外的历史，在时间的长河中，所有伟大的人物，其所追随者，不可能都是才德俱备者，但领袖所以能够统领群雄，就是将群雄的长处进行重组、排列组合，使各方长处形成互补、平衡与制衡的关系，从而为其得"道"（功业目标）服务。即使一个人目标明确，但他实现目标不可能不受各种力量的制约，既有国家的法律力量，也有居民（社会）的道德与风俗力量，还有机构或者厂商的资本力量，当然在开放的环境中，还有国际上的不同制度、文化间的冲撞与影响。只有以一种包容的态度对待各方力量，尽量汇聚人类文明的一切成果，个人的自由与人类的自由才能统一起来。

"身修"：管得住自己，才能统领别人

"身修"可以保证自己在各种社会关系中正确定位，在正确定位的基础上，延伸与扩大自己的力量。人之所以要修身，是因为人往往受社会关系中各种利益格局的左右从而出现言论、心理与行为的偏差，出现定位的偏差。"人之其所亲爱而辟（僻）焉，之其所贱恶而辟焉，之其所畏敬而辟焉，之其所哀矜而辟焉，之其所敖惰而辟焉"，"身不修，不可以齐其

家"。在这里提出了人们行为与心理偏差的源头：亲爱、贱恶、畏敬、哀矜、敖惰，从而出现盲目从众、过分自信、自我放弃、狂妄自大等行为。

通过有关"身修"的讨论，我们可以得到如下启发：

于人生，找准定位。人的本质毕竟是各种社会关系的总和，在不同的社会关系中，做到本分才能协同各方，实现个体力量最大化，准确的自我定位特别重要，在什么山就得唱什么歌："为人君，止于仁；为人臣，止于敬；为人子，止于孝；为人父，止于慈；与国人交，止于信"，"孝者，所以事君也。弟者，所以事长也。慈者，所以使众也"。家里的各种关系，放大以后，就是处理国家和天下的"种子"或者图样。

于事业，要重民意。人不仅在各种社会关系中要准确定义自己的身份，还要充分尊重民意。曾子特别提出："大畏民志，此谓知本。"这是对儒家创始人孔子定义的君子的行为边界的扩展。孔子说，"君子有三畏：畏天命，畏大人，畏圣人之言"，这是在天地人的大格局、大定位下，儒家对于君子的言行边界的定位。"民之所好好之，民之所恶恶之，此之谓民之父母。"如果我们从现代行为金融学角度去解释，就会发现，国家力量在常态下确实是主要力量，但居民力量、机构力量和外资力量在不同的时空组合中，也可能出现主导力量关系的可能。

"大畏民志"成为君子在人生行动中的最高定位，比君臣父子及国际关系更为重要，在此《大学》提出了亲民（民志）为修身根本的民主观点，为孟子的"民为贵，社稷次之，君为轻"思想之源，也可以认为是"尊重市场"的现代投资哲学的基本观点。

于投资，重市场。如果"大畏民志"思想延伸到资本市场，则投资者要充分尊重市场的力量，不与市场斗，而是顺从民意与群体力量的方向一同进出。"仁者以财发身，不仁者以身发财"，在当事者与市场的两者（仁）关系中，不做财货的奴隶，而做财货的主人。

"家齐"：家庭和乐，事业拓展才有"幸福港湾"

在《大学》产生的时代，"家"往往是以家庭的联合体即家族的形式

167

存在，在上层社会，特别是国君之子和贵族家族的子弟，天生就是治国者的候选人，家国一体、家国不分，是古代封建社会的特征。因此曾子才说"一家仁，一国兴仁；一家让，一国兴让；一人贪戾，一国作乱；其机如此。此谓一言偾事，一人定国"。在当代，当权者的家庭由于处于权力中心，故而当权者、当权者家庭、利益相关者的行为直接成为全社会道德文明水准的参考点。台湾地区有位领导人通过权力爆发式贪污"A钱"，事发后还不承认，直至被告上法庭，已经成为全社会的负面道德标志。

通过有关"齐家"的讨论，我们可以得到如下启发：

要成功，先齐家。"所谓治国必先齐其家者，其家不可教，而能教人者无之。故君子不出家，而成教于国。"如果结合当代现实，一个家庭的情况可能决定创业者事业的成败。企业主们由于家不齐而业败者，比比皆是。当然，如果当权而不管理家庭，执政的信用与品牌也会大打折扣，造成公信力的下降。在现代社会，品牌、信用不仅是商业资产，也是一个国家的软实力，是国家竞争力中"微笑曲线"的上端，代表着复杂劳动与创造性劳动。

要齐家，守正道。家和万事兴，齐家是事业或者亲民的前提。家庭也是人生的避风港与情感的投射之地，只要社会需要家庭存在，就得在情感基础上进行内在的协调，达成情感和顺。《易经》咸卦是"家齐"的主要象征。咸卦象征感应，亨通顺利，有利于坚守正道，强调了男女感情是婚姻的基础。

如果齐家不力，徇私枉法，则会形成齐家的负面力量。"君子求诸己，而后求诸人"，"其为父子兄弟足法，而后民法之也。此谓治国在齐其家。"这是正人先正己的思想，正自己才能正家庭，正家庭才能治其国。袁世凯聪明一世，但由于其子不孝而受蒙骗，导致身败名裂。

"国治"：政策力量是事业成功的"生命线"

"国不以利为利，以义为利也"，国家追求的不是税收（利）最大化，而是如何让老百姓过上幸福生活的亲民之道（义）①，比如完善的社会保障机制和医疗保障机制，让老百姓没有后顾之忧。这里揭示了国家力量运用的方向是使老百姓安居乐业，防备外国侵略、做好国家安全和民生救济（如社会保险、医疗保障等）。因此，凡是政策方向面向老百姓安居乐业者，社会进步就会迅速，文明发展也会加速。

通过有关"国治"的讨论，我们可以得到如下启发：

于民以利，治国以义。这是因为"上老老，而民兴孝；上长长，而民兴弟；上恤孤，而民不倍。是以君子有絜矩之道也。所恶于上，毋以使下；所恶于下，毋以事上；所恶于前，毋以先后；所恶于后，毋以从前；所恶于右，毋以交于左；所恶于左，毋以交于右；此之谓絜矩之道。""絜矩"指君子审己度人，以同理心替人设想，使人我之间，各得其宜。"絜矩之道"是指君子的一言一行都有示范作用。身教重于言教，如果政策的宣传与实际的政府行为有差距或者政策根本得不到执行，政策就会失灵。中国地产问题，就是政策失灵的最大例子。

某个外资投资银行的首席经济学家，在 2005 年的时候就宣称上海地产将会泡沫破裂，劝告百姓不要买房，结果是百姓想买时得花几倍的钱。这种错误判断来源于他对中国政策研究太无知。

下面的文字来源于 2005 年 2 月 24 日《财经》杂志卢彦铮发自香港的报道：

> "上海政府方面没有公布销售给外国人的房产的比例，我估计有一半的购房资金是直接或间接（通过国外亲属）来自海外。"谢国忠说。在谢先生看来，甚至国内银行的房地产信贷资金也是来自境外："很多'热钱'流入中国后被转换为人民币存款，外汇占款造成的货币扩张使得银行信贷放松。""上海市民的月均收

---

① 1998 年后，由于财政分灶吃饭，税收成为考核政绩的核心指标。地方政府为了满足保增长、保平安、保稳定的目标，在地税不足以应付相关目标时，发明了"经营城市"的概念，地方政府成了最大的地主与投资商，在垄断土地资源与信贷资源的条件下，有关各方围绕地产业在利益的博弈上越来越紧张。

入大约是 2000 元人民币，一般老百姓怎么可能买得起这么高价的房子？"谢国忠反问道。这令他相信，内地持续扩张的来自普通大众的房产需求，与眼下热气腾腾的房地产泡沫并不搭界。"这样的房地产市场是一场属于外来者的游戏。"按照谢国忠的预计，在 2005 年，美联储将加息 3% 以上，而美元将触底反弹，人民币升值的空间和压力相应减小。面对潜在收益的减少和融资成本的提高，在房地产价格高高在上的背景下，投机性热钱将很可能是最早的退出者。"这也许可能带给上海政府更多运作和调控的空间。"谢国忠称。

与"过热论"一脉相承的是"泡沫论"，以摩根斯坦利亚太区首席经济学家谢国忠为代表，直指美元将于 2005 年触底反弹，从而导致热钱回流，上海房地产泡沫即将在数月内破灭。

或许，谢先生可能是根据国外学习来的知识，本着"理论良心"，判断上海地产泡沫将于 2005 年破灭，许多崇洋媚外的上海投资者，由于怕真正出现泡沫破裂，要么抛售地产要么等待地产价格降一半再买房。结果呢？人们越等待，房地产价格却不断上升。谢先生用西方经济学理论硬套中国市场，没有将理论与中国经济特别是房地产背后的各种利益关系结合起来，匆忙唱衰上海房地产，得出的结论必然是害了百姓。最严重的问题是，为谢先生发高薪的摩根斯坦利公司就在谢先生唱衰上海地产时却用实际行动唱多上海地产。这时，大家才感觉谢国忠先生这样高端的精英可能在忽悠咱们老百姓。

我们再来看看在 2006 年 5 月 13 日《中国经营报》发表的《大摩的"阳谋"行动》报道：

摩根斯坦利在上海房地产市场正在"精耕细作"。巧合的是，摩根斯坦利在上海房地产市场投资步步加大时，恰恰是中国房地产市场调控步步深入之时，也是摩根斯坦利亚太区首席经济学家谢国忠一直"唱衰"中国楼市之时。2003 年 6 月，央行 121 文件出台，银行开始控制对房地产商的开发贷款。

2003 年 7 月，摩根斯坦利与上海永业企业集团合作，入股 10%，投资了上海新天地附近的"锦麟天地雅苑"项目。据悉，这次"试水"的 10% 投资，其短期收益超过了 30%。2004 年初，摩根斯坦利和复地合作，投资 5000 万美元，参股复地黄浦区中高档项目"复地雅园"。

此时，摩根斯坦利的投资比例并不大，项目入股不超过 50%。

2004 年 3 月，谢国忠发表文章称："中国房地产市场是 10 年前东南亚的翻版。"

2004 年 4、5 月，央行、国土部连续出台调控政策，再次收紧银行贷款以及严控土地市场。这时的摩根斯坦利已经食髓知味，不满足入股，而是全资收购，投资额也是越来越大。

2004 年 10 月，谢国忠再次发表文章《目前的投机是最后的疯狂》，并言之凿凿地说："离'最后算账'的日子越来越近了，仅仅是几个月，而不是一年。"

此时，摩根斯坦利的收购行动更加"热火朝天"。

2004 年底，摩根斯坦利斥资 5 亿元人民币，将原来的合作项目"锦麟天地雅苑"全部拿下。

2005 年 2 月，摩根斯坦利耗资 2 亿美元，拿下了人民广场附近的写字楼——上海世界贸易大厦。2005 年 6 月，又以 8.46 亿港元的价格拿下了上海世界广场。

此时，摩根斯坦利旗下经济学家的观点已经不再被市场高度关注，而其一边公开"唱空"、一边"做多"的做法，被市场人士称为"大摩（摩根斯坦利的简称）的阳谋"。

近日，摩根斯坦利全球房地产业务负责人索尼·卡尔斯（Sony Kalsi）在东京公开表示，摩根斯坦利今年将在中国追加 30 亿美元投资，总投资达 45 亿美元。

今年 4 月，摩根斯坦利成立上海分部不久，就收购了位于上海浦东新区世纪公园附近的景观楼盘、陆家嘴中央公寓中的一整栋楼。

我们翻看旧新闻，发现读者不仅可能会受机构忽悠，有时还会受外资投行的"首席经济学家"忽悠。中国房地产价格上升，不仅是投资者收入与房价比一项因素决定的，投资者投资意愿也不仅是地产租金收益一项可以决定的，其中还涉及土地制度、财税制度、金融制度、文化因素和财富管理品短缺等因素，既存在国家利益、地方利益、开发商利益、银行利益的问题，又存在土地资源紧缺问题，如果"经济学家"将影响地产的许多因素都抽象了，就会得出损害老百姓利益的结论，到2010年百姓们想买都困难了，逼得中央下决心要防止房地产价格上升造成资产价格泡沫破裂，进而引发中国式金融危机。如果房产税率过高，不排除中国地产业出现真正向下的拐点，到时将出现城市中产阶级一面承受资产缩水，一方还得面对通胀的煎熬。

"平天下"：天下和平是创新立业的最大环境

由于古代君子处于国家政治的中心，其言行是老百姓的模范，如果君子能够如孔子教导的"己所不欲，勿施于人。在邦无怨，在家无怨（《论语·颜渊篇》）"，则上下和乐，因为君子在实行亲民的最高理想即实现大同社会："大道之行也，天下为公。选贤与能，讲信修睦，故人不独亲其亲，不独子其子，使老有所终，壮有所用，幼有所长，鳏寡孤独废疾者，皆有所养。男有分，女有归。货，恶其弃于地也，不必藏于己；力，恶其不出于身也，不必为己。是故谋闭而不兴，盗窃乱贼而不作，故外户而不闭。"

天下为公，就不能站在一个国家的利益上考虑问题。中国应当对人类有更大的贡献，这种贡献不仅是物质上的援助，更有文明规范的创造与营销。"孔子学院"在全球的推行，不仅是汉语国际化的问题，更是中华文明国际化的问题。因为中华文化是依附在汉字之上的，只要在全球推广汉字，中华文化的基因就会推展到全球各个角落。比如，海峡两岸共同推动"汉字申遗"，将有利于宣传推广汉字的国际化认知度，有利于世界各国文明与中华文明的对话与理解。随着中华的崛起和华夏文明的复兴，大同世界的建立，也将是中华文明全球化的历史任务。

第二节　要亲民先认人

想要认人：先"识"汉字

在现有的资料看来，当代中国，周恩来总理是最擅长"认"人的，这可能是与周总理善于运用中国汉字进行形象化的关联思考并进行形象记忆有关。当有人过了几年再与周总理相遇，周总理还能够直接叫出他的名字，当事人都会激动万分，因为周总理"心"中装着他。

中国人接受文化是通过学习汉语开始的，我们就从最基本的地方，探索古典文化能否与现代中国人的活动联结起来，为此，我们将汉字的信息与现代资本市场中的相关现象进行分析，说明古典文化确实可以古为今用。

汉字是汉语的象形表意的符号，起源十分古远："古者包牺氏之王天下，仰则观象于天，俯则观法于地，观鸟兽之文与地之宜，近取诸身，远取诸物，于是始作八卦，以通神明之德，以类万物之情。"[1] 这是有关《易经》和汉字起源的权威解释，因为汉字的象形、指事、会意、形声、转注和假借等"六书"，都与"八卦"的易理吻合。汉字之象形即像天地自然之形，以指事会意，以通神明之德，类万物之情，即汉字是与自然万物之道相通的，也与《大学》之道（明明德、亲民、止于至善）相通。如果与历史上儒家思想比较，我们的汉字能起到"道"、"仁"、"义"、"天"、

---

① 金景芳、吕绍纲：《周易全解》，503 页，吉林大学出版社，2005。

"理"、"心"等本体论范畴相关的功能。

申荷永认为，每一个汉字、每一条成语、每一句话，都包含了许多做人的道理。汉字里贮存着许多古老的文化信息，因此成为中国文化的"活化石"，传承了包括《大学》在内的中国古典文明的精神，沉淀了中国人的集体潜意识。由于形象化的汉字日积月累的作用，中国投资者的形象化思维以及形成的心理特征对证券市场影响深远，汉字因此包含中国人的心理原型。心理原型是判断外在世界的框架，是人生对客观事物估值的"模型"。

汉字是汉语的载体，是汉民族群体联结的纽带和象征。每一个学习汉语、书写汉字长大的人，都继承了汉字根深蒂固的文化心理以及汉字背后亘古绵长的文化传统。汉字形成之时，其"文化衍生品"自然具有华夏文化与民族特色的"文化心理学"和"民族行为学"，两者决定中华民族对人的心理与行为的认识与理解和对人生宇宙的世界观、价值观的判断与定义。

象形和表意是汉字最主要的特征，汉字最简洁地表现了自然万物的特点，找到自然万物的鲜明特征和"相别异"之处，起到一种抽象与概括世界万物原型的作用。从汉字的起源、汉字的结构以及汉字的部首，我们可以发现汉字与心理原型的关系，汉字的心理原型，[①] 成为中国人认识世界、格物致知的基本工具。

1. 汉字起源的原型意义及对投资者估值的影响

许慎在《说文解字》中说："仓颉之初作书，盖依类象形，故谓之文，其后形声相益即谓之字。"汉字起源揭示了汉字象形于天地人文，汉字内含了"以通神明之德，以类万物之情"的原型作用，汉字具有自然万物内在规律的外在表现功能，"明明德"的汉字，有助于理解、把握、运用社会实践知识创造性地"亲民"，因此，我们可以发现，中国历史上的大事件，往往都与汉字的形象"煽动"群体情绪有关。

---

① 申荷永：《汉字与心理原型》，参见 shenhy. 3322. net；《汉字中的心理学》，载《心理科学》，1993（6）。

在当代资本市场，受汉字部首的启发，中国证券投资者在对不同股票进行投资时往往进行溯源，从中发现"某某系"，寻找行业、地区的龙头公司，并以此作为操作的依据。这种简单类比和归类的方法，是大脑面对复杂的市场环境走捷径进行"典型"选股的反应，容易产生行为偏差，但有时却很管用。

2. 汉字结构的原型意义

汉字的结构可以用"六书"来概括。"六书"谓象形、象事（指事）、象意（会意）、象声（形声）、转注、假借，产生了汉字的"四象两用"之说，把象形、象事、象意和象声理解为造字之法或汉字形成之根据，把转注和假借理解为"用字"之法。汉字六书是一个整体系统，象意或会意是该系统中的一个关键。

一是汉字"六书"中所突出的"象"字，比如象形、象事和象意，乃至象声，集中体现了汉字结构的心理特性。象形是一种生动直观的对意念或意象的表达，是在对所表达事物观察的基础上，对其典型特征的把握和抽象。在这种意义上，其具有一种"原型"认知模式的意义。

汉字"六书"是建立在"象形"的基础之上，经过几千年的反复使用，形象化思维习惯已经深深印在中国人的群体或民族潜意识之中。中国历史上因此也盛产诗人而非纯粹的哲学家，即使是哲学家也是用形象化的语言表述其理念。当投资者用形象化的语言进行思维，对市场信息进行处理时，由于形象叠加和转换，本来的意思将发生变化，结论可能面目全非。比如大家熟悉的"庄家"一词，在西方资本市场的本意是沟通买卖双方的交易，增加市场的流动性，并从中赚取差价的主力机构，市场形象非常正面。但是，在中国资本市场的庄家却变成了股市大鳄，利用资金和信息的优势，通过低价吸收大量的流通股票，欺骗其他投资者跟进，获取超额利润。因此，中国投资者将赌博场所的"庄家"概念引入到了股市，一听到"庄家"这个词，马上联想到了在赌场中庄家的形象，而不去理性分析此庄家而非彼庄家。

二是象事或指事不如象形字那么直观，需要经过进一步的观察和分析，使人们的思维和认识逐渐深化，将无形的意念化作形象性和象征性的汉字符号表达出来。

如果说"象形"的形象思维与汉字能直接对话，象事却是把本来抽象的意念转化为形象的文字，两者之间无法直接进行一一对应。由于抽象和形象的信息含量不一样，在大脑中处理的区域也不一样，结果将使本来意思变化，导致个体行为在执行过程中与实际情况产生差距。因此，象事的表达方式，既可能是认识的深化，也可能是认识的浅化，因为形象的符号无法表达深度的理念，形象的转换理念或意念的过程将是信息消耗和变异的过程。我们从 QFII 这一制度推出过程和中国投资者的反应中可以发现，价值投资理念经过中国汉字的转换已经发生了变化。QFII 主张长线投资，选择股票重在其价值的增长性方面。中国投资者首先认为 QFII 是一个炒作的概念，在 QFII 还没有登场时，2003 年上半年中国投资者内部先玩了一把 QFII 式的"价值投资理念"，把本来长期无人问津的大盘国企股票当作蓝筹股进行轮番炒作。2010 年，面对融资融券和股指期货的创新推出，一些大盘蓝筹股就成为指数基金的压箱筹码，机构先囤积蓝筹股，再在股指期货推出时，同时卖出股票并买入股指空头仓位，形成反"套期保值"行为，如果有人不结合中国市场投资者的实际情况，搞现货与期货的对冲买卖，必然会犯本本主义的错误。

三是通过"比类合意"而形成的象意字。原始的象形汉字多是对单独物体视觉意象的摹写，而象意字是根据实际生活的观察、体验与理解，用象形字和象事字作为部件相互组合，来表达象意字的新的意义，这更具有心理原型特性。由于汉字"比类合意"组成字的特点，在此影响下，投资者往往将表面相似实际不同的事件、信息、股票合并成类，进行简单的比较，作为操作的依据。有些投资者发明了自己的"组合方法"，并提出"主题投资"概念，这些主题有地域、行业的甚至是想象的，只要表面的文字相同就将其视作同类股票。在 1997 年凡是挂上"高科技"三个字或与之沾边的股票，都被中国投资者"会意"理解成是富有利润想象空间的股票，并付之于实际行动，使一些假冒伪劣的高科技股票行情脱离基本面非理性上升，成为真正害人的股票。2003 年上半年，能源、电力、汽车、钢铁、石化类股票因为与 QFII 概念相关，国内投资者也想象其上升空间无限，因此先炒作了再说。这种基于象形文字的形象思维所推导的投资行为无疑是非理性的，结果使得证券价值与价格偏差越来越远。2010 年凡是创业板或新能源的股票，都被大家先炒了再说，市盈率达几百倍，或许正创造着股市神话的泡沫。

3. 汉字部首的原型意义

汉字部首"方以类聚，物以群分。同条牵属，共理相贯。杂而不越，据形系联，引而申之，以究万原"①，举一形而统众形，因为部首内部的汉字，往往是"以类相从"，意义相通，"部首"成为该类汉字的原型。比如《说文解字》将 9353 个汉字，分别归之于 540 部。部首字本身所表示的意义，会以种种方式随同字形一起进入该部的合体字。在这种意义上，部首字成了该部所属汉字的"意符"。当部首字与其他偏旁组合成新字之后，所表达的新意思往往和部首字的意义有内在的联系。宋代邵康节发明的"万物类象"法为基础的"梅花易数"，就是将世界万物按其理解，分别列入"八个门类"，再按事件性质、时间、人物的关系进行预测。

汉字部首可以举一形而统众形，可以进行"关联式"推论。比如，行业龙头的上市公司相当于汉字的部首。龙头公司作为公司，具有公司本身的个性特点，同时，它又包括了所有同类公司共有的特点。如果投资者选择成长性行业，并以其龙头公司作为重点投资对象，对分享经济成长的成果将很有好处。但是，由于受汉字部首原型、受《易经》关联式思维的影响，投资者往往将表面相似的公司合为一类，比如流通股数、流通市值、公司地域、行业景气与否等看似科学的分类，实际上都有可能是伪行为金融的分类方式，因为，在中国上市公司很少有像美国的汽车、钢铁等主业十分明显的公司，上市公司管理者追求的是把公司做大，获得社会地位，进而得到更高的政治待遇，往往社会上流行什么投资热点，就去投资什么，多数上市公司很可能成为多元化的综合类公司，无法确切进行分类。同时，有些上市公司资金使用很混乱，不按招股说明书进行既定的项目投资，甚至将圈来的钱用于资产委托管理。因此，投资者如果只看公司名

---

① 许慎：《说文解字》，314 页，中华书局，1989。

称，就以此为标准进行分类并作为投资的依据，将离上市公司的实际情况十万八千里，投资的风险也将大大增加。

西方心理学中的基本范畴，如感知、思维、情感、态度、性格、意志等，汉语"心"部中的汉字已经包括，"心"部汉字既反映现代心理学的意义，又包含以"心"为主体的文化心理学。文化心理不同是不同民族不同投资主体行为异同的核心原因。

学会做人：换位思考是个体最基本的素质

证券市场是国际力量、国家力量、机构力量和个人意志、实力、能力与情绪的角力场，是参与博弈的利益相关方的意志力比赛，也是资金实力、操作能力、情绪控制力等方面的综合博弈。因此要破解中国证券市场的种种秘密，就得从"人"字的角度进行破译，否则，最理性的投资者一旦踏入利益博弈场中，也会变得面目全非，自己也不认得自己，即非理性行为完全控制相关个体或者机构，因此，投资者经常犯在事后追悔莫及的低级错误。

我们对"人"了解得太少。实际上，常人太执著于"我"了，对我的看法、分析、论证、利益和情绪过分看重，忘记孔子强调的重视对手的看法、分析、论证、利益和情绪的变化，无法以"空杯"的心态去对待市场特别是对方的利益，一切仿佛以我为"主"，无法换位思考。看起来重视"我"的人，应当是非常理性的，可以以"我"为中心对市场、对手进行分析梳理，其实不然。因为市场不是一个"我"组成，而是由千千万万个"我"组成的，个人之"我"不过是市场利益博弈"蛛网"中的一个点，是相互作用的无数点之分子。如果只考虑单一"我"的利益，就会形成求而不得的情况，即利益受损，因为其他之"我"会因为利益分配不均对"我"的利益进行瓜分，会出现利益格局的大调整，从而引发个股行情或整个市场的大调整。

每一次制度的设计或者改进，实际上是市场相关各方利益的重新调整。2005 年以来，中国证券市场相关政策不断推出，市场也在检验这种利益重新分配下的行情演绎。虽然多数机构都认为牛市已经来临，但多数投资者未必能够真正得利，原因就是过于关注"小我"而放弃了对"大我"即国家利益的研究。股改在某种意义上是"大我"（国家、机构）的利益向投资者输送，也是对"小我"（投资者）的历史贡献的一次性补偿。

为了在大制度变革中真正实现"小我"利益最大化，我们就不得不重新考虑并检视我们习以为常的"我"们。我们都是人，在日常生活中都以"我"为中心："我"的身体、感情、金钱、权位等等，由于对于"我"的执著，即容易形成不完整的人。因为"人"字不仅有向左一撇还要有向右的一捺，左右对称，才能将"人"字写好。在中国讲究做"人"，即你不仅考虑自己的利益，还要以天下之心为心，以天下人的利益为利益，即要换位思考他人的利益；否则就会成为利欲熏心的小人，不是正人君子。

我们在前面讲过，古人说"君子爱财，取之有道"。道者，即天之道和人之道。天之道生生不息，周而复始，循环往复，万亿年不变。如太阳黑子的周期性爆发，稳定而有序。人之道要合乎天道的规律，太阳黑子的周期运行，即为地球之气候周期、农业周期、疾病周期、生理周期特别是情绪周期的真正原因。太阳黑子大爆发之际，气候变异，农业减产、疾病流行，人们的情绪容易失控，容易做出攻击性的行为。攻击性行为是引发战争、引发冲动性交易的前提，即产生大牛市或大熊市的前提。在更大的范围中，人们由于太阳黑子的爆发而出现攻击性行为，例如，当 2007 年太阳黑子大爆发周期来临的时候，表面为文明冲突，实际上是以美国为首的西方国家与伊朗为首的第三世界国家间的利益冲突。冲突双方都自以为是，以自己的利益为最大参考点，双方利益无法达成交集的话，如果太阳黑子大爆发趁机作乱、伊朗核问题无法解决而加重危机的话，全世界的证券市场都会因为石油价格的成倍增长而出现大调整，但相关个股如能源工业则会因祸得福。后来的事实证明，每桶石油价格接近 150 元，不仅是需求推动，而且还是国际资本人为制造海湾危机的假象，造成供应短缺的假象而促成的。

如果 2011—2012 年太阳黑子大爆发真的如科学家预测如期出现的话，投资者就得以先知先觉的心理，不再追求眼前的小利，而是重点着眼于证券市场上的石油开采、煤化工、新能源工业及相关的行业。如果寒冷天气导致干旱大面积发生进而形成农业减产，将对通货膨胀火上浇油。我们必须冷静面对并适时以合乎天时和天道的形式介入，以达天人合一并取得君子之利。

这种君子之利可能因为股指期货的推出而让不以个人小我之利束缚者得到。期货市场是心理战和实力、技艺战的综合艺术。期货的一个特点就是怕风平浪静，行情胶着无法施展个人能力。2010 年美国又开始挑逗伊朗，制造中东紧张局势，美伊的两"我"相争而形成的利益冲突，如果无法真正解决，美国和其他石油消费国不得不面对油价飞涨的后果，不得不以宏观调控的杠杆如升高利息、调整汇率等手段将石油涨价因素抵消，但美国的房地产业可能受到严厉的打击，由此对消费市场形成抑制作用进而影响到中美贸易。中国出口市场的萎缩，也不得不动用宏观调控。宏观调控是政策性的利益再分配过程，在"金融脱媒"时代，随着石油价格的上升，由于石油决定着一切工业品的比价关系，将出现新一轮的全局性利益大调整，期货市场的大发展时期会真正到来。一些能够及时调整自我之意志、情绪、技艺并能适应经济格局大变化的个人和机构将会得到应得的利益。

服从权威：成功有时会受群体性"癫狂"制约

如果讲群体性行为，我们也可以从汉字中得到启发。汉字"从"字形象地表达了中国人的顺从心态和对自己的不自信。中国人喜欢随大流，不做枪打出头鸟的事情，喜欢听从他人的意见，服从权威的意志，而且要紧紧跟着权威，生怕落后掉队。这种文化心理作用下，"从"者表现为即使前面走的人踩上地雷或者到了万丈深渊，后面的人也会前赴后继，络绎不绝。因此，服从、听从、跟从、随从，凡是与"从"相关者，表现出了文化奴性心理。服从者，是从一而终，在一个团体里，服从团体的权威，在单位本位制度下强化了民族服从心理；跟从者是紧紧跟着首领，唯首领之马首是瞻，怕自己掉队无所适从；听从者是唯命是从，彻底放弃自我，完全听于别人。

通过研究中国证券投资者的行为，我们发现，从众行为是深入到中华民族文化心理的潜意识行为，已经浸淫于民族性格之中。表现在金融市场特别是证券市场上的从众行为，则是完全非理性的跟风，追涨杀跌或者无所适从。当然，投资者这种明显的非理性行为并不是一开始就是这样，一个新投资者刚入市的时候，多数表现为极大的自信或者勇敢。这种自信与勇敢主要表现为新投资者认为自己能够战胜市场，特别是市场行情启动的时候，他们进行短线操作频繁地进出市场。中国证券市场正处于不规范向规范的过渡之中，过于自信的投资者由于短线操作实现盈利而强化了自信，因此表现为加倍投资下的短线操作行为，特别是行情启动的中后期交易量扩大，一旦行情出现回调，以前的盈利将全部抵消并可能出现亏损。这个时候，过分自信的行为让位于失误后的自卑。割肉离场还是低位加仓？前者是对自己意志、信心和自信的彻底否定，是一件内在痛苦外在很没有面子的事情，亏损时多数新投资者是不会出仓的，等待盈利或者不再亏损时再出货，从而形成了典型的"处置效应"。加仓是一般投资者不大会做的事情，因为在追涨时已经在高位加仓了，现金出现短缺。

短线操作的失败使投资者失去了信心，多数投资者转而成为坚定的跟风者，成为从众行为的主力军。要么跟着主力机构后面做，要么跟着主流研究观点。跟风快速者有可能得到一定的回报，但主力机构是不会将建仓意图告诉跟风者的，更何况建仓时间比较长，短线投机者没有耐心，跟风者也没有耐心，因此跟风者一般都是抬轿者，一旦抬好"轿"，行情就启动了，但他们比较难分享到行情发展的成果。

从众行为会加剧行情的波动幅度。当投资者认为主力机构（包括国家政策）的意图是向上或者向下时，会形成一种非理性的共识，集体共同作用于做多或者做空，从而使行情上冲下跌的幅度加大，甚至可能出现巨幅震荡。2006年6月7日，因为中国银行上市的信息披露，投资者认为国家政策已经转变，突然形成一股杀跌的力量，行情跌幅80多点，重创了做多的热情。同样，由于国家推出了新能源政策，投资者认为国家政策就是好政策，从众行为使得一些与新能源沾边的股票都表现出鸡犬升天的状态，将未来几年的业绩提前透支。

中国投资者的从众心理导致群体迷信盛行。中国证券投资者行为有三个著名的特点，即短线操作、从众行为和处置效应。对自己的投资能力过分自信，是短线操作的主要原因，但是在投资者机构化时代，根据有关权威机构的调查，即使在行情上升130%的2006年中国股市中，仍然有30%左右的投资者是亏损的。短线操作的失败，迫使部分投资者机构化，即通过申购公募基金、集合理财产品等间接进入股市；另外一些投资者开始成为从众行为的执行者，即听从机构、权威的投资理念和投资思路，放弃以前过分自信的短线行为，这当然是好事情，因为有权威为自己提供操作思路和建议，但是物极必反，过分依赖权威（无论是名人、名嘴还是高官言论），放弃了自己的独立思考后，必然成为无意识行为者，一旦出现风吹草动，必然形成一股极大的市场盲动力量。西方资本市场比中国建设得早、运行得好，当然也确实产生了一批"天才"投资者，因此成为中国股民心中的"洋股神"，如索罗斯、罗杰斯等。他们的言论与市场行为因为有股市"粉丝"的跟踪和参与，导致了一股非政府组织的市场力量。由于中国股民对"洋股神"的迷信，集体无意识下的市场行为导致市场后果极度荒谬。

2007年1月下旬罗杰斯表示："中国股民对正在发生的事情有了越来越多的信息和知识，但是我并不认为他们变得更成熟了，因为市场现在正处于这样一个上升阶段，每个人不管怎样都在歇斯底里地购买股票，这不是中国市场的特有现象，这其实是一个危险的市场阶段。我不是说市场不能继续上涨了，我只是说我不会在这样的市场环境下进行投资或是买股票。"罗杰斯暗示中国股市出现泡沫，认为不适合买入A股。加上中央电视台的权威性，加上指数在3000点附近处于心理敏感关口，罗杰斯的A股泡沫论，给市场心理造成较大压力，沪深股市在1月25日大幅杀跌，一批被罗杰斯定义为不成熟的新股民被套。与罗杰斯的言论遥相呼应的是在2007年头1个月里，摩根斯坦利、汇丰、德意志银行等多家外资投行相继发布研究报告，提示中国股市存在泡沫风险。1 月 25 日，摩根斯坦利首席经济学家斯蒂芬·罗奇表示，他认为中国 A 股市场已经出现泡沫，德意志银行大中华区首席经济学家马骏表示，A 股整体价格"已经太贵"。

罗杰斯明确表示希望 A 股大跌，他再来买，唱空 A 股是为了自己建仓，并不是为了中国的股民朋友，其他海外资金的代表们鼓吹泡沫论就是因为如果不唱空，他们不能买到便宜的 A 股。这样看来，他们是人为地制造 A 股泡沫论，再利用泡沫破裂买便宜货，从本质上来讲有误导中国股民之嫌，因为真正的股市评论是不能与本机构或者与本人的利益相关的，但上述事实表明，这些洋人和洋人的代理人都是在误导中国股民，从中获取其利益。这是否违法我们暂且不论，我们现在是观察中国普通的投资者（也是中国资本市场的最大贡献者）是如何被海外的"权威"们"忽悠"的。

由于过分迷信海外的权威，放弃自己独立思考，股民们立即要从市场撤出，结果造成行情的极大波动，股民们的热情从"癫狂"转向"恐慌"，并扩散到机构投资者身上，即基金持有人开始大量赎回，从而出现半年以来少见的净赎回现象，这一赎回行为"挟持"了基金经理，基金经理只得抛出千辛万苦选择出的股票，以满足持有人的赎回要求。这个过程我们还要注意一个严重的问题，由于 QFII 价值投资宣扬的深入人心，基金持有的股票按价值论都必然是有"价值"的，由于中国股市结构的特殊性和散户机构化后的流动性要求，导致了大盘蓝筹股成为所有股票型和偏股型基金的"压箱底"、"价值型"股票，基民集体无意识作用下的大量赎回迫使基金经理抛弃大盘蓝筹股票，同时由于大盘蓝筹股在指数中的比重过大，因此基民的赎回动作共同推动了股指的下跌幅度。

这种群体以洋人观点为操作指南的行为，实际结果是为洋人所指挥，在大批蓝筹股折价下跌的时候，洋人的资本可以大量通过各种渠道渗入进来，买到他们认为有价值的便宜货。不过这一过程已经为市场所修正，原因是中国经济高速高效发展着，静态地看市盈率等指标来观察中国股市可能会有很大失误。罗杰斯一离开中国就开始修正自己的观点，但中国的投资者却为其泡沫论"高价买单"。这一学费的付出，可能会使投资者清醒：洋人的观点未必都正确，只有破除迷信，才能解放思想；即使价值投资，也要结合中国市场的真正特点，才能建立自己的价值投资哲学，否则集体无意识地迷信权威只能导致集体的投资失误。

三人成虎：群体往往是"处置效应"的发源地

"持亏卖盈"，即持有亏损的股票或头寸却卖出盈利或不亏损的股票的投资行为，行为金融学称之为"处置效应"，这是一种群体行为和群体效应。"处置效应"在全世界各国的投资者中都程度不同地存在，但在中国证券投资者中表现特别明显。通过研究，我们发现中国证券投资者的处置效应行为与中国的民族文化相关，特别是与中国人的好面子文化和特定的民族文化心理相关。

因为中国人所认同的自我是特定关系中的自我，和一个基本的团体如家庭、工作单位的人关系紧密，深受"面子"文化影响。因此，中国人对个人的定义，不是自我的定义，是将个人的本质定位成一种社会关系。在儒家文化占绝对统治地位的中国，个人无法独立定位自己，必须放到君臣、父子、夫妻、兄弟、朋友五伦关系圈中定义或者确认，这种关系圈在现代社会关系中再加上同事、同行、同乡、同学等等关系。如果我们加上一句，个体的价值，就看他处于什么样的关系结构中，以及如何发挥关系结构中的功能，可能也是对的。在各种社会关系中，外在的表现或者声望取决于这个人在处理各种社会关系时是否处理得很有"面子"。由此可见，构成中国人关系的本质因素是"面子"，"爱面子"已经成为中国人内在人格的重要特征。由于中国的文化传统塑造了中国人爱面子的心理，所以中国人在人际交往中以对方是否给自己"面子"、给自己多少"面子"来评判对方与自己的关系亲密程度。

在日常生活中，中国人不管社会地位和声望高低，都存在爱面子的现象和行为，争脸面、保脸面和维持脸面关系已经构成中国人特别是中国证券投资者行为的重大动因。当然，中国人的面子不仅是外在的一张肉脸，"面子"包含了尊严、感情、感觉、地位、声望、成就等等社会学层面的内容。如果将具体的投资者行为放到一定时空中去考察，我们发现，面子问题衍生出来的投资行为是十分有趣的：

一是"三个和尚没水喝"，面子问题加剧熊市的跌幅和延长熊市的时间。"面子"的本质是中国人在与人交往中依据自我表现做出的自我评价，希望自己在别人心目中得到其所应有的心理地位，获得更好的身份、地位、角色、声望。

"三个和尚没水喝"的原因是先来的和尚认为自己在寺院里是最有社会声望和地位的，当然不能再进行担水这样简单的劳动，否则是很没有面子的，他最大的利益是维护自己的地位，从而保住作为寺院领导的面子，不顾及他不参加挑水劳动可能产生的后果。第二个来到的和尚也是这种思想，要保住"二当家"的地位和面子，当然也不会再去担水。第三个小和尚地位最低，但没有两位领导的帮助又无力挑水，只能服从和听命于上面两位大和尚的行为，也什么都不做，否则即使去做了，做不成，也是没有面子。"三个和尚没水喝"的结果是他们共同等待，一起渴死。只有遇到老天帮忙，等到天下大雨，他们才有可能喝上水。面子文化发展到极致，就是这种死要面子活受罪的结果。

这种民族面子文化心理表现在证券市场投资上，即使有天大的机会，国有主力机构一般是不会打头阵的，因为以风险防范为戒律的机构是不会冒"枪打出头鸟"的风险的。如果先建立"仓位"而还没有在机构中达成共识就去冒险，一旦吃亏而失去面子，这些机构的领导地位不保，执行者职业不保，这种行为与其地位不对称，冒险不值。结果大家的等待为 QFII 创造了机会，QFII 从 2005 年年中开始大量建仓而大赚一把。当然，中小投资者是有心无力，无法发动行情，只能等待天时地利的到来，虽然很痛苦，很没有面子，也只能等待。

二是"三个女人一台戏"，处置效应为短线操作提供动力。"众"字刚好是三个"人"字组成。"众"字最上面的人，是投资盈利的人，很有面子，因此要落袋为安，否则一旦重新亏损就会变成没有面子。一旦盈利就卖出的行为，由于三个人互相鼓励相互较劲，由于国内的证券交易营业部内投资者都是熟人圈子，更因为大家都在电脑前进行短线操作，交易频繁，在一定条件下容易出现价升量增的局面。因此，处置效应成为短线操作的内在原因之一。如果说一般情况下短线操作行为是投资者过于自信的主动表现，那么在处置效应作用下的短线操作却是投资者集体不自信的表现，即投资者在群体关系中无法判断分析主力机构的未来行为或者不知行情如何发展而又生怕自己亏损失去面子而采取的防御措施，是一种被动的投资行为。这种被动的投资行为由于熟人圈的关系共同造就了从众行为，因此即使投资失败，也会有一个共同的理由，即大家都看错了，集体负有责任，集体都没有责任，也没有丢失面子。由此可见，中国证券投资者三个主要投资行为，即过于自信形成的短线操作行为、过于自卑形成的从众行为和过于看重社会关系中的面子而放弃自我的处置效应行为，三者在一定条件下是互为表里、相互加重的关系，三者在一定时空条件下交互作用，其突出的表现就是短线操作特别频繁。

三是"三人成虎"，处置效应加剧从众行为。 "众"字下半部的两个"人"，是没有独立主见的从众行为的投资者，是一群听从舆论、听从消息的人，他们是市场行为的跟随者，是积极的追涨杀跌者。这些投资者一旦有机会成为"众"字之上半部的"人"，则是短线操作的盈利者，马上觉得很有面子，会自觉或者不自觉地在"关系圈子"内散布自己的成功消息，从而可以大大地赚取熟人们的"尊重"或者"嫉妒"，自己心理感觉良好。不过普通投资者平时都处于"众"字的下半部之"从"，大多数时候只能是从众行为的忠实执行者。现代通讯条件和便利的交易方式，不断强化了这些普通投资者的处置效应行为：由于信息容易获得和交易的集中性，行情的波动直接关系着普通投资者的盈利或亏损，直接影响着他们的交易情绪，直接形成他们的追涨杀跌行为。由于"面子"关系，杀跌行为的交易量往往无法与追涨行为的交易量相比较，空出来的交易量却为机构所填补。即当投资者的投资行为不理想时，他们固守不卖的行为将会加剧，如果主动杀跌，亏损成为现实，形成事实的挫败，是一件很没有面子的事情。普通投资者集体持有亏损股票的行为，使杀跌行为逐渐收敛，但下跌的时间可能会延长。不过，处置效应下即使浮动亏损扩大，普通投资者也是在所不惜的，因为他们买的股份还在，虽然市值已经下降了许多，他们还有回本的希望。总之，做给别人看的心理和面子文化，压抑了投资者的主见和主动出击的行动能力，在平时是一盘散沙，在行情来临时却又放弃自己的主见成为从众行为和处置行为的群体执行者。

四是"一个好汉三个帮"，处置效应为行情持续发动提供动力。牛市时，处置效应放大了短线操作和从众行为，表现为价升量增；熊市时处置效应压抑了短线操作和从众行为，表现为价跌量减，使熊市时间延长。如果由于时空环境的变化，行情已经启动，处置效应者乐于将小有盈利的股票抛出，为新入市而信心十足的投资者提供了入场吸收筹码的机会，从而为新资金的介入提供了机会。新入场者由于以前投资者处置效应的作用得到相对便宜的股票，同样由于处置效应的作用，他们可能很快将盈利的股票抛出，从而形成不同部分投资者持续地抛出，又有不同部分的投资者持续买进，形成价升量增的局面，造就了牛市人气，人气旺盛大家皆大欢喜，都有面子，感觉良好，从而为行情的持续发展提供了难得的推动力。2006 年初至 2007 年的行情，如果没有中国证券投资者处置效应的作用，新的资金无法入场，行情也不会出现螺旋式上升，牛市行情不会这么快速形成。

与实体经济发展相对应，由于虚拟经济特别是金融体系发展相对落后，我们的实体经济在世界经济体系内没有定价权和话语权。虚拟经济要为实体经济保驾护航，要将关系国计民生的大型国家企业或者其他企业引入资本市场，使资本市场的发展与实体经济的发展特别是国民经济的运行相互促进。2005 年至 2007 年，股民们从国家手中获取 30% 的股改红利，2008 年开始国家的发展需要全体股民一致行动，共同为中国的资本市场发展出力。这种出力当然是有回报的，中国虚拟经济发展了，投资者才能一起分享经济发展的成果，而不能再让海外垄断资本优先享受中国经济发展的成果，如果是这样，不仅国家很有面子，更是广大投资者的大面子。这种面子的建立表现为投资者对天津滨海概念、浦东概念、北京奥运概念、有色金属概念、新能源概念、军工和航天工业概念以及皖江概念、新疆概念、西藏概念和世博概念的认可。由于群体从众行为造就了大家的盈利或者亏损，大家的面子必然强化了对未来行情的乐观或悲观的预测。不过，由于制度创新不断，在融资融券、创业板、股指期货、整体上市和定向增发加速的条件下，过去造就的处置行为如果因为心理依赖的作用造成长时记忆进而形成路径依赖，必然会使投资者无法适应新的游戏规则，从而出现"持亏"行为长期化，如果是这样，则是大家大大的没有面子。

第三节 文化基因：国运起落和个体命运

中国文化的基因分两部分，一是汉字，这是我们前面详尽与大家交流的。二是汉字来源即万经之首的《易经》。《易经》的思想结构，直接影响了《大学》的成功学元素。如果说汉字影响人们日常的心态，汉字的源头《易经》则与《大学》共同塑造了我们民族的性格。性格决定命运，文化性格决定了我们的国运。下面，我们一起来讨论分享《易经》内在的结构是如何影响中国人的性格结构，进而影响当今人们的思想的。

《易经》是中国文化史上最古老、地位最显要的典籍，素有"众经之首"和"大道之源"的称誉，中国传统文化的诸多方面，包括中国哲学、史学、文学、天文、地理、乐律、兵法、韵学、算术都受到它的影响。因此，《易经》勇敢地宣称，"易为天地准，故能弥纶天地之道"，"范围天地之化而不为过，曲成万物而不遗"。这是因为《易经》的起源符合知行合一、认识与实践统一的理论："古者包牺氏之王天下，仰则观象于天，俯则观法于地，观鸟兽之文，与天地之宜，近取诸身，远取诸物，于是始作八卦，以通神明之德，以类万物之情。"《易经》起源是来自于观察、实践，肯定是经过许多代人的反复检验、总结才得以成型的。《易经》阴阳对立统一原则贯穿于集体无意识和心理原型理论之中，荣格把《易经》系统作为心理学"同时性"规律的一个模板。

中国人通过《易经》创造了文化偶像、形成精神信仰并在中华民族的延续过程中潜藏在中华文化的无意识中，成为最深厚的文化之根和强大的价值判断力量，上升为一种普遍有效的共时性的伦理原则和客观化的价值标准，从而决定整个文化链条的延伸和全体民族的精神走向，先验地决定中国人的价值判断、精神创造和行为选择。

《易经》是形成中国民族文化精神的主要力量，是影响中国人（投资者）行为深层的历史文化因素。《易经》的阴阳（多空）对立统一理论贯穿于集体无意识、心理原型理论之中，《易经》文化心理学原理、卦象揭示的心理行为以及《易经》的"同时性原理"和"关联式思维"，对投资者的心理与行为的影响，可以精确解释中国证券投资者的市场行为：处置效应、从众行为和短线操作，这些市场行为在西方投资者中也存在，但中国投资者表现特别明显。

自强不息　厚德载物

《易经》有64卦、384爻，拟诸形容之间，处处包含着丰富的象征性，包含着深刻的文化心理学的意义。由于《易经》是中国文化的内核，爻与爻之间的时空交错变易形成了"错综复杂"的关系，"刚柔相推而生变化"，摆放在当前资本市场进行观照比对，我们可以发现《易经》对投资者行为可产生特别的影响。

《易经》之象辞集中反映着这种象征性的启示，乾坤卦中包含着一种"君子之道"，包含着高尚人格的心理追求。"自强不息"和"厚德载物"的精神，体现了先民独立的人格追求。由于这种独立人格的象征在中国封建社会中只能服从乾坤的精神，因此独立的人格异化成非独立的对权威顺从的性格，在长期的封建高压统治下，这种顺从人格深深地沉淀在中华民族的集体无意识中。顺从的奴性人格，是不会去创业的，也无法自觉如先民一样去追求成功的。在现代中国通过应试教育制度、单位本位制度及政绩考核政策、社会面子文化、历史文化等共同强化了顺从人格。"知至至之，可与言几也，知终终之，可与存义也……故乾乾因其时而惕，虽危无咎矣"，《易经》中君子对时机把握的理想状态在顺从文化的影响下已经消失。在现代资本市场，投资者则表现为从众行为、羊群效应甚至不为自己的投资负责（无论是自己的资金还是别人的资金）的处置效应（卖盈持亏）①。

正诚做人　良心做事

《易经》对中国人的心理具体影响是在卦辞或爻辞中展现的，下面我们举例来说明：

比如，《坎》卦之"维心亨"，指唯有心中诚信，一本初衷，才能克服一切困难，才能亨通。"诚意"是《大学》中八大力量能否起作用的关键力量，也是心能否正、身能否修的核心指标。证券市场出现各种的非理性行为，与缺少诚信有关。政策反复、上市公司造假、庄家操纵价格、内幕交易等，投资者在缺乏诚信，很难做到公开、公正和公平的市场中，照抄海外金融理论去操作，风险很大。

比如，《明夷》卦之"获明夷之心"，指最危险的场所是最安全的所在，最艰难的时刻也是奋发有为的大好契机，因此投资者应当明辨是非，坚持纯正。市场风险莫测，要想精确预测市场几乎不可能。但最困难的时候或者遇到最大的风险之时，往往是市场转折的时机，不要被出现的绝望气氛所控制，要保持清醒，善于在危险中把握机会。比如 2005 年年中当上海股市跌破 1000 点时，悲观情绪在市场中弥漫，股市到了最危险的时候，但却是十年不遇的好机会。2008 年底，当金融危机的阴云遍布全球时，也是投资最好的机遇。重阳投资的裘先生当时就预测政府必须出台保护经济的政策，政策市必然会在 2009 年出现，他因此满仓进入市场，大获全胜。

2008 年 11 月 3 日，我在《跳弹坑还是躲山洞》的博文中，如实记载了当时"227 读书会"朋友们讨论市场的历史场景：

---

① 李国旺：《持亏卖盈倾向抑制行情上升》，《中国证券报》，2003 年 1 月 28 日；李国旺：《处置效应》，《上海证券报》，2006 年 4 月 11 日。

有位 Q 先生发明了"跳弹坑"的方法作为应对当前金融危机时的交易策略，即在行情迷茫时，不离场而不断转换其战场（弹坑），据说他做到了保护自己，壮大自己的目标，因为他的"凌波微步"功夫已经达到化境，时时罗袜生尘。

同时，又有一个聪明 T 者，觉得现在多空双方江湖争端还不明朗，干脆躲藏到山洞里去修炼他的"九阳神功"。当然 T 先生的"九阳神功"的闭关修习，时时还要看天地宇宙间的气息变化，比如读书会在九间堂聚会时，他就来参加了。

在神州江湖上，无论是跑得快速的"凌波微步"还是坚持苦练的"九阳神功"，基本的原理不外乎：在危机时保住性命，在机会来时则乘风而上。因此，无论儒道，只要有利于生民者，即为股民朋友的神功。

上述的 Q 先生就是裘先生。聪明的 T 先生是禹杉投资的唐先生。

比如，《益》卦之"有孚惠心"，指政府要维护和坚守正道，才能有力量、有诚意对人民布施恩惠，用不着预测就知道非常吉祥。国家要保护投资者的正当利益，上市公司发行股票不是为了解困而圈钱，国有股减持或股改不是为了再次向投资者圈钱充实国库，那么股市政策出台就会得到投资者的拥护，不用去预测也会知道政策将起正面作用。《益》卦之"立心勿恒"，如果国家和上市公司只知道不停地向投资者索取利益，不但得不到利益反而可能搞坏市场，给市场带来危机，让投资者受到风险的威胁，以非理性的投资行为对待市场，最后国家也得不到好处。

比如，《井》卦之"井渫不食，为我心恻"，指井水受到污染、等待清理，不能饮用，人人同情。一个被不诚信和违规行为破坏的市场，无法进行正常交易，需要进行治理整顿，比如发生银广厦事件、亿安科技、中科创业事件后，相关的股票只能停盘。投资者如果买入这些股票，将承受巨大的风险，无法挽回损失，最多得到他人的同情而已。不断出现上述严重的违规和违法事件的市场，在投资者的基本权利不能得到保障时，投资者只能进行机会主义的短线操作，不可能形成长期投资的习惯，除非因为被套而采取处置效应行为。

比如，《艮》卦之"其心不快"，如果行情起来时，投资者被别人扯住小腿，不能迈步追随庄家，心中不快乐；反过来看，行情已经到了高位，应当停止跟进，因受心理群体的影响没有停止，发现错误后心里肯定也不高兴。《艮》卦之"厉薰心"，指如果深度被套，但没有办法出场，有如抑止腰部的行动，断裂脊背之肉般痛苦，危难将像熊熊的烈火一样烧灼投资者的心。要避免出现这种后悔心理，投资者就要采取反向操作，不能随意去跟庄。

比如，《旅》卦之"得其资斧，我心不快"，指身处异乡暂为栖身，在旅途中虽然能得到足够的资金和生活资料，心中仍然不快活。因为缺少志同道合的人，尽管拥有物质财富，精神上缺少交流，因此心中不可能快活。我们可以看到一些庄家操作股票的过程与此十分相似，庄股行情是上升了，甚至还有资金支持可以继续推高行情，但是没有其他投资者接盘，庄家进退都很困难。比如2003年上半年的行情是由基金为主发动起来的，但由于没有其他机构和散户跟进，行情进入5月表现为滞涨的局面。在新的博弈格局下，坐庄难，跟庄难，出庄可能更难。因此，投资者既不宜去坐庄，也不宜去跟庄，因为这些行为都是建立在其他投资者是傻瓜的假设之上，其实，投资者并不都是傻瓜。假设其他投资者是傻瓜的结果，只能带来庄家的不快乐。

通过对比《易经》之"心"的意义论述与证券投资者在市场上的表现，我们发现了《大学》中提出的"正心诚意"对中国资本市场的重要意义。在没有诚信的市场里，要求投资者行为合理化，无疑是缘木求鱼。诚信本是中华民族历史文化的核心内容，无信不立，无信不成，只不过百年来在历史、经济、文化、社会的大转型过程中产生了一定程度的偏离，这种偏离通过放大作用，使得中国投资者形成与其他国家不同的独特行为。诚信恰是《大学》中的关键词，有诚信，才能证悟天地人生，才能齐家治国平天下。

周期运动　逆向操作

单一卦象的六爻变化，既能象征人生的心理发展，又可分析当事人的心路演变。《易经》的认知结构讲究历时性和共时性的统一，是变与不变的统一。它在认同人的心理变化发展的同时，又强调在一定条件下，人的心理顽固不变的一面，因此，六爻既强调从内向外、从下往上发展的过程，又着重各爻之间的相互作用和相互关系即所谓"终日乾乾，反复，道也"。

在资本市场，我们要分析市场历史信息由于心理记忆作用对当前行情的影响，因为市场永远不可能达到完全有效，投资者的长时记忆对行情具有重大影响：因为长时记忆与心理周期、心理周期与情绪周期、情绪周期与时间周期、时间周期与黑子周期，这些周期形成了一种相互作用和相互强化的关系；在一定条件下，各种周期通过时间之窗在某时共同作用对行情产生即时影响。因此，我们要认真处理历史和当前的信息，才能避免心理失误和行为偏差。

汉字的感与应皆以"心"的象征性为主体，强调这种心理过程中的体验与感受以及情感的作用。《易经》中《咸》卦的心理学意义是将心理学与无意识的心理学结合了起来，揭示了天人感应与天人合一的途径。实际上，《易经》从不同的侧面分析了意识和潜意识下人们认知的规律。由于人脑结构及功能的特殊性，认知失误不可避免，清醒的认识可能与市场实际差距很大，因此，投资者需要唤醒平时沉睡的潜意识的功能，由直觉去把握市场的大势。因为在信息时代，投资者不可能掌握全部信息，也不可能对所有信息都进行分析，只有通过自己平时积累的功力，利用自己的经验去分析市场。这种直觉分析方法，在没有利益冲突的时候可能很准确，如果有利益冲突，潜意识为逐利意识所干扰，就不够准确。

关联思考　创新吸收

《易经》认为，宇宙、自然和人类社会是一个有机整体，人是自然的一部分，因此可以用天象说明人象，用天道论说人道，主客体因此是对立统一的。《易经》是用卦画、爻辞等符号来表达自然变化和人事休咎，辅之以种种比喻式的词语，暗示、明指、罗列以激发预测者关联式的思考。《易经》中往往只有结论、没有推导，即使有理论推导，往往也是关联式的思维。"关联式思维"包括想象（imagination）、类比（analogy）和直觉（intuition）等方法，它是国学发展过程中文、史、哲不分的逻辑基础。关联式的思维基于《易经》中包含的全息思想和"万物交感与关联"的假设，即事物都是相互联系、相互作用的，中国传统文化因此重视整体的圆融。

古人利用《易经》进行预测时，用关联式方法，通过卦画、卦辞、爻辞及各种辅助性的说明，去"积极想象"。由于自然和人类社会的复杂性，《易经》在预测时，注重其操作形式的神秘性，结果多是通过关联式的思维方法，引导人们通向无意识之门，与集体潜意识联系，从而整体把握事物的发展方向和可能。因此，《易经》是相当依赖中华民族的集体无意识而得以产生、存在和发展的。《易经》六十四卦记录的很多内容，是古人上观天文、下察地理、中通人事的无意识过程的记录。这种联想式思考容易使当事人进入集体无意识状态，进而产生共时性的群体行为，比如表现为战争和股市中的士（人）气高涨。

中国资本市场既是以《易经》为核心的东亚文化的历时性经济产物，又是从中央计划体制向市场体制转型的共时性经济的产物，它带着中国文化历史的信息又要与世界资本市场交融。

一是传统或习惯的影响使得中国证券投资者从众心态和行为根深蒂固。由于受中国几千年的封建文化影响，君君、臣臣、父父、子子上下之间的服从关系根深蒂固，服从权威产生的奴性心态和从众心态、从众行为已经沉淀到证券投资者的精神层面与潜意识中。

由于历史文化习惯的作用，政府处于"君"位，上市公司和券商多数是国有控股，处于"臣"、"父"位置，中小投资者只能是处于子民（股民）的从属关系之下。当然少数庄家和机构也是公有的，因此也有"臣"、"父"的地位，如果他们操作失败，还可以呼吁政府出台相应的政策，以避免出现整个市场的失控式震荡，比如"6·24"行情前出台的政策就有救市成分，比如允许券商发行债券也有保护券商避免破产的意思。

二是好奇心或者创造力是现代投资者在向国际资本市场学习过程中产生的与传统文化习惯力量针锋相对的驱动力量。在历史文化的影响下中国人在精神层面自认中国的文化、制度都是最好的，西方不过是器物上比我们先进，因此进口器物（比如交易形式）和制度（比如相关法律）就行。但是，一定的物质文明，要建立在相应的政治制度文明和精神文明的基础上。因此，如果中国证券市场只重视交易技巧的学习，漠视这些交易技巧、制度、方法都是建立在文化基础上的，照搬的结果将使整个市场和社会都付出沉重代价。改革无论进退，都要投资者承担相应的成本，投资者只得用脚投票，以退出市场或短线操作来应付不可测的政策风险，市场将在各种改革的反复中出现过多过大的震荡。2001年年中到2005年年中中国股市的螺旋式下跌就是明证。

传统文化资源，过去是儒、释、道，现在是中国传统文化、西方文化共同作用于中国现代化过程。中国人民大学的张立文教授认为，中国之所以是中国，就是因为有5000年的传统文化。与世界接轨是中国哲学获得转生的契机，而不是由此化解、消灭中国哲学，"和合"即是中国哲学、中国文化的转生。这种转生是"融突"和合的转生，既是中国传统文化创造性地再生的延续，也是对西方文化挑战的回应。如何化解人类所面临的冲突和危机，需要一种新的理论思维形态做出回应。和合学确立了五大中心价值：和生、和处、和立、和达、和爱，亦即五大中心价值，合理地、道德地、审美地化解了五大冲突和危机。

和合学抓住并发掘了中国传统文化在当代最具有价值和生命活力的文化精神，为市场经济下的社会处理不同主体之间的利益冲突提供了一个思路，即在它们之间订立新的契约，把各方的意见融合进去，从而协同解决当代社会诸多矛盾，防范矛盾积累而爆发成社会性事件。

同时共振　享受"泡沫"

在《易经》的理论阐述中，共时性的许多因素和条件同时相互作用，这些因素既有客观的，又有主观的，既有外在的，又有内在的，错综复杂，相互交织，由此在经济和社会活动中产生了特别机遇或结果，如果出现在金融市场中，就可能出现类似集体无意识行为下的共振效应，扩大了市场的震动幅度。因此，《易经》中的思维模式不仅是"集合"的、"共时性"的，还是同步的，事件能够以一种非因果的平行对应方式，在不同的地点同时表现出来。非线性思维的特征是共时性的，即同步转型、共时性（同一时期的各个方面）、历时性（同一方面的不同时期）共存。共时性则是程序中的某个时点不同要素间产生的各种联系。

利用共时性原理，我们可以清楚地解释中国投资者心理群体形成的历史文化基础。荣格所独创的集体潜意识所描述的是"人类有着共通的心理机能，这能透过遗传的方式，承接太古时期的潜意识"。太古时期的潜意识，荣格称之为"集体潜意识"。人类共通的心理机能，就是所谓的"原型"。荣格深信，人类自我或人类灵魂，不受制于时空法则；心理现象，遵循着有别于物理现象的法则。荣格的这种理论，与阳明心学、瑜伽理论十分相似。

根据共时性原理的解释，宇宙中充满了有意义的巧合，许多看似偶然的事物，其实都暗藏微妙的关联。两件事看似无关，其实都是宇宙整体的显现。在投资者日常生活中，"说曹操，曹操到"，就是典型的共时性同步现象。在现代科技的帮助下，金融市场特别是证券投资行为，由于信息发布的同时性，正如前面所说的，大大加强了共时性现象，从而出现股价的暴涨和暴跌。

当代资本市场是一个非常复杂的系统，它的发展不是线性的，而是一幅多种因素相互联系、相互作用交织而成的动态图景。这类似于气象学中的"蝴蝶效应"。资本市场中的"蝴蝶效应"，比如 1998 年亚洲发生的金融危机、2008 年起源于美国的全球金融危机，实际上是当市场处于剧变前夜时，依赖于偶然初始条件的敏感性促变成这种形式。它具有两个特点：一是共时态的模糊性，市场中博弈各方的形态不明确，力量、阵线交错难以分辨。二是历时态的随机性，因果律亏缺，共时态的博弈各方均无法保证预想的结果。由于这种模糊的、随机的现象频繁发生，人们有必要也有可能通过大量的考察，发现一种统计性的规律，从而获得必然性的认识。

共时性强调同一时期的历史事件之间是相互联系的，强调理解某一时期的事件与当时的社会背景有密切的联系，同时也强调理解某一时期的政治、经济、思想、文化等因素是一个整体。经济、金融活动过程总是结合政治、文化、社会和个人心理等等多重因素的作用，现实世界的复杂性到目前为止还难以完全用数学描述清楚，"蝴蝶效应"的普遍存在使建立在数学推导基础上的传统金融理论结论往往令人啼笑皆非。

随着中国计划经济全面向市场经济转型，中国文化也在经历着巨大而深刻的变动：中西文化的交流与碰撞在一个新的高度上展开，前现代、现代、后现代的历时性文化现象，奇迹般地投射在当代资本市场文化的共时性屏幕上。经济活动的历时性和共时性（地域范围）的结合，具有整体性、相对性、动态性、开放性、有序性等特点。随着中国资本市场对外开放的扩大，国际资本流动的不稳定性、市场的一体化以及金融市场信息传播不对称（高度不平等），同时强化了国际金融动荡的"蝴蝶效应"，国际金融市场局部的风吹草动往往会引起中国资本市场的连锁反应。

第五部　明德亲民，百姓满意才有市场

　　经济领域是利益直接博弈的平台。随着社会发展，经济利益主体由2500多年前的个体—家族—诸侯（国家）—国家（天下）逐步发展成复杂的利益矛盾体。在现代经济关系中，每一主体同时具备不同的身份。为着提高经济产出和有效分配，经济理论从经济学（见图55）、政治经济学向行为金融学发展。行为金融学与产业经济学，代表了利益分配和利益蛋糕如何做大的学问，也是"亲民"的主要平台。《大学》理论能否为现代经济实践提供思想指导？这是大家关心的主题。

　　我们试以经济领域为案例，结合资本市场的实际，对《大学》为代表的儒学思想进行一次现代化实验。

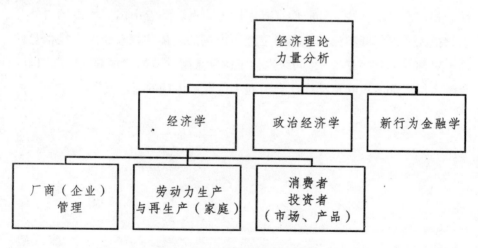

图55　经济学处理的相关力量

第一节 格物致知：中国现代化需要"知"道什么

低碳经济能助推中国现代化？

中国是世界的中国，将中国放到未来百年的历史格局中进行情景模拟或者"编剧"，即从 22 世纪"回顾"我们 21 世纪的经济、政治、文化的文明进程，中国在成为世界一流强国的过程中，不能错过关系国运的核心主题。

在经济领域，当代世界最要"格"的是什么物？我们认为是低碳经济。所谓低碳经济，是指通过观念创新、技术创新、制度创新、组织创新、产业转型、新能源开发等多种手段，减少化石等高碳能源的消耗比例，减少温室气体排放，达到经济社会发展与生态环境保护双赢的一种经济发展形态。低碳经济不仅是经济，还涉及生活观念、政治理念、金融格局、科技进步、贸易份额等领域，涉及全球范围科技进步、政治角力、经济平衡及剩余价值的再分配问题。

我们说过，理论的先进性必须是建立在人类文明的科学成果上，但是如果一种理论夹杂了过多的私利诉求，就可能走样或者造假。当前最时髦的理论是"低碳经济学"，但这些科学家们，却不是相关领域的专家，他们只看到高碳与地球环境的关系，没有看到背后的资本力量的作用，也没有看到地球环境变化最大推手是太阳活动的周期变化。

由于衡量人类进步的标准不是自然的自然，而是人工的自然，因此，随着人类物质文明的进步，往往导致自然环境的退化、恶化，人类的进步以自然环境的牺牲为代价。由于物质文明的相对落后，中国经济在改革开始之际，对于自然的价值没有充分认识。过去 30 年为了引进外资，往往牺牲土地、环境、资源的合理定价而让利于外资。从 1979 年开始，中国物质文明在 30 年间确实取得了举世瞩目的进步，但付出了巨大的代价——环境污染、土地价值低估、资源浪费。在外资已经通过低价的土地、资源、水源、污染甚至人力资本而获得高额剩余价值后，开始向中国提出治理环境污染和减少空气碳排放的问题，即通过限制中国碳排放额度限制中国发展。因此，出现了国际资本双重获利的问题：首先是通过中国低廉的要素成本获得超额剩余价值；反过来，又要中国为其榨取超额剩余价值再支付一次成本：低碳资源的成本。有史以来确实没有这样的强盗逻辑，不仅要肉票家属支付赎金，还要支付绑架过程中造成的其他成本。

如果我们的思想家们随西方政客的论述而起哄，就会犯两个逻辑错误：

一是温室效应不仅是碳排放增长的原因，更主要的是太阳周期活动的结果，但国际资本却故意忽略了这个最重要的原因。正如国际政治评论家安道尔所说，国际资本有关碳排放的议题，其提议的所谓科学家都不是大气方面的专家。在太阳系中，地球气候变化的主要原因，不是人类活动本身，在有人类之前几次重大的灾难性的气候变化，主要原因是太阳活动周期出现异常而引发。在太阳系中，太阳占了整个太阳系总质量的99%以上，太阳活动周期的变化，特别是太阳黑子的周期变化，必然引发太阳系的电磁流、太空磁场的变化，进而引发地球大气环流系统的紊乱，从而出现几百年的气候变化。从人类历史情况看，这种变化存在五百年周期和千年周期，凡在这种周期期间，必然出现虫灾、旱灾、洪涝等当时人类不可克服的自然灾害。《圣经》有关洪水的记载、人类童年有关洪水的传说，都是"千年等一回"的太阳周期活动的结果。比如，中华民族历史的最高峰的唐代衰落，按照如今的考证结果，可能是千年不遇的自然灾害特别是天气变冷引发的旱灾促成的。如果2011年出现"千年极寒"进而引发干旱，将直接导致粮食减产、物价暴涨、金融市场混乱的结果。

二是碳排放增长的主要原因是国际资本转移加工业的结果。碳排放增长仅仅是国际资本对新兴国家进行高额剩余价值榨取的结果之一，另外还有环境污染、人力价值压榨等，由于往往局限于一国范围而不流动，因此国际资本采取掩耳盗铃的方式对其视而不见。中国当前对外依赖度高达70%左右，对外加工贸易的利润分配中，主要为国际资本所得，这种所得不仅直接表现为对土地、资源、水源、劳力的低成本压榨，更表现为通过构建产业体系，通过高成本进口低价格出口商品形式转移利润逃避税收，从而形成了低成本榨取剩余价值、国际贸易转移剩余价值和低利润逃避税收的三重形式的利润获取。在这个利润获取过程中，国际资本却将垃圾、污染、疾病留在中国，反过来提出要中国高价再购买其专利权保护期限内的低碳技术，从而形成对中国人民生产的剩余价值的第四重剥削。

通过上述分析，我们认识到，国际资本深入的地区如长三角和珠三角，往往是环境污染、土地价值转移、劳动力剥削最严重的地区。因此，上述地区的清洁水源、清洁土地、高价劳动力都成为稀缺资源，为此国际资本采取了下列动作，对上述地区的相关要素再进行第五次价值转移：

一是通过合资或者独资形式，控制水务和食用油公司。当外资控制了当地水务和食用油生产经营后，立即进行舆论制造，要求提高水价和食用油价格，理由之一是为了保护水资源，但国际资本在大量浪费中国的水资源时却没有相关的舆论监督。

二是通过国际资本的强大攻势，扩大在中国 QFII 投资额度或者直接投资的条件，但这些资本却直接进入资本市场如地产、股市等。国际投资银行的力量不仅渗透到舆论平台，还获得了事实上的超国民待遇，一些投资银行家或者国际投机分子如索罗斯、罗杰斯，可以随意对中国资本、地产、商品期货市场进行评论，但可以不用向中国证券监管部门进行"报备"。凡是国际资本及其鼓吹者关注或者投机的产业，无不出现暴涨暴跌的情况。舆论力量的国际对比中，由于法律地位不同，国内券商等机构自然输人一筹。

三是由于国际资本染指的地方舆论、土地、资本、环境等为国际资本直接投资领域，这些地区的相关要素价格迅速出现了与国际价格接轨的现象。但这些地区的厂商利润率、居民收入水平却远远没有达到与国际资本直接抗争的程度，在对外开放与国际接轨的舆论控制下，国内政策的执行力由于国际资本的干预而出现变异。比如珠三角某城市市长提出要控制房价，但国际资本迅速将当地房价抬高，让其失信于民。

四是国际资本还来不及染指的地方如浙江丽水地区，如果比照国际资本对土地、水源、空气、环境的价值炒作而忘记了地产市场的基本道理即"地段、地段还是地段"，就会被国际资本玩弄。浙江丽水地区是九山半水半分地，符合了土地稀缺的理念，同时具备青山绿水的自然环境，符合水源、空气、环境的清洁要求。但是，投资地产，除了符合地段合适的要求外，还得符合土地的不可转移性与资本投资的极高流动性要求。浙江丽水地区地产市场千好万好，却不符合资本的快速流动的要求。因此，如果不符合地产投资资本的快速流动要求，同时又寄希望于地产价值增长为当地财政的主要来源者，必然因为地产政策不合乎资本增值的道理而失败，即使有青山绿水，即使地产价格相对便宜，资本只想着自己是否增值而不会考虑其他。

综上所述，以美国为首的国际资本近来高呼通过减少碳排放来拯救地球，是多么的虚伪，因为国际资本不仅隐瞒了地球气候变化的真相，更将应当承担的气候变化责任推给了新兴国家，同时，我们通过分析明白国际

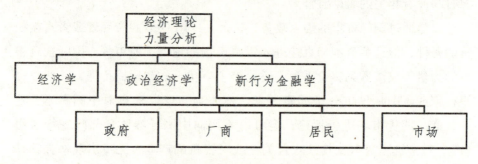

图56　政治经济学揭示力量结构

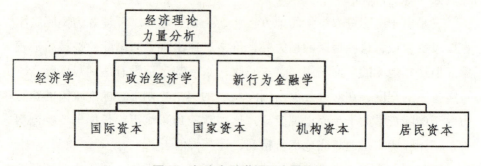

图57　行为金融学揭示力量结构

图58　新产业经济学揭示力量结构

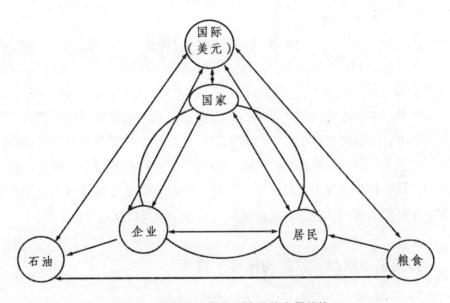

图59　国际资本转移剩余价值力量结构

资本不关心气候变化，关心的是通过这个减轻碳排放的舆论平台获取高额剩余价值以实现国际资本的快速增值。因此，面对国际性的"低碳经济"压力，我们不仅要计算厂商的直接经济利益，还得通过政治经济学和行为金融学算算低碳经济是如何转移剩余价值的，才能做出我们新能源产业的

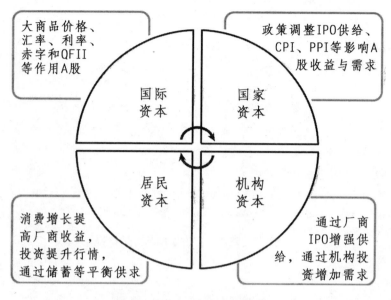

大商品价格、汇率、利率、赤字和QFII等作用A股

政策调整IPO供给、CPI、PPI等影响A股收益与需求

国际资本

国家资本

居民资本

机构资本

消费增长提高厂商收益，投资提升行情，通过储蓄等平衡供求

通过厂商IPO增强供给，通过机构投资增加需求

图60 四方力量博弈结构图

合理布局。

为此，中国在低碳经济领域，不仅要从经济学角度去深度研究，还得从政治经济学、产业经济学、行为金融学、技术经济学等领域进行综合研究（见图56—60），将我们的研究与现代科技、产业发展、金融市场直接挂钩，从而在与国际资本的博弈中，让中国的"低碳"经济理论与实践操作走在时代的前列，预防或遏制国际资本对中国现代化进程的干扰。

多用脑子想想，预防周期性"洋相"

如果说在低碳经济领域我们要揭发国际资本的真实面目，目的是认清低碳经济本身不是问题，问题是预防国际资本利用低碳经济的平台来转移剩余价值。为了在低碳经济领域不犯低级错误，我们有必要对人类自身进行研究即对自身进行格物致知，防止自己犯常识性错误。人类的脑，由于受自然、社会周期影响，特别是受群体情绪的周期作用，会出现非理性状态。即使"法人"为基本单元的"集体"大脑，也会受周期影响，这是基于人类活动离不开脑的生理结构和特定的时间周期的结果，因此，人类大脑是行为非理性的生物性原因。

我们现在就与大家讨论有关脑科学揭示的大脑结构、功能、记忆、认知及时间周期等共同作用下，人类非理性如何对经济活动产生影响的机理。

人脑结构与非理性行为

人脑中的 1000 亿个神经细胞通过突触间的化学反应进行信息、能量与物质的交流和传递，构成了人类的思维及记忆基础。人类的脑组成包括皮层、脊椎、小脑、中脑、脑干、脑桥等部分。研究表明，理性行为仅仅对应于脑皮层能够控制的那部分行为，中脑、脑干等部分控制的是非理性行为，人类的集体无意识就存在于中脑、脑干等部分，是非理性行为的"根据地"。

在中脑边缘系统最前端的脑隔区，是"快感中枢"，中脑边缘系统中还有被称为"杏仁核"与"海马"的部分，它们主管愤怒、害怕、攻击等等，形成"痛苦中枢"，它与"快感中枢"为邻。一个中枢神经细胞放电过量，常常影响到另一个中枢神经产生反应。个体决策失败，"痛苦中枢"兴奋；个体决策成功，"快感中枢"兴奋。现代心理学实验表明，人类"痛苦中枢"比"快感中枢"的敏感度高两倍，由此形成行为金融学视界理论（卡尼曼，1979）的生物学基础，即必须盈利两倍才能弥补过去亏损带来的痛苦。

由"脑干"所决定的行为是人类长期演化的结果，"脑干"积累了无意识的知识，通过沉淀和积累，形成个体潜意识，同时组合成共同文化条件下的"集体无意识"。集体无意识决定的人类行为是非理性的，在外界信息的激活下，集体无意识在市场信息中将产生意想不到的后果，比如非理性繁荣或金融泡沫的生成。

脑的中央"沟回"是左右脑半球对称结构。沟回的后沿是感觉中枢，沟回的前沿是动作中枢。感觉中枢上，面积最大的神经元网络是关于"吃"的，是控制嘴唇和舌头的感觉中枢。吃，是人的本能之一，神经网络分布最广；面积其次的神经元网络是关于"性"的，在中央沟回的内侧下缘。这样，我们的脑皮质生动地再现了我们原始生命的演化过程：人类在本性上是"食"和"色"的动物，即出自《孟子》的"食色，性也"。从基因学的角度看，食是为了个体的自我生存，性则是为了快乐中枢的奖励和延续人类基因。

凡是能够引起情绪波动的事件或体验，在认知科学里叫做"情感事件"。我们中脑系统的杏仁核专门控制我们对危险加以规避的动物本能，杏仁核、小海马区、整个的中脑系统控制了我们的情感。人类行为是一个很大的集合，在荣格界定的"自我"世界里面，理性只有一个点，理性之光只点亮一个角落。在这类被照亮了的"理性"行为里，又只有一小部分是可实证的，这是经济学家研究的范围，即可以反复检验、在统计意义上"正确"并可以建立数学模型的行为。人类行为占集合总面积的99%都是无意识世界（unconscious world），从这里产生的行为都是"非理性"的。非理性行为里又分了两类：一类是可实证的，还有大量非理性行为是不可实证的（汪丁丁，2001）。

大脑感知能力与非理性行为

美国科学家费勒曼等人发现大脑的一个特殊区域中有一群叫做"细条纹"的细胞负责感知颜色。以色列科学家阿希萨尔发现，大脑接收感觉信号的过程类似于调频收音机接收信号的过程。大脑可以无线监视人体内神经元的频率变化，一方面接收身体各部位传来的脉冲信号，另一方面又起着"调频接收机"的作用，两种方式同时工作，从而使大脑形成完整的感知图案。

感觉是人脑对作用于感觉器官的事物的个别属性的反应，如颜色、气味、光滑度、软硬等。感觉有视觉、听觉、嗅觉、味觉等特殊感觉，有温度觉、触觉、痛觉、压力觉、震动觉等躯体感觉。感觉是人类最初级的心理活动，人们对客观世界的认识活动，首先从感觉开始。

知觉是对某一具体事物的各种属性以及它们相互关系的整体属性的反应。人们实际上都是以知觉的形式把客观事物反映到意识中来的，所以感觉材料越丰富，知觉也就越完整、越正确。知觉往往是多种感觉器官联合产生的。根据起主导作用的感觉器官可将知觉分为视知觉、听知觉和触知觉等。除嗅觉外，所有感觉都要通过丘脑传达到大脑的感觉区而被感知，故大脑的感知与丘脑的活动密切相关。

思维是人脑对客观事物的本质特征和内部联系的间接的、概括的反应。思维活动是大脑皮层、丘脑、边缘系统、脑干网状系统等部位同时持续地按注意定向进行有序的兴奋冲动活动，在一已知前提条件下进行一系列推理而得出结论。这种推理性或理论性思维活动可由感知的刺激引起，也可由大脑内部因素引起的记忆所启动。

记忆是复杂的心理过程，包括对象的识记、保持、回忆（再认）和再认（认知）。日本科学家河西春郎和松崎政纪发现记忆是有形象的，以可见的形态被刻在大脑神经细胞表面树状突起的微小的刺上。神经细胞酷似一棵大树，长着许多枝杈状的突起，这些突起上还有无数个微小的刺，形状和大小各不相同。神经细胞受刺激后末梢网络可以重组。体感刺激会令初级内传神经细胞释出化学物质 P，P 物质被脊椎神经细胞"吞吸"之后又会令后者的树状突（dendrite）产生末梢重组，亦即有可逆的组织变化。这些刺的密度与形状随着学习的程度发生变化，年纪越大数量就越少；在结构上，这些刺与另一个神经细胞的树状突起的末梢之一相结合，神经细胞之间的这个连接点就叫做突触；在突触上，从一个神经细胞末梢释放出来的谷氨酸被另一个细胞的刺上的谷氨酸受体所接受，转换为生物电信号；对谷氨酸的感受灵敏度是由突触结合的强弱决定的，即结合越强，记忆和学习的能力就越好。

中国科学家发现人脑中和学习、记忆功能有关的新区域，并得到国际科学界的承认。第一军医大学神经科学研究所舒斯云教授发现的这一新区域"边缘区"，被国际权威专家称为"舒氏区"，即大脑皮层下的高级运动中枢纹状体边缘有一群纺锤状的细胞，这些细胞组成一轮弯月的形状，在纹状体边缘形成特殊区域，是哺乳动物中普遍存在的一个结构，而且越进化，这一结构就越发达。作为哺乳动物脑内新发现的一个重要结构，这一区域参与了大脑的学习记忆活动，和脑的学习、记忆功能密切相关。科学家已发现的分管记忆的海马、杏仁核等结构分散在大脑的不同部位，舒氏区正好位于几个结构之间，处于"枢纽"位置，与它们有着密切的功能联系。

因此，当你感知过一个事物后，当这个事物不在你面前时，在你的头脑"舒氏区"中还会出现这个事物的形象。表象具有直观性和概括性。表象在记忆中占有重要的地位，因为表象是记忆的主要内容。在记忆中，我们能够回忆过去的事物，并且能够记起很久以前看到的人、事和听到的声音，主要是依靠表象来实现的。由于感觉、知觉、记忆等表象化和形象化功能，投资群体中经常出现幻觉，通过集体暗示，不断扩散，从而成为市场传言，对行情产生影响。

当人的双眼各受到不同的闪动图像刺激时，注意力不能两边兼顾，而会不断摆动。现代传播媒体都在抢投资者"眼球"，特别是电视财经频道对投资者眼球不断进行市场信息轰炸，使投资者无所适从，只好跟从股评权威的意见进行操作，形成从众行为，集体推动行情向高位上升或向低位打压，导致股市泡沫或促使股市崩溃。

行为金融学认为，未来股票价格起码可以部分地依据过去的行为加以预测，对于过去的趋势和财务报表的仔细研究能够让人获益。人们在作概率和风险的决定时，依靠的是大脑记忆中的捷径，虽然非常经济而且经常是富有效率的，但带来系统性和可预见的错误（Amos Tversky & Daniel Kahneman）。因为行为研究显示，直观性的表象记忆使投资者过分自信，据最近发生的表象臆测未来。因此，市场有的时候被过分自信的潮流所主导，20世纪90年代中期，人们开始进入集体疯狂（希勒，2000），这种疯狂是导致股市出现过度反应的内在原因。

由于表象在记忆中具有概括性，人们通常将事情快速进行分类处理，形成行为金融理论"事件的典型性"的生物学基础。人的大脑通常将某些表面上具有相同特征而实质内容大相径庭的东西归为一类，"事件的典型性"帮助个体在组织和处理大量的数据、资料的时候，就会引起投资者对旧有信息的过度反应。人作为一个有思维、有情感、有理性、有直觉的多维综合体，在投资决策过程中，情感经常破坏对理性决策必不可少的自控能力，理性无法完全把握全局，正确处理面临的问题。因为面对事件的多样性和市场信息的不对称，理性很难按照事物的本质作出有效的归纳，人们只能用"简单性原则"进行决策，认知偏差、行为变异不可避免。同时，在交易过程中，进入投资者心理群体的个体，在"集体潜意识"机制的作用下，会不由自主地失去自我意识，变成一种智力水平十分低下的生物，迷信教条，轻易放弃原有的通过教育深植于内心的行为规范和理性判断。"心理群体"只知道简单而极端的感情，倾向于把十分复杂的问题转化为口号式的简单观念。在这种简单化的思维方式影响下，群体不能接受争论和质疑，只能借助更主观的测量方法，在作决策时按既有的认知定势而行事。由于对决策的偏差、对损失的遗憾、对风险的恐惧和缺乏远见，投资者自然会低估短期内陷入困境的公司的股价；对那些被认为将会有快速增长的公司，投资者一般会高估其价格，因此，非理性投资决策使得价格与价值可能处于永远的偏离状态，完全以价值模型进行投资决策不可避免地又会陷入投资风险之中。

大脑皮层和大脑控制不了的皮质下的各个区域之间的信息活动，只能在大脑中短时记忆。植物神经、呼吸等本能的反应以及情绪波动、睡眠、梦境、长时记忆都是大脑皮层以下的脑干和中脑系统完成的，因此理性无法进行控制。关键性的、生死攸关的动作或反应，这些信息需要进入长时记忆。在睡眠的时候，哺乳动物要不断强化和更新这类动作的记忆。根据记忆的内容，可以把记忆分成四种：

一是形象记忆，即把感知过的事物的形象作为内容的记忆。

二是逻辑记忆，即把概念、公式和规律等逻辑思维过程作为内容的记忆。

三是情绪记忆，即把体验过的情绪和情感作为内容的记忆。情绪是伴随人体各种反应而来的强烈感觉。内外环境的刺激是情绪的决定因素，但人通过对刺激物及其后果的认识，可制约情绪的发生和发展。边缘系统和下丘脑对情绪活动具有非常重要的作用，大脑皮层对情绪活动有调节和控制的作用。对于个体来说，情感事件是非常重大的事件，它所发生的场景和它所激发的意义往往可以进入我们的长期记忆。认知心理学告诉我们，一切情感事件都可以引发长期记忆，以便哺乳动物可以把这些事件的发生场合与内容记得非常清楚。

四是把做过的运动或者是动作作为内容的记忆。由于股市中突发事件对投资者的情绪冲击很大，在面临相似的时间或空间环境时，可能使得长时记忆发挥作用，在行情的表现上则出现某种程度的周期性的波动。形象记忆和情绪记忆造成怀旧情绪和家乡情结。怀旧情绪导致敝帚自珍，同样一个东西，如果是我们本来就拥有的，那么我们就将其看得更值钱，卖价会较高，如果价格没有达到心理参考点，投资者不愿卖出；如果价格不升反跌，投资者就持有不卖，从而形成处置效应。如果我们本来就没有，那我们愿意支付的价钱就会较低。

行为金融学揭示出"投资黑洞"现象，即管理者总是对自己先期投入的项目倾注个人情感，明明不能起死回生的项目也不断追加投资，结果陷入投资陷阱中。在中国，有些管理者或许是"公务员"，公司的投资项目往往是"形象工程"，与管理者的业绩、政绩相联系，为了保持面子、形象和政绩，即使决策失误，也要不停地追加投资，形成真正的投资黑洞；为了筹集项目投资的资金，有些上市公司只得不停地通过增发、配股、发债等方式进行圈钱，形成"资金饥渴症"。同时，家乡情结使不同个体拥有不同的证券组合。从国际证券市场来看，美国人持有美国公司的大部分股票，日本公司的股票基本上是由日本人拥有。与投资行为相关的人的基因、进化、心理感受、他人的行为及社会规范等，都有影响投资者实际决策、进而影响证券市场价格确定的可能。我们可以预测得到的是：中国实施 QFII 制度后，国际投资者在其投资组合中，中国的 A 股不可能占大的比例。由于在每种股票的后面，几乎都隐藏着投资者的家庭事务、经济纠纷、遗产继承等千奇百怪的故事，形象记忆和情绪记忆往往影响投资者的决策并最终影响股票价值与价格的差异，暂时的高价得以维持主要是由于投资者的热情而非与实际价值相一致的评估。决策者的偏好倾向于多样化并且可变，这种偏好经常仅仅在决策过程中才形成；决策者在决策过程中是随机应变的，他们根据决策的性质和决策环境作出不同选择；决策者追求心理满意的方案而不是严格统计意义上的最优方案。

中国传统文化只重视左脑分管的那一部分理性，忽视右脑分管的非理性，但右脑的非理性对于个体行为的影响更大。美国行为学家戈斯比德在

1983 年出版的《全脑研究指南》中指出：以市场价格预测为例，左脑主导型人员习惯于用分析、统计、推理等逻辑思维；右脑主导型的人富有想象力，能凭直觉推测，主导形象思维。当大多数投资者都是"左脑型"的预测家，理性的数量预测时常出现非理性的后果：大家利用相同的数量模型、推理方法和计算工具时，得出相近的预测结论，利用这种相似的结论进行投资时，往往出现投资集中度过高的现象，导致行情大起大落，从而引发非理性的市场后果，因此反向思维及其操作谋略往往见效。行为学家从脑神经科学出发，认为投资者的脑结构将使得决策过程出现系统性的判断失误，证券价值也是非理性和理性行为共同决定，从而解释了传统经济学所不能解释的比如价格逆转、溢价、市场狂热和恐慌等问题。

为防范市场风险，我们应当开发右脑的功能。右脑具有左脑所没有的四项特别功能：

一是谐振共鸣功能。右脑具有"音叉作用"，与万物发出的波动谐振，接收到复杂微妙的信息，这在投资者的投资过程中十分重要，直觉有时穿透信息不对称的障碍，使投资者掌握机会或回避风险。某私募投资的周先生，就是专门研究"直觉"与投资关系的，他将研究成果应用于证券投资，成果辉煌。

二是想象化功能。右脑懂得通过本身的创造力，将信息重组，进行全息感应，使得信息的损耗、综合、重组等得以在头脑中完成，从而结合左脑分析出行情的趋势和个股的价格趋向。

三是高速记忆功能。左脑的记忆像计算机，是线性的；右脑的记忆像照相机，看了一眼就全部贮藏起来。由于信息过多，如果全部要认真阅读，投资者将无法进行正常的投资，浏览各种信息并能快速记忆，是投资者成功获得信息的手段。

四是高速自动功能。右脑有办法将接收得来的大量信息整理成为有意义的意念，并予以运用，这种功能的速度与复杂性高于左脑千万倍。当然，右脑最重要的贡献是创造性思维。在瞬息万变、变化趋势又千头万绪的时代，右脑的创造性直觉思维对于我们的生存变得尤其重要。美国 2000 家成功的大公司经理中多数人具有较好的右脑直觉思维能力，使他们能预知未来的变化，帮助企业作出重大决策。

熟悉不一定认"识"

前面我们对人类非理性行为进行了严肃的脑"科学"的讨论。下面我们讨论些轻松的话题，让我们的脑休息一下。

2009年"十一"与中秋节合在一起，是中国人出外旅游的好机会。无论如何移风易俗，中秋的节日感情，国人从没有消退过，吃月饼、赏月亮，已经深入到中华民族的潜意识深处。吃月饼、赏月亮往往又是家人、朋友团聚的主要内容之一，到如今，团圆的内容已经发展到家人、亲友结伴旅游，节日内容与时俱进。

从中秋节中国人的行为与情感特色出发，我们联想到当代中国资本市场的一些特点：

一是投资者喜欢投资自己熟悉的股票，不同阶层的投资者都会寻找与自己熟悉程度适配的公司股票；

二是投资者不仅喜欢寻找自己熟悉的认为适配的股票，还喜欢自己熟悉的信息，无论是纸质的，还是互联网上的信息，都喜欢自己熟悉的信息来源；

三是投资者特别喜欢熟人提供的信息，无论这种信息是否可靠，熟人提供的信息往往会很有市场；

四是投资者特别喜欢与信任所谓的权威信息，包括所谓的权威人物发布的信息，或者是所谓的权威媒体发布的信息，在权威面前，投资者容易放弃自己的主观判断而顺从权威信息；

五是投资者不仅守旧，还会猎奇，比如对于中小板、创业板等，都会有投资者蜂拥而入，搞得中国的创业板出现几百倍的市盈率。

可能有人认为上述投资行为是中国投资者的特色，其实不然，这是人类共有的"搭便车"心理习惯和脑简化处理复杂问题的习惯。搭便车又是人类投机心理的自然体现，也是人类在道德或者法规约束软化的时候的基本行为特征。当然，上述寻找"熟悉"的搭便车行为习惯，暴露了人类童年特别是原始社会时期对于不同部落的不信任的文化印记，因为在信息交流极端不发达的原始社会，对外人是不可能充分信任的，即使到赵宋时代文明程度已经高度发达，国人对于外来民族，仍然是极度不信任的，"非我族类，其心必异"的思想在江湖中很有市场，成为江湖中人对内团结和对外排挤的主要理由。

如果将"熟人社会"概念引进当代，就会发现，我们的熟人社会包括了家属、同乡、同学（校友）、战友、同行等，如果信息在上述熟人间流转，就会不断被放大，形成群体心理与群体行为。这些群体心理与行为，代表了力量模型中的居民资本的集体力量或者机构资本的集体力量，一旦国家资本与政策力量的方面引起居民资本和机构资本的误会，政策的效果与政策的目标间可能会出现差距甚至出现相反的情形。

在中国资本市场，在四方力量博弈的关系中，还会出现国际资本以权威形式干扰或者影响居民资本、机构资本和国家资本的动向。国际资本的力量既有硬实力即直接进入的资本对市场的影响，还会有以各种舆论出现的"软实力"来干扰政策方向或者影响国内投资者的行为。比如，国际资本一方面鼓吹中国资本市场的泡沫，一方面又大力争取 QFII 额度的扩大化，这种矛盾的行为，都与国际资本实现其快速增值的目标一致。如果国内的投资者放弃对于国际资本追求自我增值的本质的判断，顺从地跟从国际资本的行为，听从国际资本的"指挥"，就可能成为国际资本的抬轿者和举鼎者。

因此，面对各种信息实际上是噪音的干扰，投资者还是需要听从内心的呼唤，在调查研究基础上发挥右脑的直觉判断能力，因为面对瞬息万变的市场，要及时做出准确判断与分析，不仅需要亲自去品尝"月饼"，更需要进行一定程度的调查研究而不是人云亦云。当然调查研究有直接的，也有间接的，如所谓的买方研究，就是在卖方研究的基础上进行"去粗存精、去伪存真、由此及彼、由表及里"的分析、推理与判断，尽量接近市场真相，再做出成功的投资。

什么是市场或者事物的真相呢？真相就是世界的本质，具备"至简至易"的特点。世界本质简单，只是人心复杂而已。世界本身是"至简至易"的，甚至其本相是"不易"而存在的，只是人心太复杂，为了本身的利益，故意将简单的东西复杂化。比如，搞些制度、规定、法律、纪律等等。这些人为的东西，如果离人性太远，在实施过程中就会出现边际效应逐步下降的现象，最后是社会无意识力量不断强化，将制度等人为设计的内容完全异化，走向制度设计的反面，让潜规则盛行。如果制度设计一开始考虑并充分尊重人性的追求并将这些追求框架于一定的共识范围，这种制度就会长久不衰。比如，孔子强调"仁"，即对人要有爱心，要换位思考，要从别人的喜怒哀乐中处理自己的利益，从别人的参照中发现"忠恕"之道。按孟子的说法，这些人性的光芒，深深潜伏于我们每个人的潜意识深处，也是我们希望他人如此对待自己者，因此，无论用什么力量去批判"仁"，还是无法从民族的潜意识中抹杀，批判者反而很快被历史的力量否定。

我们在研究古代中国人的思想时，发现凡是真正的大家，都是用最简易的方法，阐述最复杂的道理，从而让百姓日用之。孔子之"仁"、老子之"道"、孟子之"义"、墨子之"爱"，都是用最简单的范畴表达了其人生本质，并由此出发，建立了整体的学说体系。因为这些智者，都是直达事物本相者，才能够用最简单的概念，表达森罗万象的世界本质。因此，简单才是真实，平淡才能恒久。要想从简单中发现事物的本相，就得将心静下来。如何入静？古代圣贤为此进行了多种探索，有用呼吸、有用姿态、有用观想等等。但万法不离其宗，首先要考虑清楚我们的人生目的是什么？我们所处的世界本质是什么？我们用什么方法才能发现事物的运动发展的真理（比如找到价值低估的股票）？如果我们仔细一看，原来这些东西都是我们少年时代就学过的辩证唯物主义强调的人生观、世界观和方法论问题。

如果我们将这种思想拉伸并运用于寻找什么公司什么股票才是好的，就会发现，只有业绩增长的主题简单清晰、业务重点突出、可以不断自我复制即管理、可以通过简单的组合就会有创新者，才是我们的目标公司或者目标股票。

要找到简单的公司或者单纯的人，先要静下心来，让思维与生活简单化，像老子一样"虚心实腹"，我们才能逐步发现简单真实的股票，或者简单而自由的人生。

美女跑了吗?

前面请大家吃了月饼，现在请大家欣赏美女。如果你认为讨论月饼的话题还不够轻松，我们现在就讨论"美女"的话题，保证让你轻松一回。

在2004年诺贝尔奖颁奖典礼上，一个美女和一个俊男上台，两人手里各抓住一条红色绸带的一端。当他们两人靠近的时候，绸带松垂着，两人之间很自由，彼此不受束缚；但是当两个人身体分开并向后仰，使得绸带绷紧了的时候，他们就不自由了，而且不能分开。这就是"渐近自由"理论：最小物质夸克彼此之间离开得越远，它们之间的相互作用力就越大；当它们靠得很近的时候反而相互作用力很小。简单说就是：越靠近越自由；离开得越远就越不自由，而且永远不能把它们分开。

在四方力量组合中，是否也存在"渐近自由"的理论阵地呢？我们认为，存在于物质世界的"渐近自由"原理，也有可能出现在社会经济力量组合中。

我们构建的国家、国际、机构和居民力量的"抽象组合"中，居民资本与国际资本间的距离似乎最远，但事实上，居民每天的生活、消费、生产过程与国际资本构成了千丝万缕的关系。比如，中国居民每天要消费的饮用水和食用油，当前已经为国际资本所控制，居民只要生活着、工作着，就会每天为国际资本提供剩余价值，而且这种关系无法摆脱，只能保持环环相扣的关系，这种关系，我们也可以称其为居民对国际资本的"相承"关系，或者国际资本对居民的"相乘"关系，即居民承担了为国际资本贡献剩余价值的义务，我们的居民离国际资本好像最远，但最容易被国际资本拉住贡献剩余价值，是最不自由的。

相反，以"国家资本"名义出现的汇金或者中投公司，理论上它们与国际资本的关系距离最近，容易受国际资本的束缚，其实不然。因为，国家资本作为主权基金，除了要投资国内市场外，还得投资国际资本市场的矿产、商品、股权及其他资本化的资源等。但是，由于国家资本的强大力量关系，国际资本即使视之如肥肉，但仍然为国际关系特别是外交礼仪所约束，让国家资本处于相对自由的状态，当然，国际资本也会在这个过程中使坏，不让国家资本轻易投资成功，有时候可能还会设"局"让国家资本投资失败，但这些动作都无法改变国家主权基金在国际上自由往来的地位与相应的作用空间。

由此，我们发现，从自然科学的格物致知，可以引申到社会领域的力量定位。因为一股力量的作用半径与范围，决定了这个力量的自由程度与力量组合的合力强度。因此，要从自然科学的真理中发现为民众服务的力量，就得看谁掌握了这股力量。亲民的前提是"格物、致知、正心、诚意、修身、齐家"，因此，在这里，我们可以引用一句名言，即"管理自己的强度，就是管理别人的宽度"，一个人、一个机构、一个社团、一个国家内部管理、自我约束的程度，决定了其对外关系中力量半径的长短，也即内在约束是外在管理的前提。所谓"其身正，不令而行"，修身对于外部力量的投射半径具有极端重要的意义。

因为主体的内在约束越是强大、内在约束越是有效，其对外的负向功能会越小，因此越能获得众人的拥护，也就越能得人心，得人心者得天下，如果真正具备诚意与正心者，其力量不仅涉及天下，还可能对宇宙众生起到正面的作用，其力量作用的自由空间才算真正自由。

第二节　正心诚意：做好人办好事

做灰太狼还是当喜羊羊？

讨论了美女的话题后，我们现在谈谈野兽"灰太狼"的问题。有人说灰太狼是"好男人"，在老婆面前打不还手、骂不还口。灰太狼是否是美女想象中的"好男人"，不是我们现在关心的主题，我们关心的是，在各种力量博弈的关系中，你是选择做"狼"还选择当狼填肚子的羊？

个体生命在其一生中，离不开与厂商、国家和国际力量打交道。居民的消费，是厂商的市场与利润来源；居民的储蓄，是厂商贷款的资金来源。但是个体生命并不是事事时时都可以主动的，有时是被动地卷入力量循环的圈子中的。比如，在国防、司法、安全、保障区域，个体力量无能为力，需要国家力量做出贡献。如果反之于身，我们内观自己，一个人的生命质量，与个体的世界观、价值观、方法论相关，同时，又离不开时势的力量作用，特别是我们如何"正心"待人，如何诚意地对待世界。

下面，我讲个真实的故事：

一日"227读书会"的朋友攀登西安的太白山后，李华轮先生高标准招待大家，在酒足饭饱、欣赏秦腔后，书生们开始讨论人生的意义。人生如何得以幸福？个体在面临厂商、国家、国际力量的过程中，如何获得自己的利益最大化？也就是说，个体虽然渺小，如何借力打力，在一定的时空环境下发展强大进而形成生命的力量？

有人说，在现代社会中，个体力量要最大化，最好返祖，如狼一样，学习进攻艺术，善于掌握《孙子兵法》中提出的对地形、时间、彼此、统帅、组织、力量对比等进行统筹组合，寻找合适的时机，毕其功于一役。这似乎有一定道理，大家热烈鼓掌。

有人说，时势造英雄，我们在发扬个体力量最有效率的时候，就得认清楚当今时代的大势如何发展。如果认清时代潮流，顺着潮流走，就能够找到如可口可乐一样伟大的公司，只要认准"中国的可乐"，一直持有，就能获得上万倍的收益。因此，只要找到能够代表时代发展方向的公司或者行业，进行长期投资，就能够将个体生命力发扬光大，成功自然在其中。这种说法好像也有道理，大家热烈鼓掌。

有人说，做投资本质是人性的博弈，是对自己的情绪、性格、知识、欲望的主动管理。人首先要承认自己对于世界、对于客观知识的缺陷，才能够寻找到有缺陷但有优秀基因的公司。因此，投资不能只对自己认为好的公司贴标签，而是找到好公司中的缺陷，研究如何对缺陷进行如计算机软件"补丁"的修复，进而不断完善目标公司。这种说法好像也很有道理，大家热烈鼓掌。

有人说，如何成功地把握人生进而提高生命力量，个体生命不仅要发挥羊群的合作精神，有时需要有从众行为，有时需要有狼性的独立的精神，独立判断，所有的信息要经过自己的脑子，以自己的独立性为判断的前提。不做跟在羊群后面的羊，而是要做调动羊群的狼。因为只有狼性的精神，才会根据当时的时势，做出独立的分析，从而避免群体无意识力量的"污染"，不管厂商的信息、政策的信息、国际力量的信息，都要结合资本运作的基本规律进行"设点"和潜伏，从而寻找并把握最好的猎物（公司）。这种说法似乎也有道理，大家报以热烈掌声。

有人总结说，从陕北到陕南，实际上是人性本来面目充分展现到人性受礼教束缚与异化的过程，也就是从狼性向人性逐渐过渡的历史。陕西北部的自然人性，保持了人类本身的血性，是强大的生命力的展现，无论是周王朝、秦王朝、汉王朝、唐王朝，在其建立初期，都受益于人类血性的冲动力量。但是，无论如何，在现代，人类本性的发扬光大，需要与时代的开放精神结合。

至此，根据上述的讨论，我们发现，关于人类个体生命在厂商、国家、国际力量博弈中如何发扬光大自身力量，可以有四种路径：

一是在继承传统文化基因的基础上，需要进行文化基因的自我改造，吸收合并人类文明的一切优秀文化成果。狼性文化代表了人类原始力量，羊群文化代表了经过文明洗礼后人类血性的退化即人类动物性的退化。一部人类文明史，就是人性与动物性的搏斗史。狼性文化代表了人类大脑中非理性的动物本性的冲动。如果用到证券投资上，人性在文明的强制下，奴性的群体性格往往是失败的性格，因此，需要引进狼性的独立性格，不受群体无意识或者群体癫狂迷惑，这一点，我们是同意的。因此，即使引进狼性精神，也要进行司法的约束，在不危害其他人的前提下才能进行，如果一味地进行无礼仪约束的冲击，既不可能有正心，也不可能诚意待人，更谈不上去齐家了。

二是个体的幸福不仅是发挥狼性精神对外获得最大的收益，而是如何在获得收益的时候，回报社会与国家。人所以为人，最大的特点是忠与恕。律己与奉献，是人性光明的两个极。有位在西藏获得佛教"格西"学位的美国人，在总结人生时曾经说过，一个商人是否成功，有三条标准。第一个标准，做生意首先要赚钱。第二个标准，要在赚钱的过程中幸福与健康。第三个标准，当你在临终时，发现自己的生意无论对个体还是对社会都是有意义的，即个体生命通过生意的形式回报社会，让自己的生命力量与精神不朽。这位佛教格西的确掌握了人生的真谛，即人生的过程，无论是光辉的还是阴暗的，都是自我精神的表现，是自己对自己价值的判断，是自己对他人的态度，是自己对世界的认识决定的，正心诚意，是人所以为人的基本底线与人格高度。

三是个体生命力量要发展，需要有开放的精神与胸怀，学习人类一切优秀的文明成果；既容纳对你好的，也会包融对你不好的人与事。一个人是一个系统，如果自我封闭，熵就会直线上升，系统中的思想、精神、力量、健康、元素就会出现混乱，系统就会在封闭中自我灭亡。汉与唐独步于当时世界，就是以一种开放的胸怀包容世界。时代发展，已经到达全球标准一体化的时候，我们无论是寻找祖宗的根本，还是寻找精神的家园，都需要在历史的起点上，结合当代发展的实际，与时代潮流结合，寻找既是中国的又是世界的行业或者公司，与其共成长。中国崛起势不可挡，但不是所有的行业或者公司都有机会与祖国共同崛起，寻找业绩倍增的行业或者公司，不仅是证券投资者的任务，也是强国富民的根本。只有我们开放胸怀，真心诚意地对待世界上一切事和人，才会发现更多的对我们民族国家有用的力量。

四是个体与国家一样，也要以义为利。浙江台州人杨先生，从小很有个性，曾经被高中老师赶出了教室，高中只上了两天，从此在社会上流浪。杨先生不改变坚持自己原则的个性，为人仗义，曾经生意失败，但不气馁，愈挫愈奋。杨先生独自闯到温州去做生意，居然成功，但却为同行所妒忌，对手纠集九人，偷袭并重伤之。重伤之下，杨先生死里逃生，再次扩大其江湖范围，闯荡上海滩，最后以国际最大的名牌轮胎代理商之一闻名商界。

如果你觉得上面将人比拟成"狼"呀"羊"呀的讨论没有劲，下面我与你一起欣赏中国四大美女之一的西施，保证让你感受深深。

曾子在《大学》中反复告诫，国家要以义为利，不得以利为利而与民争利。在曾先生的眼睛里边，商人是重利而不重义的群体。我们不知道2500多年前的商人是否为只讲究利而不顾义者，但我们知道，商人的祖师爷范蠡先生不仅重感情，也很重信义。可能当年曾先生与范先生一个在山东、一个在浙江，两地相差过远，没有机会进行现实的或者历史的书面"对话"，因此，在孔先生的弟子中，好像对于商人是没有多少好感的。

话说当年范先生协助勾践先生复国后，为避免功高震主的嫌疑，直接采用老聃先生的告诫"功成身退"，"牵手"西施姑娘到东钱湖隐居，如今的宁波东钱湖还流传着他们浪漫的爱情故事。当然，爱情也是要吃饭的，正如经济基础决定上层建筑一样，真情需要一定的经济基础。可能范先生开始只是不想让西施小姐跟他受苦，做起了小本买卖，但他善于利用季节、空间的错位造成的物价差异进行"投机倒把"，很快成为当时的首富。但范先生可能是性情中人，在获得经济自由的条件下，他高扬爱情至上主义，干脆将其积累的巨额财富散发给他认识的穷人，自己携西施开始在"国际"漫游，实现了情与义的双丰收。

如果说范先生是古人，不能说明问题，现代经过长期宗教哲学训练的罗奇格西，他有关最伟大的商人具备强大的内在能力的话，或许大家都能理解。所谓具备最强大的内在能力，翻译成我们大家能够明白的话，就是这些商人具备正心诚意的内在品格，面对失败，心灵能够进行自我修复并能够控制自己的行为边界。我们对照2500多年前的范先生，其实就是一个标准的具有内在控制力者，他在"朋友"勾践最为困难时挺身而出，出谋划策，尽心尽力，不求回报，只求越国能够在失败中翻身。如果说，按古人的标准，对朋友讲信义，范先生做到了。他自觉运用了老子的"退让"哲学，不居功，直接做到"从江湖来，回江湖去"，惜情义如珍宝。

如果我们用范老先生2500多年前的行为对照如今的浙商杨宝国先生，重义方面，他们确实是一致的。或许诚信在当今社会真是稀缺资源。2009年底浙江台州澳洲商会杨星定会长邀请我们一行前往考察，当有一个从重庆到澳洲讨生活的旅游公司的人听到杨先生有关对兄弟对朋友要讲究诚意和信义的言论，这位见过"世面"的重庆人当场就对杨先生进行批判，认为杨先生是在讲大话，因为其不相信现在世界上还有讲情谊者。因此，包括杨先生在内，另外还有两位博导认为，这个在澳洲闯江湖者可能是一个"受伤的女人"，对于人世间的真心情义已经不再相信。

2009 年 12 月 28 日中国有关财经网上公布了《2009 十大财经绿脸》，刚好为当时的争论做了一个最为现实的佐证：如果商人只重利而不顾义（诚信、道德、法律、规范），即使混上中国首富，也会被社会公器拉下马，更何况财富不仅仅是个人成功的标志，更是对社会负责任的标志，在一定意义上，财富也是社会的公器，不能为了私利而为所欲为。因此，我们对于杨先生在交流中反复提出的做人要讲究正心信义和诚意的言论，真心赞同之。

自我约束，扩展能量

如果我们整天只想着野兽（如灰太狼）与美女（如西施），也是没劲的事情。人有时候还得进行自我反思，想想人所以为人的本质是什么？个体幸福是什么？在讨论这些问题时，我向你推荐一位"洋导师"，即伟大的哲学家与宗教家释迦牟尼先生。

释迦牟尼具有慈悲的心肠，在其还是王子时候，就思考人生生老病死的过程中如何摆脱痛苦获得永恒的快乐。"离苦得乐"因此成为佛教理论的核心和起点。由于人类以肉体生理形式存在，就得有吃、喝、玩、乐等等生理需求。这些需求的不满足，就会引发肉体的和精神的痛苦，这些需求的满足，又会引发新的需求，新的需求如果没有满足，又会引发新的痛苦。因此，人类永远处于为满足需求和需求获得满足后产生新需求的痛苦中。

为了利用最少的成本、最少的资源实现最大产出从而减少人类的痛苦，尽量增加人类的快乐指数，经济学在进入工业化时代后应运而生。经济学，就是关于如何经济地即最少花费（使用生产要素）获得最大收益的学说。

"有求皆苦"，离苦得乐的方法，释迦牟尼认为是"无欲则刚"，即人们要明白即使是肉身，也是不停止地处于死亡的过程中。如果引进现代的生理学特别是细胞学说，发现释迦牟尼2500多年前已经掌握了细胞学说的核心内容。只有找到离苦得乐的方法，人类才能安心于对自然、宇宙、人生，树立正确的世界观、人生观、价值观。毛泽东说，人固有一死，有的轻于鸿毛，有的重于泰山。释迦牟尼提出，由于肉体是一部死亡的乐章，因此，对于肉身不要过于执著，要无我相，要离弃一切为了我相和我执而做的恶业和恶行。为了做到不行恶习和恶行，释迦牟尼对于他的弟子提出了"五戒十善律"，当作僧团的行为规范，这一规范已经实施了2500多年，至今还在运用，说明其具有强大的生命力。

反观佛教的五戒十善律，我们发现个体的痛苦，可能不是环境直接造成的，而是因为我们个体内心世界的念头是动物性的、掠夺性的而造成个人与个人、个人与社会、个人与国家、个人与国际利益格局的冲突与矛盾。这些冲突与矛盾，如果是属于个体原因引发的，我们就得反诸内心而进行自我道德建设，先做一个合格的公民，再寻求合格公民的合理权益。诚如是，我们的生命就不会虚耗于无用的甚至作恶的活动中，而将有限的人生用于有意义的事业中。

做事得讲规矩

前面我们学习了佛教的"五戒十善律"，说明个体如何在既定的环境下行为要有边界，也要有底线，只有这样个体才能进行自我管理、提升生命的质量和力量。

下面，我们介绍一个具体的案例，一起讨论"行为底线"这个问题。

2009年9月13日，法门寺的某法师为"227读书会"的书友介绍有关生命健康等问题。智雄认为，人只有在静心状态下，才能让精神停止纷扰，心如止水，才能发挥定力，定力生长，才能使智慧增长。因此，佛家讲究的有关戒律，可以理解为是为入定做的基础功夫，也是为了排除干扰而设立的身体、心理和精神的"防火墙"。因此，为了静心，需要遵守一定的戒律，戒律可以让尘心沉淀下来，产生"八风吹不动"的定力。

当然，对于不同的人，戒律也有不同层次的要求。

有人问，某市有位领导，一边念经，一边贪污，如何理解这一现象？

法师回答，言行一致，知行合一，人的定力才能成长，人的智慧也才能成长。贪污本身是非法的行为。天理难容非法行为，佛教也反对违反戒律的违法行为，因此即使礼佛，但转身做非法的事，不仅天理难容，佛也不可能保佑他，但法律会找上门来"服务"他。贪污，本质上是违背了"我相"，犯了不偷盗的戒律，犯了戒律，当然会受戒律的惩罚，无论是以法律惩罚还是以道德谴责的形式报应。

一个犯戒律的人，心理不定，情绪波动，定力下降，智慧消亡，会出现令人难以想象的低级错误，生命质量下降，生命的力量也会消亡。

因此，心念、语言、行为三者分为正反双方，共有六方面，如果六方和合，才能心净气爽、气定神闲。现如今，多数人的物质生活已经满足，但仍然感觉不快乐、不幸福，无法做到在精神心理和情绪上的同喜同乐，实质是没有理顺身体、情绪和精神的关系。

《最后一个匈奴》的作者高建群先生认为，人生要幸福，要提高生命质量，要离苦得乐，就要说真话。他以《金刚经》译者鸠摩罗什三藏法师为例子，因为鸠摩罗什三藏法师对于译经精益求精，他的舌头在火化后成为莲花状的舍利子，证明其一生不诳语。鸠摩罗什三藏法师一生成就除了其天生的智慧外，还依靠勤奋。"有关家国书常读，无益身心事莫为"，读有关家国的书是与智者进行知识、智慧与精神的对话，可以不断扩展人性中善良的力量。按照普陀山某法师的说法，善良的念头是与宇宙中的建设力量相联系的，是会得到天助的。

通过读好书，不断地与善良的力量结缘，不仅知识得以增长，智慧得以提升，人性也会发扬光大。在书海中，个体会感悟自身的渺小，逐步去除"我执"力量的损害。孔夫子说，"不患人之不己知，患不知人也"，在现代社会，我们要担心自身没有真才实学可以让人知也。如果没有真知识，没有智慧，只迷恋自己的利益，就可能迷失了人生的方向。

有人问，佛学中"住"的本义是什么？智雄回答，在宇宙的"成、住、坏、空"过程中，"住"代表的是物质、精神、意念存在的某种现象和状态，属于幻有，不是真有。因为，事物随着时空转换也在不停变化，比如人身一天就有上亿细胞进行了死亡与重生，今是昨非，事物在"住"的状态中，也是变化、死亡与"空"的过程。如果个体执著于"住"相关的现象，就是迷恋、执著于某种事物、名誉、权位、利益等，如果这种"住"过分了，就是"着相"，就是"痴迷"，严重者可能成为精神疾病。因此，在《金刚经》中，释迦牟尼提出了"应无所住而生其心"的著名论断，为迷者指明了人生的方向。权、位、名、利是社会的公器，如果取之于民，用之于民，则会源源不断地为我所用；如果公器私用，就会得到天谴。

一个人"住"于一种外在的或者内在的境界，如果为善行，就会进步，如果是损害别人有利自己的，就会反诸其身，身受其害。一个民族也是如此，曾经强大的匈奴，由于着迷于劫掠生活，最后也消亡于历史之中，不仅作为匈奴民族的个体生命身受其害，匈奴民族迁移过程中的其他民族也身受其害，最后匈奴因为不从事建设，积极力量无法积累，民族集体消亡。因此，即使是最具备"狼性"的匈奴民族，如果只知道向自然向社会索取，也会得到自然、社会和其他民族的反击。

因此，一个人在历史舞台的演出中能否成功，除有内在功夫外，还与时势有关，也与时代的需要有关。当代正是处于中国崛起的过程中，民族意识召唤英雄的时代。重新审视历史上民族的成败，以此为参照系，民族崛起、文化复兴才不会再犯历史上其他民族的错误：以抢夺为生、以殖民为生者必然为历史的潮流所淹没。只有放弃唯我独大、与他人分享的民族，才会产生盛世，无论是周朝的立国，还是汉唐的光辉，都是与其他民族分享的时候才最为强大的。

中华文明的进步史，就是农耕文明与游牧文明博弈过程中的进步史，也是游牧文明不断挑战农耕文明的历史。农耕文明如果处于安逸中不思进取，就会为游牧民族所压迫。宋代和明代退缩直至灭亡的历史，就是典型案例。如果将历史的镜头对接当今世界，我们就会发现，虽然中华民族正处于复兴的过程中，但仍然受国际资本这匹"狼"所包围。为不被国际资本这匹"狼"围剿，具有和平爱好基因的中华民族就得发扬狼的效率基因，加上和平的凝聚力基因，才可能避免出现宋明由于理学束缚而失去原始汉人的血性而惨败的历史。

中华民族的发展史表明，没有外来的压力，民族就会失去生机；如果没有强大的内在基因推动，民族也会失去发展的机遇。封闭的民族或者自我，都会在安逸中消亡。居安思危，遵守人类的行为边界和行为底线，民族的文明程度才能不断提高，才能在安逸中准备面对外来挑战的危险，保证个体或者民族国家的安全，这是生命质量提高和生命力量保存的基础工程。

倾听各方，多结善缘

当然，人不是一出生就知道自己的"行为边界"在什么地方，在其成长过程中，需要不断地"倾听"大人的教诲，逐步建立自己的行为规范。

2009 年 9 月 12 日，"227 读书会"书友在李华轮先生的安排下，会聚于陕西太白山。是日也，秋风爽爽，秋雨朦胧，书友们乘车穿行于太白山云雾中。时有山涧流淌，间或飞瀑直下。裴书友说，绝美的风景在前面，在峰巅，我们不再逗留，抱着希望期待，向上、再盘旋向上。缆车在缓缓上行，其间不时出现鲜红的野果，伴随高山红松，依稀重现北疆风光。缆车达上板寺而止，书友饥肠辘辘，就地用餐，山上小店的"菜夹馍"成为书生的美味。海拔已经高达 3000 米，因为缺氧，500 米的高度，相当于攀登 2000 米。多数书友在相互激励中到达"天圆地方"之峰顶。时山风怒号，冷风飒飒，众人在合影后迅速回撤。

9 月 13 日，书友们观摩了法门寺僧人的早课活动。凌晨 4 点，书友们冒雨前往，5 时整，早课正式开始。在悠扬庄严的佛号中，众僧齐声唱念《大悲咒》，为超度众生而日复一日、年复一年地唱颂。早课持续大约 1 小时，书友在如此庄严的气氛中，肃穆静观。有人说，"做一天和尚撞一天钟"，我们单从"早课"活动中就发现了，真正的和尚，即使撞钟，也是有规矩的，来不得半点分心，而是要正心诚意去做，认认真真地履行自己的责任。

书友们活动的高潮是上午巳时观瞻释迦牟尼指骨舍利。在杨凌开发区领导的联络下，法门寺有关部门终于同意书友们前往观瞻真身舍利。虽然经过历年的冲击，在具备大智慧和大勇气的法门寺僧众的保护下，法门寺地宫从未被盗，上百件文物和无上国宝真身舍利幸运地保存完好。

下午，书友们听了《最后一个匈奴》作者高先生的创作经验谈，他介绍了正在创作的鸠摩罗什三藏法师一生的故事，还特别介绍了《最后一个匈奴》创作的艰辛与幸运的过程，让我们了解了伟大作品产生的背景。

高建群先生为陕西人民出版社总编辑所请，总编辑又是西部证券安总的夫人，安总又是李华轮当年的老领导，李华轮是裴先生的好朋友，裴先生是书友会的创始人之一，这样，我们通过这重重的如蛛网的关系，与高先生结缘，与2000多年前的匈奴史结缘。同样，我们通过华轮与杨凌农业高新开发区的主任联络，主任又是原西部证券李华轮之老朋友，主任帮助我们与舍利子结下缘分。

在这场缘分的联结过程中，倾听是我们主要的"工作"。我们倾听法师的说法，我们倾听文学大师的创作经验介绍。倾听一种以他心之言来表达关怀的行为。以他心为我心者，就是孔子"仁"的真正内涵。"仁"者讲究的是以他人的立场、思维、视角、眼光来体味、理解、关心与支持对方。中国文化中具象化的太极拳术，有一种借力、使力从而将力量加倍的方法，就类似于用倾听的力量来化解、排除对方的负面能量进而将对方引向正确方向的方法。倾听也是慈悲之心的外在行为，虽然好像什么也没有做，但却是用一种沉默的力量来疏导倾诉者的负能量，从而将本来无序的力量转变成真正的正面能量。当然，倾听不仅是倾听他人的心声，我们还要善于倾听自然的声音、倾听来自宇宙的乐章，我们只有将心放大到自然、社会甚至宇宙的层面，才会在疏导他人、他物的负能量的时候，重构心的正面能量。

声为心音，只要是声音，就是一种自然力（能）量的波动。自然的声音，有时候是和缓，有时候是急躁，有时候是风暴，我们只有用敬畏之心来倾听自然之声，才知道我们与自然的关系是和谐、矛盾还是对立。当人类与自然和谐的时候，人类的心灵才能得到安慰，人类才能离苦得乐。怀着感恩和爱心面对自然时，我们会发现自然的力量是如此之大，只有自然之子即人类充分尊重自然之时，大自然才会为人类的幸福演奏出最美的乐章。

在资本市场，如果我们用心通过网络、电视、广播、报纸等倾听利益各方的诉求，我们就会发现：所有真相，都在表达中流露。所有倾听，都是有缘者协同的好方法，协同是现代人扩展力量的平台。

开放心胸，扩展生命能量边界

在人生的道路上，我们不仅要用"耳"去倾听各方意见，还得用"心"去接纳各方力量。中国的改革开放所以成功，在于改革开放符合宇宙真理，即开放可以引入、纳入、引进新的信息、能量与物质，从而重构原来的体系、结构、功能，扩展中华民族生命的力量。

按照《道德经》的说法，人的一切行为都可能成为悟道的修行方法，天人合一即为目标。《瑜伽经》认为，只有静坐才是接近绝对真理的最好方法，"梵我相连"即是目标。佛教唯识宗认为，世界万物都是唯识而造，阿赖耶识才是宇宙的绝对真理，修行到达明了阿赖耶识时，才能实现开悟，即达到正等正觉，实现解脱。这些理论的真相究竟如何？还需要用科学去实验探讨。

条条大路通罗马，这或许是不错的说法。但通达罗马的道路也会有远近好坏之分，个体生命只有寻找到最好的捷径，才能发现并尽快实现通达人生目标的最佳路径。这不仅是经济学的计算，更是人生历程中为达到最佳目标的需要。因此，对于人类文明的优秀遗产，我们仍然要根据自己的天性、聪明程度和当下的需要进行筛选并努力达到融会贯通的水平，才能提升生命的质量。如果我们对于历史遗产不加区分地盲目接受或者放弃，就可能要么付出极大的努力仍然毫无收获，要么采取历史虚无主义而盲目自大。

同样，我们的生命历程展现过程还得有物质基础，这种物质基础，可能与我们的心态有关。笔者在凤凰网的"一日禅"中看到这样的一段话：

> 真正的财富在哪里？在自己的心里；
> 我心里生起智能，智能就是我的财富；
> 我心中生起满足感，满足感就是我的财富；
> 我心中生起惭愧心，惭愧心就是我的财富；
> 我心中生起禅定，禅定就是我的财富；
> 我心中生起般若智能，般若智能就是我的财富。
> 所以我们不一定要在心外寻找财富，
> 真正的财富，应该是内心源源不断的能源。

按照佛教的说法，我们人类不仅存在眼、耳、鼻、舌、身的知觉，也存在意识深层的自我意识（我识）和第八层次潜意识。佛教说第八层次的潜意识也即阿赖耶识是人类意识的中心，据说它可以容纳人类感觉、知觉、意识及潜意识的所有东西，无论你想什么、做什么、说什么，它都会全息进行记录，绝不会删改。因此，我们当下所想所做所说的，都会成为未来的原始动力，这种原始动力如此强大，可以左右我们的感觉、知觉、思想、行为、言论甚至梦想。因此之故，我们才会看到上述"一日禅"提供的妙语，财富是人心的感觉，不是外在的金钱、地位、名声、权力，而是内心涌现的满足感，是内心对于人类的关怀与奉献（施舍），精进、忍辱、禅定、般若等才是真正的财富。因为这种在最深层意识中生发的"财富"，不是为末那识即我识所左右，而是以众生福利为导向，因此，是无边的无量的无尽的财富。比如，当中国举办"中非论坛"，不仅在物质上支援非洲的发展，还在发展的路径上与非洲国家一起讨论，为他们提供可借鉴的方案时，我们知道，这是一种高尚的"贡献"行为，是与天下分享成功的道德实践。

因此，即使在当代，由于思想与文化断层而造成诚信稀缺，但人们对于讲究社会关系之奉献者仍然高度期待，对于精于算计、无法放大格局者，还是看不起，认为其精明而不聪明。聪明人的财富哲学是什么？少计较，多做事，按照"一日禅"财富观，只要你真心付出了，迟早会有种子生长，你的收获是自然的，你的任务是正心诚意地耕耘，无论是用你的思想、言论还是行为。

第三节　修身齐家：家和万事兴

放下小我，成就大我

上面介绍中，我们分析野兽、观赏美女、倾听故事、开放心胸，都是展示人性的本来面目。但是，面对复杂的关系时，我们有时得放下小我、自我约束、忍别人不能忍的事，才可能出现海阔天空的新境界。因此，在正式与大家交流有关修身齐家前，先介绍"张公百忍"的历史故事，与大家共思考。

主人公张公艺，生活在一个大家族里，数代同堂。由于张家"齐家"名声远播，北齐文宣帝于天保元年（550年），派东安王高永乐到张家慰问表彰，为张家挂了一块题有"雍睦海宗"的匾额，按现在的讲法，张家得到了"文明家庭"国家级特别奖；隋文帝开皇八年（588年），安抚大使梁子恭亦亲去慰抚，又送给张家一块题有"孝友可师"的匾额，张家的精神文明建设实现了"可持续"的发展；唐太宗贞观九年（635年），朝廷特命地方官府为其挂匾曰"义和广堂"。不到百年，张家三次得到国家级文明家庭大奖，可谓盛况空前。受家族修身与齐家好品德的熏陶，张公艺"有威德之望，博览群书，克己修身"，做到了格物致知、正心诚意和修身齐家的全部功德。隋开皇十一年（591年），张公艺15岁就从父亲张兴手中接过家族管理权，管理家政长达80年，直到95岁才由晚辈接替。

　　唐高宗麟德二年（665 年），张公艺 88 岁。这年冬天，高宗从东都洛阳出发去泰山封禅，途经寿张县桥北张村。此时的张家"人口已有九百多，居室四百区，眷属已逾九代"。高宗在桥北张村逗留两天，张公艺陪他查看了家族方方面面的情况：土地及一切财产归家族集体所有，农事活动都是有组织的集体出工；进餐时男女分别入席，老人居上，晚辈在下，儿童则另设桌凳。孩子读书，由家族的塾师班子负责；老人晚年，由家族统一优待赡养。通过两天的了解，高宗非常佩服张公艺的治家本领。当问及治家经验时，张公艺不语，默然连写百余个"忍"字呈给高宗。高宗为之流涕，遂赐缣帛数匹，免其丁赋。次年（666 年）春天，为张家修建"百忍义门"，以彰其德，又封张公艺长子张希达为司仪大夫。从此，张家声名丕振，称羡千古。唐高宗仪凤元年（676 年），八月十五中秋节这天，张家族人群坐宴乐之时，张公艺左顾右盼，含笑而逝，享年 99 岁。

张公还写过《百忍歌》，作为他一生修身齐家的总结，也是对历史上身不修家不齐的反面案例的总结，大家一起来读读：

　　百忍歌，歌百忍；忍是大人之气量，忍是君子之根本；能忍夏不热，能忍冬不冷；能忍贫亦乐，能忍寿亦永；贵不忍则倾，富不忍则损；不忍小事变大事，不忍善事终成恨；父子不忍失慈孝，兄弟不忍失爱敬；朋友不忍失义气，夫妇不忍多争竞；刘伶败了名，只为酒不忍；陈灵灭了国，只为色不忍；石崇破了家，只为财不忍；项羽送了命，只为气不忍；如今犯罪人，都是不知忍；古来创业人，谁个不是忍。

　　百忍歌，歌百忍；仁者忍人所难忍，智者忍人所不忍。思前想后忍之方，装聋作哑忍之准；忍字可以走天下，忍字可以结邻近；忍得淡泊可养神，忍得饥寒可立品；忍得勤苦有余积，忍得荒淫无疾病；忍得骨肉存人伦，忍得口腹全物命；忍得语言免是

非，忍得争斗消仇憾；忍得人骂不回口，他的恶口自安靖；忍得
人打不回手，他的毒手自没劲；须知忍让真君子，莫说忍让是愚
蠢；忍时人只笑痴呆，忍过人自知修省；就是人笑也要忍，莫听
人言便不忍；世间愚人笑的忍，上天神明重的忍；我若不是固要
忍，人家不是更要忍；事来之时最要忍，事过之后又要忍；人生
不怕百个忍，人生只怕一不忍；不忍百福皆雪消，一忍万祸皆
灰烬。

家族是经济关系和社会关系的结合体，面对九世同堂，家长既要解决
大家的生活问题，又要通过忍让与奉献处理家庭内部的各种矛盾与冲突，
面对问题，怎么办呢？张家在严格的家规下，采取家庭公有制和统一生产
管理。正如圣严法师面对问题时开示说：

> 面对它、接受它、处理它、放下它。放下就是不计较，就是
> 宽容，就是容忍。为什么要放下呢？因为任何问题，特别是严重
> 困扰的问题，逃避没用，总要面对它。对感情的问题，宜用理智
> 处理；对家族的问题，宜用伦理处理；即使发生了不得了的大
> 事，也要用时间来化解。如果是无法避免的倒霉事，能处理当然
> 好；不能处理，去面对它、接受它，也就等于是处理。任何事情
> 发生以后，你处理了，就把它给放下了。

这正对应了凤凰网的"一日禅"中所说：

> 人生在世，有太多的东西放不下：有了功名，就对功名放不
> 下；有了金钱，就对金钱放不下；有了爱恨，就对爱恨放不下；
> 有了贪心，就对贪心放不下。红尘间种种放不下，我们像背着房
> 子行走的蜗牛一样，活得又辛苦又压抑。正确的放下，是一个人
> 生理与心理健康成熟的表现。我们应该根据自己的实际，放下自
> 己能力以外、精力不及的部分，放下那些不切实际的目标，唯有

如此才能从中解脱出来，把握住正确的道路和方向。只要随遇而安就能自得其乐；只要放下就能解脱。放下是一种选择、一种智慧。

放下不必要的贪恋，是为了聚焦于人生中最重要的部分，在家族中，最重要的是和睦。禹杉投资的唐先生曾经说，40岁后，事实上人们正处在人生的下半场，主要的任务不是想着如何获得，而是学习如何放弃附加的东西。我们要学习放弃自己能力、精力、情感、金钱、权力、名气以外不可控制的东西，集中精力于我们能力所及、我们可以做到"洁净精微"的东西。

如果我们以此进行观照，发现人生的多数问题，大多起源于心理上的"抓住"之相的执著，比如拼命抓住权力、抓住金钱、抓住名誉不放，搞得自己身心疲惫，搞得左右上下的关系紧张，搞得越想抓住，越是离真正的"离苦得乐"更远。为此，曾国藩先生曾经认为，只有经历了人生酸甜苦辣后，人们才会真正理解白居易学习《道德经》后的感悟：

吉凶祸福有来由，但要深知不要忧；
只见火光烧润屋，不闻风浪覆虚舟。
名为公器无多取，利是身灾合少求；
虽异鲍瓜谁不食？大都食足早宜休。

白诗中这种淡泊镇定、自然而为、脱俗超凡的思想，确实让我们感觉到了白居易先生不仅是在读《道德经》，更是对儒家《易》学已经进入圆融之境。

但是，在当代，在市场经济的熏染中，在滚滚红尘的诱惑中，能够看清楚权力、金钱是一种责任而不仅是利益者，可能不太多。有些人为权而花钱，有些人为钱而恋权，多是抓得太紧而失去更多。为此，20世纪90年代"抓手"这个词一度还十分时髦，但这个词，恰恰是违背人性的基本之道的，是"忍"的反面。如果我们统计一下进入20世纪90年代后贪官的人数及其贪污的量级，可能发现"抓手"这个词要换换了。

放下外在物欲的负担，让"心"在眼、耳、鼻、舌、身、意的重重包围中解脱出来，让心与天地同游，让心回归天然的淡定，或许这是庄子在《逍遥游》中想说的，因为只有做而无为而不求功名的真人，才是真正自由者。

因此，要保持生命力量的成长，个体不仅不能从事破坏活动，而应当成为建设力量的部分。要成为建设力量，就得放下自我，放下我执，敞开胸怀，容纳天地万物中的精华。这是因为无论什么形式的掠夺都是违背天理、不可能持久的，即使最强大的掠夺力量，也会"物壮则老"而走向反面。用一种圆融和包容的心态，与世界结下善缘，将会与世界宇宙的真相连贯。

会聚人才，成就事业

当我们"放下"对物质的贪婪与追逐时，"财散人聚"，人才就会聚到你身边。

一次，与湖北财经台在上海的记者聊天，谈到财经节目的定位问题。我建议的定位是：以每周的行业策略菜单为重点，配以投资组合菜单，让观众根据其自我力量对相关菜单进行点菜，从而让财经频道站在中性的立场，对于多空双方进行综合报道，这样，可以照顾多空双方的利益，同时又满足观众对投资的选择权。

定位，本来是一个广告方案设计用词。我们借用在力量博弈关系中的某方力量的自我定位，其目标是在处理乘、承、比、应及错、综、复、杂关系过程中，如何形成合力，从而避免为其他力量借势。

按照"蓝海战略"的讲法，一方力量能否发挥作用，在于其能否在博弈中处理好"加减乘除"的关系，做到"主题清晰、重点突出、与众不同"，因此，无论是力量组合还是组合的时机，都需要根据时空的格局进行科学论证。

在当代管理科学理论中、力量的竞争关系中，要取得竞争胜利，一般建议进行 SWOT 分析，搞清自己的优势、劣势及有利和不利条件。因此，现代管理学的定位理念，基本上是建立以我为主的状态，而不是互动的关系，也不是换位的关系，更不是辩证的关系。正如我们在分析当事力量存在乘、承、比、应及错、综、复、杂八种关系一样，每种关系都可能产生正的或者负的影响力。美国著名的格罗西奇大师在其《当和尚遇到钻石》一书中提出了对待未知或者已知力量的观点，即事物的客观存在，本无所谓好坏，不过由于我们内心的力量的作用，产生了对于外在事物的好或者坏的价值判断。

这种好坏判断，源于我们内在的价值判断"框图"，但这种主观的价值判断"框图"的形成，却是我们受的传统教育、日常生活和工作中所作所为及所言、所思的结果。因为无论我们的行为、语言还是思维，都是作为力量主体在对外界起作用，这种作用力不断地与外在力量进行交互、交融、对抗、消化、对弈、搏斗等，形成了作用力与反作用力的复合关系，这种力量作用于我们的内心世界，沉淀于我们内心深处，在潜意识中发芽、成长、开花、结果，最终形成左右我们判断、行动并决定性格和意志形成的力量。

由此可见，在主体与外在力量相互作用的过程中，由于主观作用，所谓的 SWOT 关系可能还不是客观存在，或者即使客观存在，由于主观的力量、判断、意志、情绪的转移而无法发挥优势。至此，我们就会发现，在证券咨询活动中，在同一场合面对不同的客户，投资同一公司的股票，有些人赚钱了，有些人却在好公司好股票面前亏损了，这就是内在力量对外在事物的一种负关系的案例。因此，一个人、一个机构、一个国家能否发挥有利条件，能否将自己的潜在优势转变成事实的力量，不仅需要准确地定位，还需要进行精神文明建设。

《大学》提出，身不修而事业成功者，不可能存在。如果反观当代经济现象，一些人成功迅速，但败亡更迅速，究其原因，不是外在力量对其约束，而是其身不修——或者在税收上存在问题，或者在法律上存在问题，或者是生活上存在问题。如果上述问题存在，当事者在力量组合的关系中很难实现合力关系，经常可能为"异相"所困，即使在某个时间当事者获得了成功，但这是一种非合相的关系，最终为正义的力量所粉碎。

在中国有一个词充分表达了人生定位的重要意义即"人事"。有人者，才会有事；有事者，才会有业；在人与事的关系上，财聚则人散，财散则人聚，人聚则有事业，而富贵之谓大业，是谓只有放弃对财富的执著，只有以离相的心态看待财富，只有将财富当作人生事业的平台而不是人生事业本身时，人才会离相而见到实相，即能够有准确的事业和力量的定位，在发财的同时，健康地做有意义的事情。

种下希望，收获成果

财聚还是财散，与我们心中的"想法"，特别是对未来是乐观还是悲观有关。

2009 年 12 月 27 日，上海突降大雪，雪花飘飘。"昔我往矣，杨柳依依。今我来思，雨雪霏霏。"这是《诗经》中描写妇女思念征夫的名句，表达了春秋战乱时期人们的真情实感。

杨柳依依时，必是桃红柳绿的好时光。一年四季，能够让人心花怒放的时候，大约就是"桃花流水鳜鱼肥"的时候。南宋陆游，却对雪非常喜爱，这可能与其性格相关：

> 闻道梅花坼晓风，
> 雪堆遍满四山中。
> 何方可化身千亿？
> 一树梅花一放翁。

陆游将雪想象成自己的化身，雪与梅融为一体，这是洁与高的融合，是心与灵的融合，是身与心的融合，类似庄子先生与蝴蝶的融合，因此，放翁与梅花，已经彼此相融。这有些类似于佛家对于莲花的情感，但佛家钟爱出淤泥而不染的莲，是因为万物本性为一的体悟。

如果说在陆游身上可以体味一些"道"的超越和佛与自然相亲的成

分，宋代卢梅坡却大不相同：

> 梅雪争春未肯降，
> 骚人搁笔费评章。
> 梅须逊雪三分白，
> 雪却输梅一段香。

卢诗中的意境，已经有了与人争个高低、分个名分的"分别"心了，这往往是冲突的起源。

如果讲诗歌的气势，中国诗坛三千年，可能少有诗人可与毛泽东比高低，你看他如何描写雪：

> 北国风光，千里冰封，万里雪飘。
> 望长城内外，惟余莽莽；
> 大河上下，顿失滔滔。
> 山舞银蛇，原驰蜡象，欲与天公试比高。
> 须晴日，看红装素裹，分外妖娆。

空间的大格局、大气象及强烈的银色与红色的对比，一种天地间迷漫的浪漫主义豪情充满你的想象空间。当然，伟大人物也有常人的情感：

> 风雨送春归，飞雪迎春到。
> 已是悬崖百丈冰，犹有花枝俏。
> 俏也不争春，只把春来报。
> 待到山花烂漫时，她在丛中笑。

在这种温情感悟中，毛泽东以"不争"的梅花迎接了他的功业成就之时。其"风险投资"之坚决与彻底，"风险投资"时间之长（28年）、回报之高，都应验了"亚圣"孟子说的："天将降大任于斯人也，必先苦其心志，劳其筋骨，饿其体肤，空乏其身，行拂乱其所为，所以动心忍性，曾益其所不能。"这是真正的"梅花香自苦寒来"的境界，将磨炼当作成长的基石，有点类似于释迦牟尼所说的"逆增上缘"的意思，化消极因素为积极力量，从而从"空"性中发现与创造出真正的善缘。

雪花飘飘不过是自然现象，对于我们的启示是什么？它的启示是：只要你心中有希望，希望就在你心中生长，无论是"红装素裹"，还是"丛中笑"，都会因你的正心诚意而到来。因此，面对严寒要坚持，只要你是真正的雪中梅花。

良心好，身强健

要在心中生长希望，先要有颗"好"的正心。

前面我们讨论了如何在开放心胸的条件下吸纳人类优秀文化充实自己的智能，提升生命质量进而提高生命力。在现代社会，个体也好，厂商、群体、民族、国家也好，提升生命的力量一般来说要有四项基本原则：

一是在开放的环境和制度下保持身心健康；

二是提高适应环境的能力，学习并提高自身的生命力或者整体竞争力；

三是在学习提升的过程中与环境进行交流并奉献自己的力量；

四是在提升自己服务他人的过程中，提高整体的协作水平并提高全体的效用达成多赢。

第一，个体的生命如果不保持身体和心理的健康，其生命力量就会在环境压力下消亡。要成功地生存于世界，个体要寻找适应环境的能力。

对于个体来说，不仅是单纯的肉体存在，还有心理、精神的层面。如果个体不存在心理、精神的层面，个体与动物的核心区别就不存在，要么被视为畜生，要么被视为行尸走肉。因此，心理健康和精神健康对于个体的重要意义在于，个体不仅明白幸福不仅是自身努力的成果，还是通过心理协调，与他人合作分享的成果。人的境界高低，不仅在于其肉体的强健，还在于其心理的健康和精神的高尚。在古今中外的历史上，人即使身体残疾，如果心理健康、精神高尚，仍然会得到社会的赞赏；如果只有强健的身体而心理和精神不健康，对社会、人类造成危害，就会遭到否定。

第二，个体面对的环境，既有自然的，还有社会的。对于自然，有一种基本态度是掠夺性的，以工具理性来对待自然，对自然只有索取而没有回报。自然作为天然的存在，也是宇宙生命的体现，既是宇宙生命的外在体现，也有新陈代谢的过程。人类以集体形式对自然的掠夺，可能破坏自然新陈代谢的平衡过程，自然为恢复自身平衡而不得不对人类过分掠夺进行"报复"。因此，人类对自然，如果表现为掠夺而无回馈，则必然被自然报复。过度放牧导致草场沙化，森林砍伐导致洪水灾害，杀戮野生动物导致疫病流行等等，都是大自然对人类的报复。

同样，在处理个体与社会的关系上，儒家讲究的是"仁"，即个体要处理好与他人、社会、国家的关系，首先要从他人的利益考虑，实现各种利益的协调与和谐，最后个体的利益才能得到保障。不断有贪官、黑社会人物落网，都是因为他们没有处理好与他人、社会与国家的利益关系。占有、掠夺自然也好，占有、掠夺社会资源也好，由于客观规律讲究对称与平衡，他们打破了天然的平衡，都不得不以各种形式返还，无论是主动的还是被法律强制的，总之天网恢恢，谁也不会比谁多得。要想多得，先要多爱人多奉献。因此，只有将劳动当作生命中的第一需要，只有心存奉献者，才可能身心健康，才可能形成强大的生命力量。

第三，个体具备奉献之心，是解决精神层面的问题，但个体还得具备实际的智能才能实现"心有余而力亦足"的格局。个体的智能水平越高，解决问题的能力越强，奉献社会、帮助他人的可能性越大。当然，时势造英雄，个体智能还得与社会需要结合。战国时"合纵"与"连横"吃香，就是因为当时诸侯有强烈的"治国平天下"需要；当代世界强大的军事科技、民用技术、商业营销能够成功，就在于当前的世界力量一是军事实力较量，二是国民财富较量。"学以致用"，是智能发挥作用的前提，因此，最有用的智能是能够预测未来需求并储备好相关知识、技术、能力、智慧的智能。因为只有预测出未来的方向与机会者，才是真正的价值创造者。

预测未来需求，是价值创造与价值实现的最佳路径。

第四，要实现个体、集体、国家甚至国际的多赢局面，不仅需要极高的智商，还要具备极高的情商。具备创造能力的生命力量已经很伟大了，如果能够将创造的力量让他人、让集体分享，成为增强国力、造福人类的力量，生命的力量才真正伟大，因此，情商在个体生命力的实现中具备天定的地位。历史上的伟大人物，无不具备天才的营销能力。为了最大限度地营销自己解决人生痛苦的方法，释迦牟尼创造了方便法门，对机说法，根据听众的情况，用广大人民群众最能够理解的语言来解说其理论，因此在古代印度，佛教在很短时间内扩展开来。同样，孔夫子以"有教无类"的心胸，吸收并教育当时的"贫下中农"子弟学习各种精英知识，为广大民众子弟在社会中发展打开了机会之窗，同时，他亲自带领学生到各国进行现场"路演"，推销自己的主张。只有个体的智能与情商有机结合，向广大民众敞开心胸，以民众喜闻乐见的语言解说自己的主张、方法等，才能够将自己的知识变成大众的力量，个体生命才能成为大众幸福生活的奉献者。

第四节　强国新政：以民为本，安民富民

力量组合最大化是胜利的保证

古人说，读万卷书，行万里路，是一个人追求学问的必修课。以前对此往往不太理解，读万卷书，增长学问，可以理解，何以要再行万里路？后来明白，毛泽东当年之所以能够探索出与众不同的以工农为主导的力量模型并取得胜利，从而改变世界历史的走向，是因为他在农村调查研究时发现了中国革命的主导力量是工农联盟，并以此总结出农村包围城市、最终取得全国胜利的操作路径。

毛泽东说："谁是我们的朋友？谁是我们的敌人，这是革命的首要问

题。"如果将革命视做无产阶级的"风险投资",确实在革命理论上要理清楚力量组合的各种关系。

为了保证工农联盟的事业取得胜利,毛泽东又将农民细分为贫农、中农、富农,对农村中不同的阶级采取不同的政策。其中中农又细分为上中农、中农、下中农。上中农与富农,经常被视为农村中的小资产阶级。地主多数时候是斗争的对象,如果是恶霸地主和土豪劣绅,肯定成为斗争的对象,比如电视剧《雾柳镇》中的"柳爷"。当然,为了事业的需要,政策的原则性是与灵活性有机结合的,这些不同的政策在不同的历史时期又根据事业的需要进行政策调整。

无论如何,革命的基本力量即贫下中农与工人阶级的联盟,从 1921 年起就没有变化过,这是中国革命事业的基本之道。而主导这个基本力量的领导核心中国共产党在革命的不同阶段的"加减乘除"做得好不好,直接决定了革命的胜利是否曲折。比如,在北伐与土地革命时期,共产党的力量组合中,只包含了最基本的力量即贫下中农与工人阶级的联盟,因此在其他三组力量的合力反作用下,发展非常曲折。抗日战争时期,党提出了抗日民族统一战线,团结了国内一切抗日力量,甚至对美国等国际上的反法西斯力量也采取团结的政策,从而不仅扩大了团结的力量,将加法用得最充足,将反对力量减少到最低限度,排除了"左"和"右"的力量干扰,通过内部"三大法宝"的建设(统一战线、武装斗争、党的建设),迅速形成了几何级数倍增的乘数效应,共产党的力量在八年抗日战争中增长了 200 多倍(军事上正规军、地方力量,政治上党员人数也上百倍增长,经济上已经占有上亿人口的国土,并取得相对合法的地位)(见图 61—62)。对于力量模型的核心共产党来讲,已经形成一个思想成熟、有核心领袖、组织严密的状态。如果在八年抗日战争中,共产党走"左"的关门主义和右的投降主义,要么得不到发展,要么为其他力量所控制。因此,从力量模型的深化看,一组力量发展的成功,需要天时、地利、人和,而人和的核心,是有核心的理论、思想、组织、机制,共产党的成功就是明证;否则,一时很大的力量也会被其他力量消灭,如国民党的失败,就是反证。

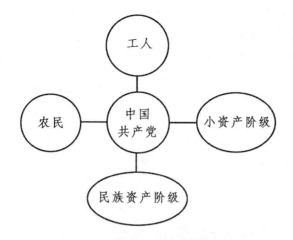

图61　中国共产党阶级联盟图

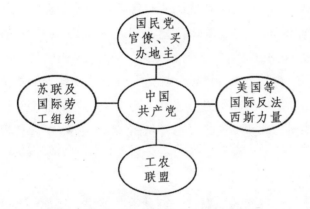

图62　中共在抗战时期力图团结的力量

危险中发现机遇的经济之道

人生的路上，做事需要坚持，但前提是必须可行。如果付出多多，还看不到成功的希望时，我们应该想想，这条路是否真的适合自己，然后，及时反省，调整方向。对于我们来说，对别人的努力不要一味地鼓励，如果发现努力的方向不对，那么泼冷水的提醒或许更有益！

这是凤凰网上的"一日禅"上的话，说得不错。如果个体对客观情况不适应，往往越是坚持、付出越多，越可能血本无归。当然，如果主观努力与客观效果是对称的，则另当别论，因为可能是99度了，需要旁人再加持一下，就可能成功，这时，无论是精神鼓励，还是物质支持，功德都很大。如此之故，我们对于他人的事业，无论帮助还是劝说，先要考察当事人行事是否合乎当时自然和社会的规范、法律、惯例和一些特别规定；再看看这些事功是否存在机会即是否已经为他人所占有；再看看当事人能否通过创新、创造、重构、组织、协同等行动形成新的时空进而实现新的价值。

因此，我们不仅不能鼓励劳而无功、浪费资源的行为，还要阻止这种行为。这种不鼓励、阻止乱来的行为，才是真正的诤友道义，因为面对破坏资源而不阻止了，事实上是默认了对自然资源的破坏和对社会资源的浪费。如果这些行为成为习惯，就无法阻止了，因为习惯本身就是一股势力。

近几年来，我们经常在广播中听到一些所谓的证券分析师信口开河地点评上市公司，还能够随口说出这些公司未来三年的业绩，即使他从来没有去过这些公司，却能够达到老子《道德经》中描写的最高境界即"不出门，知天下"，能够面对芸芸众生大吹有关上市公司未来的业绩和行情，真是令人"佩服"。

我还经常听到民间的"股神"到处吹牛演讲，还能够赚到讲课费。如果真的有股神，怎么能够让股民见到其真容呢？特别是，他还会来赚讲课费？

因此，我们要劝阻至少不鼓励他人这种无功的行为，也不要上别人的当，做一些"免费午餐"的大梦。人生中真真假假的东西太多，还是老实地思考清楚前因后果吧，因为我们生活在相互联系、相互作用的关系网中，只要寻找出国家、机构（厂商）、居民和外资的主导方向，我们就可能抓到低估值公司的"大鱼"。

在个体行为过程中，我们可能遇到不同的阻力，自觉或者被动改变原来的航向。国家有时也一样，因为国家行为不仅受到内部的居民和厂商力量的制约，在当今世界还会受国际资本力量的制衡，当然这种制衡有时表现为资本市场的博弈，有时表现为外交领域的斗争，有时可能是经济摩擦，有时干脆是军事冲突。

比如，自 2009 年以来，美国掀起了一股贸易保护主义之风。鉴于奥巴马的上台选票背景和美国经济复苏的艰难程度，贸易保护主义将不仅在美国兴起，也会在西方主要国家兴起（见表 2）。

表 2　欧美贸易保护统计

	项目	内容	涉及金额
美国对华	油井管	反倾销反补贴	26.29 亿美元
美国对华	轮胎	特别保障措施调查（特保）	17.88 亿美元
美国对华	无缝钢管	反倾销	4.46 亿美元
美国对华	铜版纸	反倾销反补贴	2.30 亿美元
美国对华	镁碳砖	反倾销反补贴	5078 万美元
美国对华	窄幅织带	反补贴反倾销	1611 万美元
欧盟对华	皮鞋	反倾销	7.30 亿美元
欧盟对华	无缝钢管	反倾销	
欧盟对华	长丝玻璃纤维	反倾销	2.30 亿美元
欧盟对华	货物扫描仪	反倾销	3200 万美元

资料来源：据公开资料整理。

由于中国经济对外依存度达 70%，国际上贸易保护主义兴起，原来寄希望于对外贸易增长而减轻投资压力的政策预期将会修正。同时，由于投资增长的极限，投资拉动经济的边际效应将会下降。为保持中国经济正常增长，大力启动消费已经成为外在压力下的"倒逼机制"。

幸运的是，在经济危机开始前，中国已经主动提出并开始进行经济增长方式调整和经济结构调整的过程。减免农业税、进行"三农"新政、进行医疗体制改革和社会保障制度的改革，这些社会改革，都为启动内需准备了制度基础。因此，面对金融危机，中国的消费市场仍然保持较为旺盛的势头，从而减轻了对投资的依赖，也为积极财政政策的效果扩大化提供了保障。

金融危机加大了美国就业压力，贸易保护主义的背后是就业市场的失衡。就业历来不仅是经济问题，一旦与西方国家的选票结合在一起，失业率就是得票率的反向指标。因此，我们可以预期，只要金融危机没有真正过去，只要全球经济失衡的状态没有真正改善，只要美国失业率还处于高位，贸易保护主义仍然会泛滥，中国对外恢复到 2002—2007 年快速增长的可能性就不大。

事物都是相反相成的。贸易保护主义将损害中国的对外贸易部门和行业的利益，但反而倒逼加快社会制度的改革，为中国消费行业相关龙头公司实现超额收益提供了历史机遇，这就是我们 2009 年以来呼吁投资中国大消费的理由之一，因为调结构、促消费将造就 2010 年及以后年度的投资机会，为此，我们在 2009 年底提出，2010 年的投资主题是"喝酒"、"吃药"、"煽风"、"点火"，并以《什么公司最会赚钱？》一书向广大证券投资者提出享受社会体制改革成果的建议。

经济结构调整成为未来中国经济稳定增长的战略安排，这一战略安排将为 A 股市场结构优化、业绩提高、行情稳定发展提供最大的政策方向。

一是通过扩大消费，改变外贸为中心推动经济增长的模式，为未来中国经济增长和全球经济平衡做出了贡献。消费扩容与消费升级的政策并举，通过提高低收入者收入水平进行消费扩容，通过家电、汽车、摩托车及商品住房供给提高消费层级，通过消费升级推动产业升级。因此，通过消费增长及消费升级将是稳定复苏效果、提高中国经济增长的主要动力，由此形成了家电、汽车及房地产业的投资机遇。

二是消费升级与社会发展相联系，消费升级推动社会进步。在城镇化过程中，中小城市和小城镇发展、农业转移人口逐步在城镇就业和落户作为推进城镇化的重要任务、放宽中小城市和城镇户籍限制、全方位提高城镇化发展水平等政策，必然导致城市发展需要的钢材、建材、化工、水泥、水电、交通、房地产等行业的发展，从而为重化工业的产能向内"出口"提供了广阔的市场，相关产业随着城镇化发展，也可能出现投资性机遇。同时，生活、生产、就业环境的改变，也将促进城镇化的居民的消费水平。

三是通过塑造新兴产业，推进产业结构调整。新型装备工业、新材料、新能源、新生化行业等新兴产业的发展，将通过政策推动培育成新的经济增长点。如果这些新兴产业与节能减排、低碳经济、生态保护和环境治理结合，将会为建设资源节约型、环境友好型社会提供基础。因此，低碳、环保、新能源等新产业，有可能在政策的全面扶持下成为倍加增长的新产业，从而为投资者提供新的机会。

四是强农惠农等新"三农"政策的落实，将为中国培养出一个不断扩容的新消费市场。农村市场的扩容，将为中国经济从主要以外贸为中心向以消费、投资、出口三足鼎立的结构优化转变，在国际贸易保护主义的背景下，国内产能扩展迅速的加工业产能将有效释放，从而为形成以消费为中心，逐步向加工业、再向装备工业"移动"的投资主题变换提供了轨迹。

五是惠民政策将释放压抑的消费能力。社会保障体系完善和医疗保障水平提高，将解决消费者的后顾之忧。对城市低收入者和对农村的惠民政策，都有助于全社会整体收入水平的提高，在供大于求的状态下，特别是国家对假冒伪劣商品的生产经营打击力度提高，加上相关保障体系的建立与完善，一直压抑的消费欲望有望点燃，过高的储蓄倾向将得以缓解。

综上所述，我们认为，社会改革、调整结构、促进消费、稳定增长将是 2010 年以后中国经济发展的主导方向，由此将引发下列行业的投资机会凸现：

一是消费领域的酒类，由于有较强的定价权，有可能形成较高的业绩增长率，从而形成较大的投资机会；"三农"新政策将导致农业生产投入的加大，农药、化肥中的龙头或者资源垄断企业将会形成新机会。

二是医疗改革及保障水平的提高，直接为普通医药生产和垄断或者龙头的医疗企业提供了前所未有的政策性和市场性推动的业绩增长机会，医疗行业将成为投资主线。

三是社会进步带动的固定资产投资领域需求增长，化工、煤炭、电力、石油等行业因此能够发挥外部经济和规模经济优势，从而为业绩增长提供了可能，相应产业的龙头企业将为投资者提供新机会。

四是新型装备工业、新材料、新能源、新生化行业等新兴产业的发展，将围绕低碳、环保、新能源等新产业，有可能在政策的全面扶持下成为业绩倍加增长的新产业，从而为投资者提供新的机会。

对老百姓好，老百姓对你更好

记得互联网刚出现时，有一段时间用"伊妹儿"是要收费的，后来，为了竞争的需要，对于一般邮箱，门户网站进行了免费开放使用。一免费，多数网民感觉很爽，因为有了"免费午餐"，很多人开了电子邮箱，从而进入了"网络"时代。我们知道，如果开车上了高速公路，除非再到下一出口，是无法中间出来的，开通电子邮箱也一样，如果改变邮箱，就会对通信造成不必要的麻烦，因此无形中让邮箱用户形成了"路径依赖"。当然，事实上这种依赖不是免费的，因为当事人在注册邮箱时，已经为门户网站提供了相关信息，这些门户网站如果对客户的开户信息进行二次开发，就会形成新的网络业务，特别对于网络供应商，这是十分宝贵的信息。

从免费邮箱，我们自然会想到杭州西湖风景区的免费门票的举措。杭州取消西湖的绝大多数景点的门票，当然是一种自损行为，因为直接的利益没有了。这种"利为民所求"之胸怀，放开西湖的大门，迎接八方来客，让游客来得尽兴、玩得高兴。为了玩得尽兴，游客很可能多玩些景点，多住宿一晚，自然会消费得更多，收不收门票的经济效益和社会效益，大家一看就会明白。

如果我们从居民利益的角度看看，就会明白，在许多方面免费是能够创造社会效益和经济效益双丰收的。2008年底，同样是杭州市出台了向低收入者赠送购物券以刺激消费的政策。据事后统计，购物券的消费乘数效应大约为4倍。这一实验，说明了两点：一是消费者的主体即居民是很愿意为免费的东西所吸引；二是中国居民由于负消费信贷杠杆原因，经过了30 年积累的居民消费力量随时可能因为政策性优惠而点燃，即中国居民已经具备消费的力量，这种力量如果与国家消费优惠政策、厂商提供的价廉质优商品结合起来，加上就业稳定，在经济复苏的背景下，就会成为推动经济增长的爆发点。

因此，国家或者政府力量，在与居民利益相关的地方不妨大度一些，特别是上海等一些国际性大都市完全可以取消诸如十元钱的公园门票，同时提供相应的服务项目，或许可以带动几十倍的消费市场。大家想一下，在外吃饭比在家吃饭可以多出至少五倍的费用，如果加上其他消费，是否可以为政府多带动更多的税收？

既然免费是如此诱惑人，政策的导向就要通过医疗、社会保障、公共服务、公共产品等"免费"举措来满足这种需求，真正以"情为民所系"来引导消费、刺激消费、保护消费，从而通过消费市场的扩展、成长推动经济的良性发展。如果说美国是消费过度的话，中国居民就是在压抑下的消费压缩，通过优惠、免费等政策引导来组合、引导居民的消费力量增长，或许将成为未来中国经济增长的新引擎。

"分灶吃饭"：能遏制房价上升吗？

在力量模型的组合方面，政府力量最为重要，它处于主要矛盾的主要方面，因此，在力量的四边形中，处于关键的位置。如果细分，我们发现政府力量也不是只有一种，还可以细分成四种力量：

一是中央政府的政策力量；

二是中央政策的执行力量；

三是地方政府的对策力量；

四是地方政府的执行力量。

如果说政策是一切政治工作和经济工作的生命线，掌握这条生命线的是中央部委和地方政府的执行部门。最好的政策，能否达成政策意图，需要具备：政策的合理性、政策的适时性、政策的可操作性、政策的可执行性，还有政策执行者的利益是否与政策目标的利益相一致。如果政策符合上述"五子登科"，政府的政策力量与执行力量就会形成合力，否则政策可能成为一纸空文。2003年以来有关地产政策，就是政策目标与政策执行不一致，结果越调控，房屋价格越高，迫使中央政府在2010年春天开始连续出重拳遏制地产价格上升。

上述政策执行者的利益与政策目标的一致性，不仅存在于中央部委，在地方政府的执行上特别是基层政府的执行上最具备现实意义，因为地方政府是与居民直接打交道的政府代表，是政策的权威性和政策的艺术水平的集中体现，其执行的结果直接关系居民的利益得失，因此特别成为国家权力的放大器和国家权力是否"利为民所求"的具体"品牌"。

地方政府作为事实上的法人主体，一是要保证正常的经济增长，完成国税的任务；二是要维护地方政府本身的利益，保证政府人员的吃饭、福利以维护地方政府的正常运转；三是要保护当地的弱势群体的利益，以维护地方稳定；四是要保护地方经济发展中地方各利益主体的利益维护，这些利益维护对于地方经济的增长至关重要。

因此，一旦中央政策有利于地方利益的实现，比如2008年底积极财政政策和宽松货币政策出台之际，各地群起响应，有关投资的指标很快就超额完成。投资启动必然拉动经济增长，经济增长有利于在"发展中解决问题"，实现增长和社会稳定的双丰收。相反，如果中央政策与地方利益不协调的时候，就会出现各地都强调特殊情况不主动配合中央政策，甚至出现上有政策下有对策的情况，最后出现中央政策目标与实际执行效果有较大偏差的结果。我们视同地方政府也类似于分公司的法人主体地位，改变切蛋糕式的国税与地税分配方式，允许地方政府实施地税累进分配制度，即在完成基本国税的条件下，超额部分地方政府可以扩大比例。如果扩大地税比重，地方政府有权在国家财政担保下进行地方债券的发行，弥补地方预算不足，从而改变地方政府过分依赖土地财政的不正常现象，保证地方预算来源的多样化。由于这种政策改革与政策利益指向的相关方关系不大，可以预见改革是不大可能实现的。

因为，在当前"分灶吃饭"的税收制度下，土地财政是地方政府突破中央财政政策约束的唯一有效的路径。这种土地财政的发展结果是中央有关房价政策、土地政策、税收政策之间出现相互打架的现象：要保证国税的增长，地方政府必然依赖土地财政，要实现土地财政的顺利实施，需要增加一定土地储备，同时保证当地的房价稳定上升。增加土地储备将出现与中央18亿亩"土地红线"冲突的可能，同时土地储备形成的巨大地价差异，必然激化地方政府与当地居民特别是当地农民的冲突。中央同时又要求不得激化矛盾进行拆迁，因此居民进行上访，或者出现激烈的群体事件进行利益抗争，拆迁成本因而上升，拆迁成本上升，反过来成为房价上升的"理由"。

同时，地方政府要保证房价的稳定上升，必然与中央政府控制房价的政策相矛盾，同时可能激化当地居民与外来的富裕阶层的矛盾，而外来的富裕阶层如果以机构投资者为代表，又是地方经济发展的基本力量。在上述分析中，我们发现，围绕地产市场，中央的政策目标、地方政府的利益目标、当地居民的利益维护、机构投资者利益之间出现了错综复杂的博弈关系。这种矛盾的主要方面，是在分税制度和土地公有制度背景下展开的。分税制保证了中央税源的稳定增长，中央政府不可能主动改革；同样，地方政府虽然受制于分税制度，但是通过土地财政可以实现巨大的地方利益，同时还可能拉动地方经济的增长，因此，地方政府也没有动力去改革分税制度；当然，一直在幕后的国际资本通过快速的大进大出，已经从地方高速发展的地产市场中得到巨大利益，也不会利用其舆论平台鼓动改革分税制度。机构投资者或者已经提前购买地产的当地居民，由于已经从地产价格上升中获益巨大，也不会成为分税制度的反对者。

当然，为地产发展提供资金的银行，从10年的发展情况看，房屋贷款基本上是优质借款，如果坚持第二套50%首付的原则，其风险还是可控制的，如果对第三套不再进行信贷的话，风险更小，因此，商业银行是现有制度的受益者，更不可能主动反对现有制度。

分税制度的反对者，或者是利益缺失者，是地方居民中的弱势群体即没有购买房屋者，但他们的利益只有部分可通过经济适用房屋来解决，过去实施的廉租房制度可能帮助他们的利益不再受损害，因为他们即使不能从房屋的增值中得利，但是起码可以居住几乎近于免费的房屋，这才能显示社会主义的优越性。2010年秋天，连续出台的地产新政中最严厉部分是限制居民新购住房并强化对异地购房的限制。如果在货币战争背景下，出口增长受遏制，地产新政有可能在地方政府的要求下变相放松购房限制。

政策力量不仅在地产上出现失灵现象，在"禁酒令"出台后，高档酒领域也出现政策失灵的现象。政府力量是当代中国最大的权威，这种权威衍生出了高档酒新"市场规律"，即反价格弹性，酒价涨得越高，消费得越多。

根据杜康酒厂发现的"文物"，中国人喝酒历史可能有五千年了。杜康圣人放牛时将剩饭放在树洞里，无意间发明了酒，也造就了"酒"的精神，从此华夏民族与酒有了不解之缘。其他酒我们不清楚，中国的酒神喜欢道家的清静，往往喜欢到"深山不见人"的地方生根。深山之水清，深山之风轻，深山之谷却是道家追求的虚怀精神。

因此，中国的酒神是静的代表。中国人可能是耐不得寂寞的，是热闹的民族，喜欢聚集在一起，因此形成了家庭，进而比其他地方更早地形成了华族。聚集必然有纷争，有纷争就得有仲裁，仲裁要权威，就得集权。在面对大江大河泛滥对农业生产的威胁下，集权有利于集中举国力量，提高战胜自然灾害的几率。

权力集中的地方，也是酒神特别爱光顾的地方。因此，中国的白酒不仅是为了人们的欢乐，而多是为了体现仲裁权威的象征物。当酒神有了权威的内涵时，白酒也开始向权威集中。

权威是什么？"花费不用钱"。"花费不用钱"，价格就没有弹性，没有价格弹性，产品提价就少有阻力。因此，我们预期，只要经济在增长，权威就会增长。权威在增长，就会有高档白酒价格不断上升。

2009年冬天，茅台酒提价了，其他高档酒也会从众而为跟着提价。在产量一定的条件下，提价如果没有受消费者抵抗，是厂商业绩增长的好办法；如果产量大扩张，市场也在扩张，又能够提价，白酒制造业可能是世上最甜蜜的事业之一，当然好酒要酸甜苦辣协调，否则喝起来就不妙了。如果在通货膨胀的掩护下，"反价格弹性"的高档白酒将会出现酒价轮番上调的情况。

地产"亲民"与兴"农"新路径

自清朝解体以来，中国经历了30年左右的混乱，内有封建军阀的压迫，外有国际资本的压榨，中间还有官僚资本的剥削。民族资本或者民间资本的发展空间被压缩，普通大众的生存也处于危机线上。如果说，当时的"三座大山"组成了中国社会的上层、通过制度性的强力手段对民众进行剥削的话，其基本情况是"取不足而补有余"，造成整个社会组织处于极度的非均衡状态。"反者，道之动"，极度的失衡必然受系统内部的内生力量的作用，进行矫枉过正的大动作甚至大动荡、大革命，拨正被颠倒的社会秩序，还民众起码的生存权。

毛泽东正是在社会贫富处于极度失衡的时候，适时地组织推动了社会底层力量觉醒，组织民众进行自救式的大联合、大革命，从而推翻了"三座大山"，重新恢复了社会组织的均衡。

为满足民众不断增长的需要，毛泽东进行了多项探索，无论是合作化运动、人民公社运动还是"大跃进"运动，都是这种探索的特例。1949—1979年的30年，中国政府经济领域探索的最大成果是土地公有制度的建立，这是新中国最重大的制度设计之一，其影响至今。

土地公有，又分两层次，一是城市土地全民国有（还包括滩涂、矿产、河流、森林），二是农村土地集体公有。土地是财富之母，土地的法律与制度设计，决定了相关民众在财富分配上的权利与地位。

城市土地经过政策创新具有流动性，就有可能通过价格的差距进行商业操作，因此具备了溢价的合法地位。一方面，城市土地具备了交易进而溢价的法律地位；另一方面，由于民众追求美好生活（2010年上海世博会"城市让生活更美好"的口号，就是中华民族潜意识力量的外在表现），而不断出现的向城市移民的冲动，人口基数庞大的农民造成了对城市生活极度旺盛的需求，从而为城市房地产价格不断涨价制造了人口压力。但是，由于城市国有土地理论上的短缺，加上18亿亩耕地红线的限制，从而在法律上制造了城市土地供不应求的格局。

因此，我们看到了城市地价不断上升、城市房价水涨船高的同时，对于城市的房地产需求实质上没有下降的迹象。有"为人民服务"的执政理念与执政诉求，就得解决民众安居乐业的住房需求。如果按完全的市场经济去推论，我们发现，上述的供求矛盾在短期内是无解的，但如果将市场经济放在"社会主义"的背景下去考察，将土地公有与社会主义制度相结合去考察，地产作为新世纪初民众最迫切需要解决的难题可能就会求得解决方案：

一是将廉租房屋提供给城市收入低于某个水平的住户，保障其最基本的生存需要，租金水平只是为保障房屋维修需要。

二是廉租房屋向大学毕业生开放，每年房租逐步提高，最低租金持续时间最长 5 年。这样"迫使"大学生进入城市就业时有个住房缓冲期，同时又"逼"大学生努力向上，能够在收入提高时自主解决住房问题。

三是廉租房屋向农民工开放，由雇用单位提供担保，房租相对低廉，最低租金最长年限也做出规定。

如果放任市场经济力量，就可能在追求效率的过程中失去公平。公平无价，失去公平就可能造成不稳定因素的滋长。为消除不稳定因素，在一定范围和条件下，发挥社会主义的公平力量，不仅是对民众生命保障的尊重，也是社会和谐发展的前提。

为建立公平的社会，大规模推出廉租房，以满足城市贫困家庭、新毕业大学生过渡房屋和农民工的需求。朋友们就会问：地皮在何处？因为城市土地本身就短缺，建设廉租房，对于任何城市都是不可承担之重。

实际上，新中国成立初期，在毛泽东的土地公有制度的设计中，已经"想"到了解决这个难题的办法。由于中国土地公有制实行的是城乡分离的土地制度，农村集体公有的土地，理论上是农业用地。在十七届三中全会关于新农村建设的文件中，已经提出农村集体土地可以用于非农业的集体经营。当前解决城市土地不足的办法是向农村征地，城市储备土地，通过"招拍挂"，再变为工业用地和商业用地。

"招拍挂"在改变土地性质的同时，也是土地溢价的过程。但是土地溢价与农民基本没有关系，即农民无法享受土地溢价的成果，因此，城市化过程中，往往造成新的城乡差别加大的过程，也是中国农民在农产品、劳动力以外，第三次通过"土地"转让形式为中国工业化和城市化做出的巨大贡献。

通过与农民合作开发农村土地，但土地性质不变，土地用途局限于廉租房建设。由于人口的流动性质，农民工往往来自于农业大省，因此，如果农民工享受相关的廉租房屋政策，就得进行土地指标的"交易"，即某大城市接纳多少农民工就业，为建设廉租房屋用地，农民工户口所在省份就得提供多少用地指标给接纳农民工就业地区。因此，在不改变土地作用、性质的大前提下，设计类似于"碳交易"的"土地计划交易指标体系"，就十分必要。"土地计划交易"只是对计划指标的交易，是对劳动力、土地资源、生产资料的最有效果的全国性整合，从而为中国城市化提供最有可能的土地资源优化组合。

因此，在廉租房屋的建设过程中，城市对农村不是"招拍挂"地进行征地，而是通过合作方式向农村（郊区）地区购买用地指标。土地租金加上建筑成本和管理维修成本，是廉租房屋租金的基本底线。由于农业用地只不过是商业土地价格的十分之一或者更低，因此，廉租房屋的租金理论上城市贫困家庭、农民工和新毕业大学生都能够支付。

两亿多农民工，加上城市贫困家庭和新毕业大学生三五年的租期，大约有三亿人口形成对城市廉租房的大需求。解决了这部分人的房屋需求，实际上是解决了社会稳定中的最大多数民众的需求。同时，城郊农村集体土地通过集中出租于城市建设廉租房，只要比单纯的农业收益高，也是解决"三农"问题的新路径。

当然，新的兴农富民的主要方向还得在农村想办法。如果说在城市以房价高涨成为关注的焦点，在农村，教育、就业、社会和医疗保障问题成为新的生存难题。由于农民受教育水平低、农村组织化程度低、劳动力富裕的现状，提高农民的收入，提高农村产业化水平，促进农村消费水平的上升，是关系到最广大群众切身利益的问题，也是提升中华民族整体生命质量的问题。

从公开的资料看，农业产品价格上升速度跟不上农业生产资料（化肥、农药、农机）价格上升速度，工农产品价格"剪刀差"扩大，抵消了惠农政策的效果。农业生产边际效益的持续下降，不仅是农业劳动力持续向城市转移的动力，也是三农问题形成的核心原因之一。庞大的农业人口基数、相对低的受教育水平，农业人口转向城市的时候，只能从事相对简单的低技术劳动，只能获得相对低的工资水平。因此，基于低教育水平和庞大的供应基数，造成了多数农民工只能从事简单再生产的劳动，在国民收入第一次分配中，农民工的收入比重并没有随着经济增长而增长，其相对比重如果计算物价因素还下降了。

农民收入相对下降，是农村市场消费增长缓慢的主要原因。要解决农村市场增长问题，就得进行各种创新，实现农业、农民的增产增收，从而唤醒农民消费，重构国内市场，将中国经济增长由投资主导转向消费、投资和出口三重奏。

因此，通过制度创新、组织创新、产品创新、技术创新，提高农村的产业组织水平，提升农业科技的含量，提高工业反哺农业、城市反哺农村的水平，是推进中国三农问题整体解决的基本前提。不仅财政力量允许，同时内外经济发展需要中国重新认识、定位农村、农业和农民在中国崛起过程中的重大价值，向农民工开放廉租房，不过是富农新政的一个基本政策。

呼唤农村的消费增长，需要解决消费增长过程中的农民就业、各类保障和推向农村市场的合适商品的问题。完全通过农民工进城打工的形式提升农民的收入水平，是成本高昂的就业方式。通过城市化过程的交通、水电、信息、通讯等工程的建设，进行城乡有效对接，通过生态农业、生态金融、生态服务等提升农业向第三产业直接升级的形式，不仅可以直接吸纳农村就业者，还可以提升城市人口的生命质量。

通过信息技术和现代科技，实现农业信息化、定制化、标准化、安全化、生态化，进而提高农业产品的附加价值水平，实现农业产出水平提升与城市居民生活品质提升对称，才能实现农业现代化与中国城市化的对称发展。只有城乡对称发展，而且这种发展要建立于现代科技的基础上、建立于人对自然敬畏的基础上，城乡居民才能既提高收入水平，又提高生命的健康水平。只有健康水平提高基础上的收入水平提高，中华民族的生命质量才会真正提高。以农民工为代表的低收入阶层能够租到廉租房，是保障生存质量的最低目标。

强化政治安全与社会公正力量建设

在现代国家体系中，政府、厂商、居民和国际力量的博弈中，围绕提高民众的生活品质这个立国的根本，国家力量的作用至关重要。

中国古代圣贤认为，国家必须保持强大的国防力量、强大的安全力量、公正的司法体系和完善的保障与救济体系，才能保障国家的安全、社会的稳定、人民的幸福。国防与安全力量主要对外，防止国外敌对势力对国家的侵略，保障民众在安全的条件下生活；司法与保障体系是为了保护民众在公平与尊严的条件下生产与生活。

因此，民众自身追求富裕，国家力量保护民众在稳定、安全、尊严、公正和保障下生活，这是人类自从有国家以来孜孜不倦的追求；这也是个体生命无法实现其高质量生活时，国家力量发挥巨大作用的领域。比如，如果美国不保持世界上最强大的武装力量，不仅美国本土无法保障安全，也无法保障其经济生命线上的石油开采、运输、加工的安全。在过去，军事力量主要是保障国家安全，现如今，军事力量也是经济安全的重要组成部分。比如索马里海域护航，就是军事力量直接保护经济安全的体现。

国防力量不仅对于政权的安全重要，更是经济安全的保障。中国经济的崛起过程，也是中国经济安全面临新考验的过程。因为中国经济崛起，必然改变全球国际力量的对比，直接关系到大国力量在国际事务中的作用。通过各种方法抑制中国的崛起，自然是西方国家基于自身利益的必然选择。力拓案虽然后来以商业案来处理，其中也反映出国际资本为其利益而对我产业安全的巨大威胁。

司法公正是建立国家威望的基础。司法代表了正义力量。中国正处于巨大的经济社会转型期，司法作为上层建筑，如何适应现代中国的崛起需要，如何保障经济、文化、对外交流过程中的公正、公开、公平，已经成为经济社会转型过程中时不我待、需要解决的问题。群体性事件，如果事先处理得好，就是一个司法实践中公正与公平实现的过程，如果处理不好，就可能演化成群体性甚至社会性事件。一些地区的"打黑"过程，就存在呼唤司法公正的问题。司法公正是民众生命得以尊重、民众生活安全得以保障、民众利益得以维护的基础。

完善的保障与救济体系是现代国家保护民众的基本要求。中国在2009年开始实施的扩大到全体居民的社会保障体系和医疗保障体系的建设，不仅是国家现代化社会巨大的社会工程，也是民众过上现代化生活的基本前提。无后顾之忧，是民众心理安全与经济安全的基本要求，保障体系的完善与发展，是民众安全度提高的基本条件。当国家持续提供以保障为特点的"安全"性的公共服务时，"上下同心"的国家体系才能完善。

当面临突发的自然和社会灾害时，国家的救济体系与应急体系就极端重要。水灾、地震、风灾、旱灾、疫病等，都需要国家动员救济力量，及时对民众施以援手。中国是一个自然灾害频繁的国家，需要建立合乎现代救济需要的制度、机制、体系与组织。灾害预防与救济，不仅是"灾害经济学"的问题，因为其涉及广大民众的切身利益，也是一门社会学的问题，自然灾害如果处理不好，就会演化成社会危机。

新疆和田地区专员巨艾提·伊明，大刀阔斧推动惠民、安民、富民的社会工程，他到和田地区工作后，把百姓最关心最需要的事情当作头等大事来抓。比如：通过与自治区及有关寿险公司协调，争取到了15元可以买5万元的人身保险；比如居民在乡镇医院就医，个人只交10%的医疗费用，其余为合作医疗机构支付；比如管道天然气入农户，三年内1万多户居民中90%以上用上天然气。上述社会改革事业的落实，将大大推进生态文明，大大推进民族团结，大大提高和田地区百姓的幸福感，从而实现社会和谐下的经济发展。

强化国家经济安全

个体生命要在复杂的生存体系中获得高质量的生活，不仅要自身的努力，还得具备生存的环境。正如前面分析的，自下而上的环境不仅有自然环境，也有社会环境（政治的、文化的、经济的和国际的等等）。无论是自然环境还是社会环境，都与国家力量的实施相关。按照法国启蒙运动者的说法，国家是全体公民的社会契约的产物，即公民个体由于无法承担无法实现的公共权力、公共产品、公共安全、公共卫生、社会救济即国防、安全、司法、保障等系统的力量，需要集合国力才能办到的事情，需要国家力量组织和实施。

在现代社会，由于国际上自由贸易体系下实现了金融和资本的自由流动，国家又得承担在经济领域的安全责任。马克思曾经深度揭示了资本的运动规律，他认为，资本的运动过程，如果以劳动价值论推导，在现实生活中，就表现为城乡对立运动，即表现为复杂劳动的城市资本组织对表现为简单劳动的农村分散劳动的剥削。马克思时代的英国主要表现为"羊吃人"的圈地运动，圈地运动一方面为工业资本获得了土地资源，另一方面为工业资本提供了大量的失地农民即廉价劳动力。

经过一个半世纪的发展，现代资本关系下的城乡关系，已经扩展为欧、美、日等G8国家为代表的世界城市，对以"金砖四国"为代表的世界农村的剥削与反剥削的关系。现代中国如果要获得不断提高的生活质量，只有在国家保护经济安全的前提下才有可能。鉴于当代中国经济对外依存度高达70%以上，鉴于当代中国农民工在人数上已经成为中国产业工人主体的现实，作为整体上仍然处于"世界农村"地位的中国而言，虽然已经在对外贸易上取得世界第一的位置，但如果按人均收入看，仍然处于发展中国家的水平。究其原因，中国在国际关系中经济安全问题还没有彻底解决，主要表现为：

一是人民币不是国际储备与结算货币，中国的国际关系基本上为美元体系所掌握，即中国经济处于"美元圈"。中国对外的经济关系，如果仍然为美元结算，则通过美元的结算系统，美国能够第一时间掌握中国对外经济的动向。

二是中国正处于重化工业中期阶段，但中国的重要原料需要进口。以石油、铜、铁、铝等为代表的大宗商品的原料基地、结算体系等为以美元为核心的国际垄断资本所掌握，中国时时处于被国际资本随心所欲地变相榨取剩余价值的境地。

三是中国的外汇储备仍然以美元为主，美国垄断资本却时时有将美元贬值以对冲对外负债的冲动，中国的国家储备处于贬值的威胁中。美元贬值成为国际资本进行剩余价值转移最便捷的通道。

四是中国的积极财政政策和适度宽松的货币政策可实现中国经济提前复苏。中国经济提前复苏，使国际资本加速度进入中国资本市场，干扰央行对货币政策的灵活调整。2009 年夏秋间 QFII 的额度突然提高，背后必然有国际资本为了进出中国市场方便进行国际操作的可能。

因此，面对国际资本对我经济安全的威胁，我国的宏观政策不仅要看国内的经济指标，还得看国际资本是否可能通过美元、石油、粮食等渠道或者手段对我国经济进行干扰。如果在经济正出现复苏的迹象时，就退出积极的财政政策或者宽松的货币政策，可能为国际资本冲击国内市场提供市场空间，从而加剧国家经济安全方面的风险。

预防人性之恶的破坏力量

格林斯潘是一个自由主义者，反对国家力量对市场失灵时进行校正的修补动作。他认为，历次金融危机根源是人性的贪婪，当人类面对长期经济繁荣，贪婪的人性就会认定，这样的荣景会持续下去，相信市场会继续上扬。过度投机的后果，自 18、19 世纪以来已经数度发生。由于人性之恶存在，危机就难以避免。

格林斯潘在这里是对自己的"不作为"进行自我辩护。格先生不是不知道，人性同时存在善良与邪恶双重性。政府力量的存在，就是为了防备人性中恶的力量膨胀（表现为非正义战争、为一国之私而对他国进行破坏、非法进行利益获取等）。过分贪婪，超过了人类本身需要的界线，就是人性中恶力量的表现，其行为不再是"天理"，而是赤裸裸的"人欲"。格先生在此，以人类恶的力量膨胀为自己对于美国投资银行的"金融创新"进行"不作为"自我辩护，即使是讲出了历史真相，也无法消除人们对于美国政府放纵市场恶性力量的指责。格先生是自由市场经济的旗手，在其坚持下，对国际投资银行以次贷为主要标的的金融产品创新"不干预、不控制、不稽查"的监管态度，实质上是放手让美国的投资银行过度追求其行业利益而牺牲美国国家利益和世界其他投资者的利益。格先生不可能不知道，当金融衍生品几十倍地对应于美国实体经济时，泡沫的破裂是迟早的事情。

格先生主政美联储的时候，正好是美国金融界恶的力量最为膨胀的时期。放纵恶性力量的膨胀，本身就是犯罪行为。但是格先生是美国垄断资本的利益享受者，对于美国劳工阶层及世界数千万因为危机而受害的劳动者，格先生是不会有任何同情心的，因为格先生认为这是人性追求投机行为的自然结果，与美国政府没有关系。在此，我们发现，资本，是冷血的东西，它只会吸劳工阶级的血，不会同情劳动者。马克思在《共产党宣言》中所谓"资产阶级的温情脉脉"，不过是对于资产阶级内部而已。

当民众的生存面对厂商（最具体的资本代表物）、国家资本、国际资本和其他居民的利益竞争时，如果国家政策起到平衡力量的杠杆作用时，民众的生存质量就会有保障；否则，面对自然或者经济、社会危机时，民众就会出现生活水平下降，消费萎缩。如果将民众比喻成水、国家比喻成鱼，民众在危机下加速贫困，其结果是国家将成为无水之鱼。虽然在危机状态下，资本集团间也会出现利益的重新组合，但危机的主要痛苦是由社会底层的民众来承担的。

民众在人数上占一国的绝对多数，其幸福与否，直接关乎一个国家、一个民族的生活质量和幸福指数的平均水平。一个国家的幸福指数越高，其内部的凝聚力就会越强，国家的软实力就会越强，国家的反危机能力就会越强，因为上下同心、团结一致的时候，就会产生一种社会自然力。

以美国为代表的国际资本，通过国际货币发行权，形成实质上的跨国权力，通过印制美元与世界生产商品的国家进行交易。过度发行的美元，加上在此基础上过度创设的衍生品，共同形成了对全球居民的剥削体系。

因此，在生命质量的分析体系内，我们发现了民众与民众、民众与厂商、厂商与厂商、民众与国家、厂商与国家、国家与国家、国家集团与国家集团间的多重关系。这些关系，如果偏向有利于民众生活品质提高者，生命的质量就会提高；否则，放纵人性之恶膨胀，生命的质量就会下降。如何在这些错综复杂的关系中实现趋吉避凶，这是生命的本能，也是国家的责任，尽管时时事事可能会受到相反力量的制约。

内需扩容，反击外资合围

继 2009 年 10 月 6 日欧盟宣布对华无缝钢管征收最终反倾销税，由美国钢铁公司等发起的此次贸易救济申请，要求对华无缝钢管征收 98.37% 的反倾销税，同时加征反补贴税。10 月 7 日美国决定对中国无缝钢管实施反倾销和反补贴立案调查，这意味着中国向美出口的钢管产品基本全部受限。这是 2009 年 9 月轮胎特保案后，美国发起针对中国具有贸易保护主义的新举措。

大家都明白，席卷全球的金融危机是美国为主导的国际资本为追求利润最大化，放弃道德约束，肆意地诱导美国劳工阶级进行过度消费但最后消费不起而引发的，即金融危机的本质仍然是供求失衡，特别是在金融和资本领域供大于求造成的。但是，国际资本是赤裸裸的利益追求者，当危机发生后，还恬不知耻地宣称，危机是由于中国等国家实践节俭美德的结果，而不是美国等国际资本诱导放纵消费的结果。因此，当金融危机蔓延全球时，国际资本充分发扬了过去江湖上"青皮"的嘴脸，叫嚣全球失衡的原因是中国储蓄过多，要求中国进口更多的欧美产品。

老实讲，中国也清醒地认识到为生产而生产不是生产的目的，但要为消费而生产，需要先建立强大的生产力量，才能安心在国际竞争格局中不被淘汰，高储蓄是被动的，上天不允许一个民族国家还没有发达时就沉迷于消费主义。但是，在力量博弈关系中，我们曾经说过，一种力量能否发挥作用，不是自己说了算，而是在各种力量关系中如何排列组合，如何做好加减乘除，如何在各种利益博弈中通过承、乘、比、应的关系，处理错、综、复、杂的力量团结、斗争、博弈等等。

2009 年以美国为代表的国际资本已经通过贸易保护主义来中国"踢馆"了，这是对我国以外向型经济增长为主导的经济增长模式的挑战。既然人家"打"上门来了，我们也回避不了，除了正常的国际诉讼外，还得进行内在力量的反思、分析、比较，才能借力打力，化外在压力为内在的功力，我们只能面对它、接受它、处理它、化解它，从而化阻力为内部经济结构调整的动力和压力。根据历史的经验，只要美国出头，其他西方国家就会跟进，因此虽然在 G20 上大家握手言欢，高举自由贸易的大旗，但私底下美国已经动手，而且在特保案中大打出手，我们可以就此判断：基于反危机的全球自由贸易的联合动作事实上已经瓦解，我们不能再寄希望于外贸成为中国经济增长的主导力量；反过来，我们要挖掘、培育、合成内需的力量，再造一个甚至大于国际贸易规模的国内市场，才能将主动权从国际资本的手中抢回，从而建立起以我为主、对居民有利的强国富民的经济战略。

如果是这样，我们预期，为了刺激国内消费，迅速培养国内市场，需要国家资本在社会保障、医疗保障、交通建设、环境、资源、土地保护、劳工保护上做出贡献；需要机构资本在产品质量、市场网络、销售渠道、形象品牌上做出贡献。只有上述两种力量启动并围绕提升居民的幸福感进行，国内居民的消费热情才会被点燃，国内三股力量在国际资本的自保作用下形成的反作用合力，可能刚好为调整产业结构、保持经济增长形成合力，从而化消极因素为积极因素，即倒逼机制造就国内消费市场的持续成长。

从上述分析中，我们可以得出这样的结论：虽然有关欧美国家对中国产无缝钢管征收反倾销税，对钢铁相关产业形成暂时的不利影响，但如果国家力量、机构力量、居民力量进行有机整合，就会在消费、医药、环保等领域为中国经济结构调整做出贡献，并通过组织、技术、机制创新、推动新的产业形成，从而在未来形成业绩倍增的产业或者公司，为投资者提供新的机遇。

国家资本积极动作，维稳资本市场

2009 年 10 月 11 日，中国工商银行、中国银行和建设银行分别公告，三行均于 10 月 9 日收到股东汇金公司通知，汇金公司于近日通过上交所交易系统买入方式增持三行 A 股股份，汇金公司并拟在未来 12 个月内（自本次增持之日起算）以自身名义继续在二级市场增持三行股份。本次增持后，汇金分别约占工行总股本的 35.42%，约占中行总股本的 67.5279%，约占建行已发行总股份的 57.09%，分别处于相对控股和绝对控股的地位。

2008 年 9 月当国际金融危机开始蔓延至中国时，汇金此前宣称，自 2008 年 9 月起在二级市场自主购入其作为股东的工行、中行、建行三家银行股票，并在未来 12 个月内，继续进行相关市场操作，当时对于稳定市场的恐慌心态起到了十分积极的作用。国有银行是国有经济的命脉，汇金是国家主权基金，因此，汇金本次完成增持后未来 12 个月再持续地对国有股份银行增持，表明了国家资本对自己未来发展的信心与希望。

当前汇金增持国有商业银行，是国家资本再次向市场传达了积极的信息：

一是中国经济持续复苏的势头将继续。汇金虽然是国家资本，但仍要追求保值甚至增值，因此对投资标的的选择仍然十分谨慎。由于汇金本身处于国家资本的地位，市场往往会理解其举动是国家意志的体现，因此，往往成为市场的风向标。当市场失灵时特别是金融危机在世界范围没有结束时，国家资本起到了稳定市场、填补真空、恢复信心、提供流动性的作用，其中信心的恢复是核心要件。保证中国经济在后危机时代的复苏势头，在 PMI 持续向好时，逐步恢复 PPI、CPI 指标的向好趋势，需要国有股份银行在保证市场流动性方面继续发挥积极作用。汇金积极增持国有股份银行股票的行动，清晰地向市场表达了其对中国经济复苏前景的信心，从而使市场吃了定心丸。

二是国有股份银行具备投资价值。正如上面分析的，汇金既然是国家资本，就得遵从资本的本性，即不断的自我增值，要实现不断的自我增值，就得选择具有增长潜力的公司进行投资。由于汇金本身规模的巨大，许多增长潜力很好的公司无法入选，比如创业板公司，汇金可能由于这些公司规模小而无法进入投资。因此，选择规模大、流动性好、能够充分反映国民经济增长的国有股份银行，自然就成为汇金投资的对象之一。当然，从2005年左右汇金投资国内券商的高额回报的经验看，在国内进行广义金融股权投资，汇金得天独厚。

三是国有银行、国有控股公司将是引导经济复苏的主导力量。国际金融危机冲击中国后，由于积极财政政策和适度宽松的货币政策的双重刺激，中国经济在国际性危机中迅速复苏并崛起。在这个过程中，国有商业银行功不可没。因为刺激经济首先需要钱，国有股份制银行占了新增贷款总额的一半左右，为国有控股公司正常业务发展提供了充足的流动性，国有控股公司成为引领、恢复经济增长的核心力量。因为在危机冲击下，民间投资、市场力量受创，国有股份商业银行和国有控股公司当仁不让地成为经济复苏的主导力量。因此，笔者认为，汇金宣称未来12个月再增持上述三家国有股份银行的股票，将可以通过推动市场信心的持续恢复推动中国经济更好更快地增长，防止复苏过程中经济二次探底或平滑探底的幅度。

四是汇金持续的积极增持国有股份银行的行为，向市场发出了中国保持经济增长的坚强决心。G20虽然是新世纪出现的国际协商平台，由于危机事出突然，匆忙成立的G20间由于制度、发展水平等差异，即使出台口径一致的政策，未必能够真正落实。澳大利亚提前加息举措和美元持续贬值的行为表明，面对复杂的国际形势，中国要在危机中崛起，只能主要依靠自己的力量。鉴于中国正处于经济增长与经济结构转型的重要时期，要在结构转型过程中实现复苏的难度很大，必须树立并维护经济增长的核心引擎的稳定与正常运转。汇金重点增持国有股份银行股份的举动，就是为了维护、呵护中国经济增长的核心引擎，是保护中国经济增长的有机组成部分。无论是反危机的排头兵还是推动经济转型与保护经济增长，国有股份银行的核心地位已经充分体现，汇金的增持行为因此也可以说是国家资本维护经济增长的坚强决心，这种决心带动的信心迟早会反映在市场的正面表现上。

防范国际资本"自由"冲击国家主权

民众个体做不了、做不到、做不好的国防、安全、司法和救济等上层建筑的事业，国家就得在个体力量组织无法发挥作用或者作用失灵的地方发挥应有的作用。

自由主义经济学主张国家力量从市场退出，市场的事情由市场来做。这句话如果放在市场处于常态时，是真理。真理往前一步，往往就成为谬误。以货币学派为代表的西方经济学，最痛恨国家政策力量调节市场，它们期待的理想世界是一个资本力量主导的世界。他们可能忘记了，资本不过是人类劳动价值的浓缩，是社会关系的集合体。因此，资本的本质，是不断地自我增值，只要符合其增值的要求，如果有300%的回报，无论是通过战争还是其他任何借口，资本就会不惜利用世上所有手段进行增值。

如果将资本市场博弈的棋局放在全球考察，我们就会发现，自19世纪以来，战争也好，危机也好，其背后往往是国际资本间争夺剩余价值的过程。19世纪英国主导全球的时候，将德国压缩在很小的空间，德国资本为获得原料基地和产品市场，不惜在"一战"失败后再次卷土重来，发动"二战"。经过"二战"，美国获得了国际资本的控制权和主导权，为使美国为主导的国际资本能够长期控制全球，"二战"后策划成立了政治组织即联合国、经济组织即世界银行和国际货币基金组织、军事组织即北约、货币组织即布林顿森林体系。当美国建立了完整的经济、政治和军事组织后，再通过其文化理念的输送，通过完成欧洲复兴计划和日本改造计划，从而形成以美元为主导的庞大的国际金融组织。

20世纪70年代初，当布林顿森林体系因为美国为应对越南战争滥发美元而破产时，美国更加强了对其主导的世界政治、经济、军事组织的控制，强化了对华约组织的围剿，并通过军备竞赛而拖垮华约国家特别是前苏联，从而获得其市场，美元的地位到达历史最高峰，美国的军事、政治、经济的影响力达到顶峰。

放眼全球，美元可以横行天下，但如果不控制石油，美元的地位就会完蛋。为此，美国为代表的国际资本不惜制造借口，制造敌对力量。借口伊拉克有大规模杀伤性武器就进攻伊拉克，借口"9·11"事件从而找到进攻阿富汗的理由，进而完全控制从中东到中亚的石油能源基地，实现对中俄的战略包围。包围并整垮俄罗斯，美国可以实现从地缘中心控制全球的目标。为包围中国，美国挑动中国边疆地区和周边国家，遏制中国的崛起。如果中俄印巴等"金砖四国"联合起来，不仅可以形成强大的军事力量，还可以形成强大的经济力量，无论人口、技术、军事、政治的影响力，美国都无法忽略。因此，寻找借口破坏上述国家的合作，已经成为美国为代表的国际资本的基本诉求。

因此，面对国际资本的博弈，一个国家要自立于世界民族之林，要让国内民众生活在安全、尊严、幸福的环境下，不仅要推动经济的崛起，还得在军事上、政治上、文化上实现整体崛起。但是无论如何，掌握石油、粮食和货币的安全权与主导权，既是国家独立的标志，也是国家安全、民众幸福的基础。

融资融券股指期货的影响分析

在强国富民道路上，对外要防范国际资本的捣乱，对内得通过创新提高资本市场的生命力。开展证券公司融资融券业务试点、推出股指期货品种将对市场监管、券商、投资者、证券品种等产生重大影响，从而改变市场习惯，形成新的市场格局。

一是监管以平稳为指导方向。对市场监管来说，最重治国创新：要的是进行风险控制，让新的制度能够平稳运行。融资融券业务和股指期货通过证券交易方式完善，稳定运行的内在基础，通过净资本规模、合规经营、净资本风险控制等指标抓重点券商、通过抓投资者适当性制度、明确金融机构的准入政策以及培训证券公司中间介绍业务等调控市场的参与者，即对市场利益各方准入门槛的设立进行风险监管。比如，根据2006年中国证监会出台的《证券公司融资融券业务试点管理办法》，不满足证券公司征信要求、在券商证券交易不足半年、未纳入第三方存管、缺乏风险承担能力或有重大违约记录的投资者，以及证券公司的股东、关联人，证券公司不得向其融资、融券。通过审批股指期货合约，对融资融券重点交易品种及融资融券比例进行规定，通过交易品种的监管控制风险。

二是上市券商股价值提升。券商股是股指期货推出和融资融券业务试点的最大受益者。（1）从股指期货看，券商系期货公司将占业务的最大比例。目前主要大券商均已获得 IB 业务资格，并控股期货公司。券商系期货公司凭借强大的资本实力、网点优势和丰富的客户资源，以及与证券市场紧密的联系，在股指期货上具备天然的竞争优势，因此，股指期货将是券商的天下。（2）融资融券业务为大券商提供了低风险高收益的新业务渠道。融资融券业务为券商提供了融资利息收入、融券费、手续费等多重中间业务收入，有助于提升试点券商的估值水平。但是，各券商规模要受资本金和审批等限制，且融券来源于券商自营品种，估计融资规模将大于融券规模，成为券商低风险利润新渠道。融资融券业务给大券商提供了一个很好的规避业务风险的工具，将改变目前券商过度依赖经纪业务的现状。（3）券商业务垄断格局将逐步形成。2010 年上半年只有 10 多家券商此前已完成融资融券联网测试，绝大多数券商可能被排除在新业务之外。新制度带动的限制性机会，为大券商的业务扩展提供了机会，其他券商在试点结束后获得资格时，可能面临市场已经被瓜分完毕的局面。

三是投资者将形成资格分层和大客户固化为大券商客户的局面。融资融券和股指期货并不是所有投资者都有机会参与，通过适配性调查，特别是对于资金条件的限制，多数投资者无法参与股指期货与融资融券业务。融资融券、股指期货将成为资金实力强大的投资者的利润制造器和风险管理杠杆。机构大客户有可能固化为试点券商的客户。比如，有关规定投资者只能选定一家证券公司签订融资融券合同，在一个证券市场只能委托证券公司为其开立一个信用证券账户。因此，大券商利用试点机会有可能将大客户全盘掌握。

但是，一般投资者也可以间接通过新的制度并利用新制度为自己的投资服务。无论是融资融券还是股指期货，都是为了在市场波动时进行风险控制或者通过"卖空"而获利。因此，提高自己的投资操作水平、及时控制仓位是一般投资者在市场下跌时控制风险的核心要求，这与没有新的交易品种时要求一样。

四是会否出现蓝筹股行情要看具体情况。有人说随着融资融券、股指期货的推出，市场对蓝筹股的需求将会大幅增加，大盘蓝筹股上涨是肯定的。融资融券和股指期货推出，其本身的功能是中性的，即对市场多空双方是平等的，能否推动行情上升，要看当时的大盘蓝筹股的估值水平，还要看交易所对大盘蓝筹股的筛选及其融资融券比重的规定。两项改革推出，长期看有助于提高大盘蓝筹股票的流动性和融资率，但不是行情向上或者向下的决定性因素，但在短期可能习惯做多的力量推动出现大盘蓝筹股行情。比如，有关规定要求投资者向证券公司融资、融券前，应按规定与证券公司签订融资融券合同以及融资融券交易风险揭示书，并委托证券公司为其开立信用证券账户和信用资金账户。

融资融券推出后，将使大盘股成为除了 ETF 和权证外，资金大户博弈的工具。最典型的是 2010 年 1 月 8 日沪深两市走出探底回升的"翘尾"行情，与股指期货密切相关的沪深 300 指数涨幅超越两市大盘，在融资融券中直接受益的券商类个股则受到市场追捧。这种现象与市场预测融资融券股指期货制度创新有关。随着博时上证超大盘 ETF、中银蓝筹精选灵活配置基金、申万巴黎沪深 300 价值基金等相继获批或发行，机构开始了对大盘蓝筹的"抢筹行动"。如果投资者都预期会出现蓝筹股行情，能否真正出现这种行情，则要看有关实施细则、新业务推出的节奏、蓝筹股的估值及其他偶然因素了。比如，2010 年 4 月 19 日 A 股行情暴跌，是美国政府起诉券商导致股市暴跌、中国政府突然出台地产新政，形成另外两股力量与股指期货共同作用，导致行情下跌。

第五节　平定天下：怀柔远人　腾飞中华

在当代，平天下的标准是：人才向其汇聚、科技创新以其主导、军事实力国际最强、经济力量遍布全球，不仅向外出口商品、技术、标准，还出口文化与价值标准，真正出现"来百工，财用足；柔远人，四方归；怀诸侯，天下畏之"（《中庸》）的大格局、大气象。因为只有招纳科技和管理人才，财物才会充足；优待远方客人，四方百姓才会归顺；安抚各国，天下的人都会敬畏，这是《中庸》平天下的境界。作为腾飞的中国，我们现在应首先创造一种吸引全球顶尖人才汇聚中华的气势，重现汉唐文明。

刚柔相济，培植实力

笔者曾与中国人民大学低碳经济及气候研究专家杨志教授交流，充分认识到中国文化复兴面临的艰巨任务。比如，中国现在引进进口的图书占了图书贸易总量的99%，出口的比例大约只有1%。比如，全球的孔子学院，多没有教育孔子的儒家和谐思想，而仅是以中文教育为主。当全球都对中国经济崛起充满好奇的时候，中国还没有系统地出版解释、分析、论述中国经济崛起的历史、经济、文化、政治原因的论著，因此，对于中国崛起，外国人不仅认为是个谜，还让国际资本迷惑，从而无法对中国文化传统下的中国价值进行准确定位与科学的客观的价值判断，从而压缩了中国政治、文化、经济、思想的国际影响力的辐射半径，比如中国股市的市盈率总是以美国等国家的历史平均市盈率为依据。向世界解释、论述中国崛起的历史，形成中国崛起的理论，不仅是和谐世界的需要，更是重建中国文化、复兴中华文明的需要。

我们在论述历史发展的力的平行四边形时，讨论了历史的合力除了经济基础外，还有政治、文化、思想、意识形态等软力量的相互作用。一个现代意义上的大国，必然是硬实力和软实力并重的国家。在此，我们以美国为例进行说明。

美国成为现代国家，是有个历史过程的。在第一次世界大战时，美国通过孤立主义（相当于中庸之道），同交战双方进行国际贸易，大发战争财而促进经济不断增长外，还不断在外交领域实施门罗主义，要求其他国家门户开放并利益均沾。因此，"二战"前，美国通过既中立又分享的国家战略确立并发展了其软实力，反过来大大促进了其硬实力的增长。

"二战"后，在远东，美国实施对日的军事占领为主的硬实力营销，同时在日本推行其政治体制、传播其文化；在欧洲，通过马歇尔计划，全面实施经济、政治、文化、艺术的营销，从而与欧美通过政治、军事、经济、文化进行事实上的联合，特别是北约的成立，扩展了美国在欧洲的政治和军事影响力。

同时，通过美国的影视、美国的商品向全球推销其所谓"自由、民主、个人主义"，从而形成价值判断的美国标准，"二战"后特别是"冷战"结束后，全球看的是美国影视、听的是美国音乐、喝的是美国可乐、吃的是美国炸鸡、用的是美国钞票、开的是美国汽车，"美国"概念一时成为全球时尚。当美国成为国际品牌、国际标准、国际时尚、国际价值标准时，美国在无形中将其价值观、世界观、方法论扩散到全球，从而对全人类进行了美国式的洗脑，因此在全球形成了反美就是反人类的伪"命题"，当美国要反恐怖主义时，没有一个国家敢提出反对意见，事实上，"9·11"事件后，美国"绑架"全球实现了其本身的目标。

奥巴马上台后，美国提倡"巧实力"外交，实质上将硬的军事实力与软的文化实力进行有机组合，从而重组美国外交力量，改变布什政府主要推崇硬实力的军事帝国主义外交政策，以期将美国力量推向新的高峰。因此，当奥巴马获得 2009 年诺贝尔和平奖时，国际上觉得特别好笑，因为奥巴马根本没有放弃战争，反而在阿富汗等国扩大了战争。奥巴马上台后，提倡低碳经济，重构美国经济增长的内在力量，力求和平地将美元从黄金美元、石油美元向低碳美元过渡，巩固美元全球经济的核心地位。为此，奥巴马不惜抛弃 G8 的平台，重构 G20 的平台，以恢复国际经济平衡为号召，要求全球主要国家特别是新兴国家在低碳和气候交易上做出贡献，从而实现美国出技术、他国出资金，利润向美国转移的新的全球贸易关系。奥巴马上台后，批准了干细胞的研究活动，企图通过重构人体从而引导生物、医疗、伦理革命，重构美国的科技力量，引领全球科技从而以更高级的"复杂劳动"转移全球的剩余价值。从目前看，奥巴马的三把火真正引起全球关注的主要是低碳经济这把火，事实上另外两把火却是低碳经济的必要条件和美国国际力量重构的基本前提。

因此，中国的崛起，如果仅局限于 GDP 的增长，如果在金融、货币、能源、粮食上仍然受制于人，如果在全球文化营销上没有进步，中国经济的崛起仍然会让全球误会、错判，中国的经济增长将继续成为全球媒体的谜，这种误会如果与"中国威胁论"纠缠在一起，就会抵消中国硬实力的作用半径，就会拖住中国崛起的步伐，从而限制中国国际力量半径的有效发挥。

优化对外关系，改善国际环境

世界上所有的事物都可能存在相互作用的关系，但由于一种力量相对于其他力量，存在着远近高低的不同，因此，两两间或者个体与他体间的联系、关系、作用与反作用的形式、内容、过程及结果都可能不一样。

比如，一个农民工，表面看来，他与国家的外汇储备没有什么关系。如果从农民工离开土地、进城打工开始，我们从他的生活、生产、交易关系进行剖析，就会发现，2 万亿美元的外汇储备，与中国几亿农民工的低价劳动力的交易太有关系了。如果抽象了经济运动中其他次要的关系，经济活动的本质就是如何在既定的生产力水平下，提高产出水平，实现利润最大化。如果农民工在家种地，购买了国际资本提供的转基因种子，农民工就是直接为国际资本创造剩余价值。

因此，我们在马克思分析的基础上，结合当代资本的特色进行推理。

在"C + V + M = 商品价格"的关系式中，要提高资本的回报率，可以在下列情况下实现目标：

一是如果商品价格不变，如果资本的投入不变，则降低 V 在其中的比重，才能提高资本的回报率：M/C。要降低 V 即劳动力在整体商品价值中的比重，就得降低工人的谈判能力或者谈判的条件。这可以通过经济的和政治的手段来实现。在中国劳动力特别是简单劳动的劳动力供大于求的时候，对于简单劳动力实际工资的降低或者不提高，资本可以通过不签订劳动合同或者用短工来实现变相降低工资的目标。由于新《劳动法》的实施，只要厂商与工人形成事实上的劳动合同关系，就得按法办事，因此，阻止劳动者形成谈判力量，就成为资本的基本要求。因此，如何阻止工人组织工会，就成了外资的一项"基本功"。近几年发生的有关外资对中国工人组织工会的干扰，就是明显证明。

二是建立了完整产业链的外资，为了回避税收，故意降低出口商品价格，提高进口原料价格，从而在工人工资不变甚至下降的过程中提高资本回报水平。在对外开放初期，我国对于外资不仅在水源、土地、供电、环境政策上给予了优惠，还在税收上进行了减免，但外资在实现高额回报后，又动起了避税的脑子，其中最为普遍的做法，就是降低出口商品的价格，由外资自己控制的代销渠道进行销售，或者提高进口原料、设备的成本，这些进口物品又是从外商自己控制的渠道进口，从而实现利润留在国外，但污染、土地、水源、劳力等要素成本由中国提供的"异相"，如果说这是在交学费，现在应当是中国在此基础上回收成本获取利润的时候了。

由于农民工生于斯、长于斯，与外资在获利后即可以撤离不同，在外资获取利润的同时，农民工不仅受其直接剥削，还得承担土地损失、空气污染、环境污染等后果，再次以自己的健康、后代的生命质量为代价而为外汇储备的增长作贡献。

综合上述分析，我们就会明白，世间万物，好像没有直接关系，事实上存在着千丝万缕的联系。因此，剥开表面的关系，寻找事物本相，就是对理论工作者的基本要求。为此，我们在此分析事物间存在的乘、承、比、应、错、综、复、杂的力量关系，具体分析如下：

第一，相乘关系。真正的相乘关系，是指一种表面软弱实际强大的力量，居高临下，对表面强大但事实上软弱者的一种压迫或者利用关系。在力的平行四边形中，国际资本往往对国内各种资本形成相乘的关系，形成对土地、资源、水源、空气、环境、劳力的剥削关系。相乘关系是一种不平等的关系，往往存在剩余价值向乘者转移的问题，但在一定的生产力力量对比关系中，所谓处于"微笑曲线"底部的低技术水平的国家、机构、厂商、个体，往往是相乘关系中的受剥削者。2009 年年中开始，有关国际资本对中国碳排放问题、特保案问题，甚至人民币汇率问题指手画脚逼迫人民币升值，就是典型的相乘关系，利用其在国际力量对比中仍然处于主导地位的有利条件，向中国施压，以期实现国际资本获取超额剩余价值的目标。

第二，相承关系。这是一种或者几种力量为某种力量的利益进行承担的关系，在股市中称为"抬轿"，刚好与"搭便车"相反。如某机构对一些公司的股票进行了投资，又对这类股票的利好进行各种合法的宣传，形成了市场中各种力量对某类股票利好的共识，从而引发行情的上升，但先进行投资的机构可以从容地在相当高位抛出股票，从而形成先进者对后进者的相乘关系，当然对于后进者，就是相承关系，在行情发动过程中，最后在高位进入但没有在高位出来者，成为真正的和最后的风险相承者。因此，在相承关系的发展中，力量博弈的诸方，最成功者是能够借时势而入但在时势形成的高峰前从容撤离者。在这里，无论是硬的实业投资，还是软的金融投机，硬的资金实力和软的投资艺术都一样重要。由于相承关系的存在，国有资本或机构投资者未必就能够成功，居民投资者如果懂得相承关系并充分利用之，也可能实现自己的利益目标。在社会改革领域，国有资本得主动将自己处于"相承"关系中，让国内居民处于相乘的位子，从而激发居民的消费力量。

第三，相比关系。凡是两个相邻力量关系，我们称作比的关系，比是比邻的意思。但是，比的关系，也存在正比与反比的关系，正比的关系，是两股或者两股以上力量同向的相互补充的协助、协调、互助关系，这种关系即是上文所说的合力关系。在政治或者社会关系中，即是空间距离不邻近，如果理念接近，能够形成互助关系者，也是比邻关系。中国古代贤人的胸怀就比较广阔，"海内存知己，天涯若比邻"，就是描述了即使不是我们上文所说的同乡、同学、战友、朋友关系，如果人们保有天下一家、众生平等的观念，都会在天下寻找到知己，即使在天涯海角，也会发现人心同理。

在现代国际关系中，中国视东南亚各国为兄弟之国，形成中国—东盟的友好关系，逐步在经济上、政治上形成大集体的关系，这是友好的比邻关系的体现。当然，对于亚、非、拉等国家，中国始终以平等对待的态度，获得了第三世界国家的认同。

在现代的国际关系中，日本在地理上属于东方，但自从明治维新后，日本在自我认同上，已经"以邻为壑"、"脱亚入欧"。20世纪80年代日本进入了停滞发展状态，与日本的国家战略思维直接相关。因为在经济上日本不仅失去了对美国的依赖，在政治上由于美国事实上军事占领而不独立，因此无法发挥其应有的作用，这是反比的现代典型案例。

第四，相应关系。相应关系的两种力量中间往往有另外两种力量相隔离，如果形成互补的关系，则是形成合力响应关系，如果相隔离的两种力量存在同样的利益诉求，则会形成呼应的关系。比如中国居民的消费与国际资本间的出口关系，中间虽然隔离着机构资本与国家资本，但由于中国居民的消费有利于国际资本重新恢复生产，则中国居民的消费与国际资本存在着对应、响应、呼应的正应关系。2008年开始，国际资本呼吁中国加大消费、减少出口，重新恢复国际贸易的平衡，实际上是因为中国居民的消费可以对国际资本形成一种正向的响应关系。相反，当中国以对外贸易为经济增长主导力量的时候，机构资本重视的是对外贸易关系，不大关心国内居民对于质优价廉商品的需求，因此，形成了中国居民无法在消费上享受国民待遇的"异相"。当这种异相发展到2008年的时候，相反的力量起了作用，即国际上的消费者由于享受了质优价廉商品时间太长了，忘记了节俭的品德对于人生的重要性，过度消费无法持续。当国际资本—国内机构—国际消费者的链条断裂时，国内机构和厂商只得将原来出口供应于国际消费者的商品转向国内市场。当国内市场突然增加供应时，即使老百姓的收入未提高或者国家突然供应更多的货币，由于商品与货币的供求关系仍然平衡时，CPI就很难在短期内上升，因此又出现了宏观政策特别是积极财政政策和宽松货币政策刺激下物价总水平不上升或上升有限的"异相"，可以看成是短期的"政策失灵"。这种政策失灵的背后，却是国内的机构投资者特别是外向型的厂商外销市场转向内部的结果，因为他们对外出现了无响应或者负向响应的关系，即国际消费不再响应低价优质商品，而国内消费者一时也无法消费突然增长的商品供应。

第五，相错关系。相错关系指的是四方力量中立场相同、目标一致，可是看问题的角度不同，所见也就不同的两种或者多种力量关系。相错关系揭示的是事物并未显现的相互关系，从而防止片面认识力量关系，进而全面了解潜在的力量，挖掘并充分利用、协调、互助这种力量。比如，2008—2009 年，面对金融危机，中美立场相同、目标一致，可是看问题的角度不同，提出的解决方案也就不同。对于维护经济复苏势头，中美的立场是相同的，目标也确实一致，但由于中美两国所处的国家地位、面临的经济问题以及解决问题的对策不同，因此，对于经济复苏下的宏观对策也就不同。我们不仅要看到中美在 G20 上对于维持复苏势头的刺激政策表面上诉求相同，还要看到两国由于制度、地位、问题的差异对于刺激政策含义的理解及具体对策的差异。因此，所谓相错关系揭示的是事物并未显现的相互关系，从而防止片面地进行类比而出现认知误差。了解到相错关系的复杂性，有助于我们全面了解面对 2010 年中美两国如何挖掘潜在的经济力量，如何充分利用、协调、互助力量差异，防止误会而出现的诸如贸易摩擦加剧的危机。2011 年，国际资本为了本身利益，将会强化在商品、货币、资本诸领域对中国的围堵。

第六，相综关系。这是与原来的力量组合完全颠倒的新组合关系，表示人们的立场不同，就会有不同的价值观念，从而就会有相反的动作，因此完成以相反的立场形成反向的力量关系。因此，在各种力量组合中，需要以客观的观点、全息的观点、换位与交位的思维来了解相反力量的作用与反作用的关系，因为立场不同，观念就完全两样，从而价值判断可能完全相反。比如，由于中美立场不同，存在不同的价值定位，就会有相反的政策动作，因此中美往往可能出现相反的立场形成反向的力量关系。中美如何重新平衡相互间的经济关系？这里既有商品贸易、货币贸易还有资本交易的关系。美国希望中国减少出口、增加进口，同时多多买入美国债券，全面开放 A 股市场。中国希望美国保持自由贸易政策，允许中国商品继续出口美国、进口美国高科技产品、减少美国债券或者将美元资产多元化，对外资进入 A 股投资仍然进行资格管理。如果中美都坚持以自己的利益最大化为目标，双方就无法达成妥协下的共识。相反相成，美国对中国出口的限制，激发了中国开发非洲等新市场的需求，同时，出口压力将在金融危机后各国迫切需要通过强化出口而加大，重塑新的国内市场为中国经济增长提供新动力已经成为新世纪中国经济战略问题。美国自私的美元贬值行为，导致中国对于持续增持美国国债的反省，单纯的金融外汇结构转向金融外汇、股权外汇和实物外汇并举，将有效化解美元危机对中国经济 A 股市场的冲击。

第七，相复关系。相复关系是指重复形成新的力量的关系，在力量组合关系中，任何力量的变化都会引发新的力量组合，产生新功能，每一力量关系牵一发而动全身，都存在着复杂的彼此交互的关系。比如在国家资本与机构资本的关系中，我们经常会发现彼此之间存在交互关系，从而重复形成新的力量组合。比如，最典型的有社会保障基金对市场的投资，基本上是通过招标方式由公募基金代理，但公募基金又存在向居民资本发行基金与代理管理的关系，这样，我们发现国家资本、机构资本、居民资本间通过公募基金这一平台存在着交互关系，从而形成新的力量组合。但是，这种新的力量组合，并没有排除原来的国家资本、机构资本、居民资本间的博弈关系，而是在老关系的基础上构建了新关系组合。因此，我们对于力量组合的各种关系，不要只看一组力量，即使看一组力量的关系，在其正面看了后，再看反面力量的反作用关系，反作用关系面看了，再把旁边的关系组合看清楚，同时，旁边力量组合也要看反面的组合可能，这样四面都注意到了。在此基础上，再看每组力量内在组合的变化，因为每组力量内在关系的变化，又生出一个全新的力量关系。比如在中美关系中，不仅存在中美间的直接对应关系，还存在亚太经合组织、朝核问题六方会谈、G20 等中美间相互交合的交互关系，从而重复形成新的力量组合，在基本的两国关系基础上构建了新的组合关系。由于中国充分利用了金融危机提供的机会，积 30 年改革开放之力迅速崛起，世界各国或者各国集团力量对比关系出现了有利于中国的变化。因此，中国积极利用有利时机，不仅化解了金融危机对国内经济的不利影响，还通过 G20 等国际组织，为国际社会化解危机出力，从而在国际上出现了 G2 的说法，即当今世界，如果离开中国，美国无法独立完成其目标。为了最大化地利用中国崛起的力量，中美间不仅直接对话与合作，中国还得借用国际组织的平台，延伸自己的力量，通过国际经济的"统一战线"，寻找中美间最大的交集，组合出最有利于中国持续崛起的全新的国际力量关系。据新加坡《联合早报》报道，2010 年 10 月在韩国召开的 G20 财长与央行行长会议，对国际货币基金组织（IMF）的改革达成了历史性协议，中国成为 IMF 第三大股东，从而扩大了中国在国际金融市场的发言权。

第八，相杂关系。相杂关系就是指彼此间的相互作用、相互联系、表里互动、内外连贯的合相关系。马克思主义者认为，世界处于相互联系、相互作用的关系中，即使表面上不相关的事物、人物、事件、信息，其本相上可能是统一的，甚至存在相互作用的关系。基于这种全息的思维，我们对于我们的语言、行为、思维的结果，都要本着对自己负责、对他人负责、对社会负责、对自然负责的态度，谦虚谨慎，不急不躁，努力做好修身、养性、诚心、正意，才能做好亲民即为大众服务的基本功，对内亲民，对外则可以借助国际力量弥补国内资源的不足，在国际统一战线中，为中华腾飞创造最好的国际环境。比如，农民工与国家外汇储备之间隔离了机构资本、国家资本等关系，但追溯到外汇积累的源头，仍然与农民工 30 年来的贡献密切相关。现在美国出现了贸易保护的现象，中国无法通过低生产要素即低工资、低土地成本、低水资源成本和低污染成本下的高速出口。中国外汇储备增长及外汇增长下的对美国国债的持有增长，都是建立在上述低生产要素价格基础上的。美国搞贸易保护我们是不舒服的，但外在力量的倒逼可能是逆增力量，反过来要求我们建立全社会的包括医疗保障在内的福利制度。这一制度的建立，表面上是增加了国家资本、机构资本的成本，但中国居民的收入基数和消费基础偏低，一旦保障制度建立，就会唤起民众的消费欲望。中国居民消费欲望的满足，将改变中国经

济过分依赖外贸实现增长的格局，出现真正的消费、投资、出口共同推动
经济增长的新格局。基于这种全息的思维，我们认为，在中国经济复杂多
变的关系中，处理好国内居民的收入、消费和储蓄的关系，点燃消费欲
望，将是中国经济的新增长引擎，"大消费"概念也将是中国投资者的投
资主线，从而改变30年来依赖外需即国际资本推动经济增长的格局，形成
中国居民消费逐步成长为中国经济增长的主导力量的格局。

低碳美元，重绘世界经济地图的新奇力量

可以预期，以低二氧化碳排放为核心的新能源经济，将为疲软的美元
注入强有力的能量，因为掌握新能源技术的美国经济，有可能重塑世界经
济体的"价值"创造指标。2010年以来，在低碳美元形成的过程中，造成
美元本身的阵痛，国际汇率可能急剧波动。对此，我们的政策取向应是借
力打力、为我所用。

由于金本位的路径依赖，布雷顿森林体系下的美元，即第一代世界货
币，可以称其为"黄金美元"，美元与黄金的固定比率关系（以固体物品
为基础）、其他货币与美元间的相对固定比率关系，为"二战"后世界经
济迅速恢复创造了稳定的货币体系基础。

这种以黄金储备为背后力量的货币体系，加上美国主导下的欧洲振兴
规划——马歇尔计划，美元随着欧洲振兴计划而大量外输到欧洲，欧洲美
元因此产生，并开始在西欧游荡。北约国家因此在经济上紧紧地与美国捆
绑在一起，成为美国综合国力的加盟力量，形成了牢固的战略同盟关系。
美元也成了以美国为中心的西方国家的政治、军事、经济、科技、舆论等
综合实力的体现。

黄金美元存在了约30年后，由于美国滥用铸币权扩张美元，美国国库
已无法承担美元—黄金的固定汇兑关系。随着重化工业日益成为经济发展
的核心产业，控制石油成为美国头号战略利益。金融资本与石油资本共同
导演中东战争，20世纪70年代石油危机爆发，人类历史由此开始围绕石
油和美元为焦点进行椭圆形运转（以液体物品为基础）。美国因为掌控了

石油的主要控制权，美元从黄金为内在价值保障成功转换成以石油为内在价值的保障，美国因掌握了石油而掌控了世界经济运行的主导权。

由于现代农业离不开石油，掌握了石油资源，美国五大公司也从此掌握了世界粮食生产与供应的大权。进入20世纪70年代，世界经济正式形成美元、石油、粮食为原点的圆形运动。

自石油美元为世界经济核心开始，可以解析美国最近30年的政治、军事、科技的目标以中东为指向的原因。但是，毕竟主要产地在中东，同时存在未来石油资源开采完的问题，寻找替代能源并由美国直接掌握的新能源，已经成为新世纪保卫美元内在价值的战略任务。依托掌握太阳能技术、风能技术、核能技术、生物质能技术等新兴能源技术，美国可以主动调控粮食、石油价格，从而为本身的国家利益最大化服务。

今天，所有的新能源技术，都围绕低碳概念进行。低碳概念与石油资源的枯竭有关，更与美国主动掌握的相关技术有关，特别是与美元内在价值的外在依附物的转换有关。从黄金为内在价值的美元体系看，汇率是相对稳定的，经济连续30年的繁荣因此得以保障。以石油为内在价值的依附物看，汇率是波动不定的，70年代后经济的剧烈波动均与此有关。特别是日本，在经济强烈依赖石油与美元汇率强烈波动的双重作用下，自20世纪80年代以来，已从快速增长的国家系列中退出。

现在可以预期的是，以低碳为核心的新能源技术，将为疲软的美元注入强有力的内在价值。掌握新能源技术的美国经济，有可能重新排列世界经济体的"价值"创造标准。由于新技术是"复杂"劳动的体现，美国因此可以在新技术的开发、交易中获得超额收益。为了让新能源低碳技术能够顺利推广，按照资本增值的逻辑，美国将在石油产地制造事端，将石油为代表的老能源价格再次炒高。要炒高老能源，必然向市场注入资金；要注入资金，必然制造危机；要制造危机，必然让老百姓消费不起；要让老百姓消费不起，就得降低其收入增长与经济增长的比例关系。事实上，2001—2006年间，美国劳工阶层的收入增长低于经济增长，不仅是由于WTO的历史性扩大的原因，更是美国垄断资本利益安排的结果。

面对低碳美元可能的成功转换，笔者的看法是，我们的政策取向不是为其所用，而要借力打力、为我所用。在强大的美元力量面前，示"弱"
并及时预测美元未来政策取向，提出应对的更宽松政策，可能是未来几年
内央行货币政策的基本调子，也将是 2010 年秋天后 A 股进入新一轮牛市
的货币政策背景。在中国经济复苏的背景下，人民币存在升值压力。化解
升值压力的路径，要么是更宽松的货币政策，遏制住国际资本为获得超额
剩余价值而进入中国的冲动；要么强化人民币国际化进程，逐步将人民币
从货币形式的美元投资，转向因美元贬值而有升值预期的资本品。当然，
无论是投资公司股权还是直接收购大宗商品，寻找并把握美元政策出错的
时机，可能是中国资本最好的时机。这种投资与人民币国际化结合，是国
家资本出面还是民间资本出面，则要看具体标的和时机。因此，只有国内
各方力量拧成一股绳儿，在重绘新的世界经济地图时，我们才能拿到"执
笔权"，浓墨重彩地画上中华民族腾飞的一笔。

主要参考文献

1. 马克思．资本论（第 1 卷）．人民出版社，1975

2. 钱穆．先秦诸子系年．商务印书馆，2001

3. 罗素．西方哲学史（中文版）．商务印书馆，1976

4. 孟氧．经济学社会场论．中国人民大学出版社，1999

5. 黄心川．印度哲学史．商务印书馆，1989

6. 南怀瑾．易经杂说．复旦大学出版社，2002

7. 罗奇格西．当和尚遇到钻石．京华出版社，2005

8. 索罗斯．金融炼金术．海南出版社，2007

其他参考经典：

《圣经》、《论语》、《孟子》、《大学》、《中庸》、《易经》、《金刚经》、《心经》、《六祖坛经》、《道德经》、《庄子》、《三国演义》等。

图书在版编目（CIP）数据

国学与新经济学：《大学》启示录 / 李国旺著. —太原：
山西人民出版社，2011.4

ISBN 978-7-203-07153-2

Ⅰ.①国… Ⅱ.①李… Ⅲ.①国学—关系—经济学—
研究—中国 Ⅳ.①Z126②F120.2

中国版本图书馆 CIP 数据核字（2011）第 005480 号

国学与新经济学：《大学》启示录

著　　者：李国旺

责任编辑：蔡咏卉

装帧设计：武　婷

出 版 者：山西出版集团·山西人民出版社

地　　址：太原市建设南路 21 号

邮　　编：030012

发行营销：0351-4922220　4955996　4956039

　　　　　0351-4922127　（传真）　4956038（邮购）

E-mail：sxskcb@163.com　发行部

　　　　 sxskcb@126.com　总编室

网　　址：www.sxskcb.com

经 销 者：山西出版集团·山西人民出版社

承 印 者：北京凯达印务有限公司

开　　本：710mm×1000mm　1/16

印　　张：18.75

字　　数：270 千字

版　　次：2011 年 4 月　第 1 版

印　　次：2011 年 4 月　第 1 次印刷

书　　号：ISBN 978-7-203-07153-2

定　　价：38.00 元

如有印装质量问题请与本社联系调换